U0953689

人工智能赋能教育
深度融合与创新

顾明远

二〇二五年四月十六日

国家社会科学基金教育学重大项目（2023 年度）
“新一代人工智能对教育的影响研究”（VGA230012）成果

生成式人工智能教育应用

刘邦奇　聂小林 等 / 著

GENERATIVE ARTIFICIAL INTELLIGENCE IN EDUCATION

中国教育出版传媒集团
人民教育出版社
· 北京 ·

图书在版编目（CIP）数据

生成式人工智能教育应用 / 刘邦奇等著. -- 北京 ：人民教育出版社，2025. 5. --
ISBN 978-7-107-39628-1

Ⅰ. G40-03

中国国家版本馆 CIP 数据核字第 20255S26U3 号

责任编辑：于文倩
责任设计：陆　畅
责任校对：曲　亮
责任印制：师　涛

生成式人工智能教育应用
刘邦奇　聂小林 等 / 著

出版发行　人民教育出版社
（北京市海淀区中关村南大街 17 号院 1 号楼　邮编：100081）
网　　址　http://www.pep.com.cn
经　　销　全国新华书店
印　　刷　北京盛通印刷股份有限公司
版　　次　2025 年 5 月第 1 版
印　　次　2025 年 8 月第 1 次印刷
开　　本　787 毫米 ×1 092 毫米　1/16
印　　张　18.75
插　　页　1
字　　数　271 千字
定　　价　78.00 元

版权所有 · 侵权必究
如发现印制质量问题，影响阅读，请与本社联系。电话：400-810-5788

序

PREFACE

当前，全球正在经历人工智能引发的教育范式革命。习近平总书记指出："人工智能是引领新一轮科技革命和产业变革的重要驱动力，正深刻改变着人们的生产、生活、学习方式，推动人类社会迎来人机协同、跨界融合、共创分享的智能时代。"《教育强国建设规划纲要（2024—2035年）》明确提出，实施国家教育数字化战略，促进人工智能助力教育变革，打造人工智能教育大模型。这是落实一体推进教育发展、科技创新、人才培养的重要举措。随着大数据、人工智能技术的发展，尤其是当前生成式人工智能等新兴智能技术不断取得突破，教育领域的新质生产力迅猛发展，不仅赋能了教育，还引发了教育系统的要素关系和结构发生革命性变化，产生了颠覆性的影响。人工智能技术对教育系统的革新效应可归纳为培养目标、评价方式、教学结构及学习方式四个核心影响维度，这些维度的深层次变革为教育系统的范式转型与未来演进提供了关键性理论依据与实践路径。

一是培养目标变革：注重综合素质与高阶目标。人工智能驱动的第四次工业革命呼唤重构人才培养目标和体系。然而研究显示，当前教育系统在应对智能时代人才需求转型过程中，综合素质培养和教学目标层级提高并没有获得足够的关注与实践响应。在综合素质层面，需要更加注重跨学科的通用能力、价值观和品格的培养；在高阶目标层面，基于布鲁姆的教育目标分类学理论，教学实践不应局限于"记忆、理解、应用"等初阶认知层级，而应关注智能时代所需的"分析、评价、创造"等高阶认知层级。需要在教育数字化的进程中避免因关注不足而导致的教育变革不完整，更多地关注学生综合素质的培养和教学目标层级的提高，更好地适应人工智能时代的新要求。

二是评价方式变革：基于人工智能的表现性评价。人工智能技术的演进为教育评价领域，尤其是学生高阶能力测评，提供了突破性技术支撑。传统评价范式在测量维度和方式上的局限性，导致诸多关乎学生全面发展的核心素养指标难以实现有效量化评价，特别是跨学科的通用品格能力和价值观。为此，应利用人工智能技术开发一系列表现性评价工具，记录学生在完成复杂任务时产生的多模态数据并进行分析，从而反映出学生的品质。

三是教学结构变革：人工智能成为教学的新要素。随着人工智能与教育的深度融合，教学结构正在经历范式级变革。作为智慧形态的代表，人工智能已成为教学场域不可替代的新要素，这种智能教育生态的构建本质上属于教育本体论层面的研究命题，而非技术决定论导向的工具应用问题。其核心要求体现在两个方面：一方面是教师专业身份的重构，智能教育生态要求教师从传统知识传授者转型为智能教育生态共建者，教师需要具备人工智能素养与跨学科整合能力；另一方面是跨学科教学实践路径的创新，各学科教师需共同探索将人工智能技术深度融入学科教学的方法论体系，构建可迁移、可共享的智能教学范式。

四是学习方式变革：学习是构建信息网络的过程。在人工智能与互联网技术构成的数字生态中，双向、去中心化的交互模式催生出基于联通主义理论的新型学习范式，推动教育实现从知识传递向网络化认知建构的范式转型。这种学习方式的核心特征一方面体现在学习者个体信息网络的构建，学习者通过与多元信息源（包括人和机器）建立有机连接，形成个性化知识网络，这种网络不仅包含事实性知识，更强调节点间的动态关联与认知路径的自主生成；另一方面则体现在学习生态的演进，教学的核心职能从知识传递转向生态构建，课程形态从封闭的学科知识传递转型为开放的知识创生社区，服务供给模式也逐渐转向多元化，催生更灵活的学习方式、更丰富的学习内容、更易得的教育机会。

当前“人工智能+教育”还面临诸多挑战。第一，实现人工智能技术的自主可控。我们必须拥有在软硬件方面都自主可控的人工智能技术才不会受制于他国。教育部部长怀进鹏在2024年7月提出“打造中国版人工智能教育大模型”，意味着我国需要更为自主可控的人工智能通用大模型。第二，教育人工智能的研发与应用。实践证明，简单地将通用大模型应用于教育领域是走不通的，我们必须将通用大模型的技术融入数字教育工具中，按照教育规律持续优化各类代理，才能够更加准确、有效地服务于教育改革。第三，教育技术专业队伍的能力适应性。原有的人才培养模式和培养结果在人工智能助推教育变革的新阶段存在一定的局限性，需要进一步思考和研究“如何使人才培养方案适应人工智能时代对专业人才能力的新要求”，这是人工智能时代教育技术学科转型升级的客观要求和必然趋势。所有高校都要思考“培养什么样的教育技术专业人才”“如何培养教育技术专业人才”，这是学科发展的重要时代命题。因此，关注技术对教育的颠覆性作用，就要摆脱原有的逻辑，切实为教育强国建设提供最符合中国教育实践、最务实、最有效、最有价值的教育数字化解决方案和教育智能化创新理论。

在此背景下，由刘邦奇、聂小林等研究撰写的《生成式人工智能教育应用》一书出版了。该书系统论述了生成式人工智能教育应用的原理、场景、典型案例以及发展方向，具有三大亮点：首先，从概念辨析、技术演进到国内外发展对比，完整梳理生成式人工智能的技术内核与发展历程，为读者构建清晰的技术认知框架；其次，深度解析教育大模型的技术架构，结合大量智能体应用案例，阐明通用模型需与传统教育代理融合方能适配教育场景，为教育工作者提供实践参考；最后，客观剖析技术应用中的伦理风险与实施挑战，同时展望未来教育智能化趋势，兼具警示性与前瞻性。全书既立足我国生成式人工智能教育应用的最新发展，又兼具技术解析与案例实证，结构合理、逻辑严密、观点新颖、论述严谨。

人工智能技术的应用要关注的不只是特定技术，而是要推动构建一个跟数字文明相对应的全新教育体系。我们应当充分把握科技赋能教育发展的历史机遇，全面认识人工智能所呈现的颠覆性新特征。在此基础上，深入研究和揭示新空间中人类教育教学活动的新规律，在准确把握新规律的基础上，为构建适应数字文明的未来教育新形态指明道路，提供思想、理论和方法。期待诸位以智慧引领方向，以创新驱动变革，在人工智能与教育的深度融合发展中开拓未来教育新图景！

北京师范大学　陈丽

2025年4月

前言

FOREWORD

随着ChatGPT的推出，生成式人工智能（Generative Artificial Intelligence，GenAI）的迅速崛起受到全球范围内的广泛关注。GenAI作为人工智能技术的最新突破以及新质生产力的典型代表，不仅是引领新一代产业变革的关键力量，也为经济社会发展注入强劲动能。GenAI的自然语言理解、内容生成和逻辑推理等强大能力，可以与相关行业融合，赋能千行百业。2023年7月，国家互联网信息办公室出台的《生成式人工智能服务管理暂行办法》强调，要坚持发展和安全并重、促进创新和依法治理相结合的原则，采取有效措施鼓励生成式人工智能创新发展。2024年3月，政府工作报告明确提出开展"人工智能+"行动，打造具有国际竞争力的数字产业集群。当前，DeepSeek-R1和OpenAI o1等深度推理模型进一步引发GenAI发展热潮，围绕GenAI的产业生态正呈现蓬勃发展的态势。

在教育领域，国家高度重视人工智能对教育的深刻影响，积极推动人工智能和教育的深度融合与创新。2017年国务院发布的《新一代人工智能发展规划》中就提出，开展智能教育，利用智能技术加快推动人才培养和教学方法改革，构建新型教育体系。2024年1月，教育部部长怀进鹏在2024世界数字教育大会上提出，中国国家教育数字化战略行动将从联结为先、内容为本、合作为要的"3C"走向集成化、智能化、国际化的"3I"，实施人工智能赋能行动，推动以智助学、以智助教、以智助管、以智助研。2024年3月，教育部正式启动人工智能赋能教育行动。2024年7月，怀部长再次提出要打造中国版人工智能教育大模型，探索大规模因材施教、创新性与个性化教学，更好满足群众“上好学”的需要。GenAI的出现将推动人类文明进入人机协同的新范式和新阶段，也为教育带来颠覆性变革。但是从当前行业发展及学术研究现状来看，GenAI教育应用仍处于起步阶段，虽然讨论度较高，但实际潜能尚未充分发挥。因此，迫切需要厘清技术应用推广的关键问题，提高教育主体对GenAI的技术认知和应用技能，明确GenAI教育应用的多元场景，同时关注GenAI技术伦理风险应对，加快推进GenAI在教育中的合理运用。

基于上述背景和思路，我们结合国内外GenAI相关政策、技术发展、学界研讨、行业分析和初步实践，对GenAI教育应用进行了专题研究和探讨，撰写了《2024智能教育发展蓝皮书——生成式人工智能教育应用》，并于2024年9月在西北师范大学正式发布。同时，我们与北京大学等高校合作，成功申报了国家社会科学基金教育学重大项目（2023年度）“新一代人工智能对教育的影响研究”（VGA230012），并展开相关实践应用研究。在上述研究基础上，我们组织团队对前期研究成果进一步拓展深化，撰写了《生成式人工智能教育应用》一书。本书系统梳理了GenAI发展现状与机遇、GenAI技术框架、教育大模型的构建、GenAI在教育中的应用场景、GenAI教育应用伦理风险应对，以及发展趋势与应用展望。期望为广大一线教育工作者开展GenAI教育应用研究与实践提供借鉴和参考，激发更多关于如何利用GenAI推动教育创新的思考和讨论，共同迎接“人工智能+教育”的新时代。

全书共分为六章。第一章介绍了GenAI的兴起背景和社会影响，对GenAI国产化发展道路、教育界对GenAI应用的关注热点以及推动GenAI教育应用的关键问题进行阐述，为后续章节研究奠定基础。第二章分析了GenAI技术的概念内涵与本质特性，辨析了GenAI的相关概念和技术特点，并构建了GenAI应用参考框架，以期促进读者对GenAI技术的理解与有效利用。第三章在梳理总结教育大模型的提出与发展、内涵与特征的基础上，构建了教育大模型的体系架构，以期深入探讨教育大模型在教育教学中的应用前景。第四章通过梳理已有的应用实践，探究GenAI在教学、学习、评价、管理服务、教育研究等领域中的典型应用场景，详细介绍了教育者、学习者、管理者、研究者在不同场景中如何运用GenAI解决具体问题及应用中的注意事项，并通过一系列案例展现具体实践过程，以期为后续实践和探索提供参考和支持。第五章具体阐述了GenAI教育应用可能存在的伦理风险，并对伦理风险应对策略进行了深入分析，以促进GenAI在教育领域的安全应用与可持续发展。第六章依据"产品—应用—人才"的逻辑，从教育大模型产业发展、GenAI教育应用和新时代人工智能人才培养三方面，对教育领域GenAI发展与应用趋势进行展望，以期为进一步推动GenAI教育研发与应用提供参考。在全书最后附有大模型行业现状及应用伦理风险分析报告，采用统计分析、个案研究、文献计量等方法对大模型行业基本信息及学界对应用伦理风险的关注进行系统性整理和关联性分析，总结当前国内大模型行业发展及应用伦理现状。

刘邦奇、聂小林负责全书的总体策划、框架设计和统稿定稿工作；袁婷婷、王亚飞作为副主编协助组织相关撰写和统稿工作；赵子琪负责全书撰写和统稿的秘书工作。讯飞教育技术研究院/认知智能全国重点实验室智能教育研究中心的人员具体承担本书的研究与撰写。各章执笔者为：第一章，赵子琪、刘邦奇、姚兰婷；第二章，王亚飞、康美玲、朱洪军、胡婷婷；第三章，喻彦琨、刘邦奇、王涛；第四章，袁婷婷、凌婧婧、刘梦蝶、邓倩、许容克、刘碧莹、代怿鑫、耿婧；第五章，张金霞、黄倩倩；第六章，张国强、朱广袤；附录，喻彦琨、王涛、黄倩倩。

本书的研究与撰写得到许多专家的指导与支持。中国教育技术协会副会长、北京师范大学陈丽教授在项目策划、提纲论证和评审过程中给予了精心指导，并为本书作序。中国教育技术协会副会长、清华大学钟晓流，北京大学汪琼、贾积有，北京师范大学孙波，华东师范大学顾小清，上海师范大学黎加厚，西北师范大学郭绍青、郭炯，对外经济贸易大学熊璋，江南大学陈明选，东北师范大学张海，华中师范大学吴砥，西南大学刘革平，华南师范大学胡小勇，首都师范大学方海光，江苏师范大学杨现民等，担任本书的评审指导。人民教育出版社对本书的出版工作给予了大力支持。在此对他们表示衷心的感谢！

本书在撰写过程中，科大讯飞教育事业群副总裁周佳峰、章继东、王士进等给予支持与帮助，刘国飞、刘俊生、李晓枫、卓晗、胡雯璟、查洪钰、贺胜、郭红杰、黄国庆、常雪亮、韩萌等给予技术支持，马长俊、王颖、王雨蒙、石楠、朱礼稳、刘君、刘晓娟、许磊、吴溪、张睿、张运豪、陈龙、陈俊鹏、金晶、孟勇、索常安、钱立勇、殷乐、姬润果、黄倩、黄涛、程霞等提供了丰富案例，在此一并表示诚挚的感谢！

本书在撰写中参考引用了国内外多方面的研究成果、实践案例和文献资料，我们已对相关信息进行了详细标注，如有挂一漏万之处，敬请谅解。由于生成式人工智能发展迅速，我们掌握的资料不够全面，加上作者水平所限，书中一定还存在许多不足之处，敬请广大读者批评指正！

刘邦奇　聂小林

2025年5月

目录

CONTENTS

第一章

GenAI发展现状与机遇

生成式人工智能（Generative Artificial Intelligence，GenAI）在自然语言理解与内容生成方面展现出高水平的认知智能，其涌现性、通用性等特性也使其应用范围不断扩大，为教育变革带来了新机遇和新挑战。本章分析了GenAI的兴起背景和社会影响，对GenAI国产化发展道路、教育界对GenAI教育应用的讨论热点以及推动GenAI教育应用的关键问题进行阐述，为后续章节的研究奠定基础。

1.1 GenAI的兴起与影响

GenAI的典型产品ChatGPT横空出世，其强大的能力和蕴含的潜力得到国际社会各界人士的广泛关注。GenAI在各行各业、各个领域的应用也不断普及和深化，成为推动科技跨越发展、产业优化升级、生产力跃升的重要战略性资源。GenAI的快速兴起，在推动社会生产效率提升和赋能行业发展等方面展现了其对经济社会发展的重大影响。

1.1.1 GenAI的快速兴起

2022年11月30日，美国人工智能研究公司OpenAI上线了GenAI产品ChatGPT。凭借其在语义理解、文本创作、代码编写、逻辑推理、知识问答等方面卓越的能力表现，以及自然语言对话的低门槛交互方式，ChatGPT推出仅两个月便突破了一亿用户，标志着GenAI技术发生了变革性突破，创意人工智能的快速发展被国际顶级期刊*Science*评为2022年度十大科学突破之一[①]。

当前主流GenAI产品大多依托2017年谷歌提出的Transformer架构[②]，该

① Science. The biggest science breakthroughs in 2022[EB/OL]. (2022-12-15)[2024-04-25]. https://www.science.org/content/article/breakthrough-2022#section_ai.

② Vaswani A, Shazeer N, Parmar N, et al. Attention is all you need[J]. Advances in neural information processing systems, 2017, 30.

模型架构具有易于并行、全局信息获取能力强、模型容量大等特点[①]，成为开发各种大模型的标准骨干架构[②]。基于这一架构，OpenAI公司自2018年起开始陆续推出GPT系列模型及产品，不仅性能逐步提升，交互方式也从单模态的文本交互升级为可以支持文本、图像、音频和视频等多种信息的多模态交互。如2023年3月，OpenAI上线了GPT-4，不仅具备更强大的文本生成能力，还支持图像输入；2024年2月，OpenAI公司推出了文生视频大模型Sora，可根据用户文本提示创建最长60秒的高拟真视频，具备深度模拟真实物理世界的能力[③]；2024年5月，OpenAI再度升级推出GPT-4o，除原有的文本交互，还支持语音、图像和视频作为输入进行实时交互[④]，掀起新一轮多模态大模型研究热潮；2024年9月，OpenAI开发了新的o1模型，该模型在做出回答之前会花更多时间思考问题，可以推理复杂的任务并解决比以前的科学、编码和数学模型更难的问题。随着以ChatGPT为代表的GenAI快速兴起和不断进步，全球范围内GenAI迎来新一轮蓬勃发展。

1.1.2 GenAI为经济社会发展注入新动能

GenAI作为先进科技生产力，凭借其高速性、全自动化、高度智能化等特点大大缩短了社会必要劳动时间[⑤]，渗透在生产力各要素中并综合作用于生产劳动过程[⑥]，将极大地提升社会生产效率，加速行业智能化升级发展，为经济社会创造巨大价值，成为推动科技跨越发展、产业优化升级、生产力跃

① 岳增营，叶霞，刘睿珩．基于语言模型的预训练技术研究综述[J]．中文信息学报，2021，35(09)：15-29.

② 罗锦钊，孙玉龙，钱增志，等．人工智能大模型综述及展望[J]．无线电工程，2023，53(11)：2461-2472.

③ 魏士国．智能变革视域下AIGC和电影业面临的挑战与超越[J]．电影文学，2024，(07)：91-98.

④ OpenAI. Hello GPT-4o[EB/OL]. (2024-05-13)[2024-06-10]. https://openai.com/index/hello-gpt-4o/.

⑤ 杜博士．科技创新背景下对劳动价值论的再认识：以ChatGPT为例[J]．现代经济探讨，2024,(01)：28-34.

⑥ 张夏恒．新一代人工智能技术（ChatGPT）可能引发的社会变革[J]．产业经济评论，2023，(03)：22-30.

升的重要战略性资源，是新质生产力的杰出代表。

有研究表明，如果GenAI与其他技术相结合，预计在2023年到2040年平均每年可使劳动生产率提升0.2%—3.3%，其中GenAI可使劳动生产率增长0.1%—0.6%，具体数值取决于技术采用率和员工时间在不同活动中的调配①。当前GenAI已经逐步嵌入医疗、金融、交通、传媒、教育等多个领域，赋能千行百业智能升级②。如GenAI在医疗行业中可以应用于疾病诊断和药物研发；在金融行业中可以用于风险评估和投资建议③；在交通行业中可以实现交通情况预测、智能咨询助手、交通规划设计、自动驾驶辅助系统等功能④；在传媒行业中可以辅助实现新闻生产、新闻传播和广告营销等多样化文本创作服务，生成多模态所需素材⑤；在教育行业中可以作为智能助教或智能学伴，辅助师生开展智能化的教与学，打造创新化、个性化的学习路径和体验，助力师生减负增效。根据麦肯锡咨询机构评估，如果将其分析出的63种GenAI可能应用覆盖于各行各业，可能会为全球经济带来每年2.6万亿至4.4万亿美元的增长⑥。

1.2 GenAI国产化发展道路

GenAI的出现进一步加速了全球科技革命和产业变革，成为国际竞争的关键领域。为了在提升国际竞争力的同时让技术更自主可控地服务于国内

① 张彦坤，王雪梅，汪卫国．生成式人工智能对经济社会的影响[J]．通信世界，2023，(16)：43-44.
② 央视新闻．国家数据局：中国10亿参数规模以上大模型数量已超100个[EB/OL]．(2024-03-26)[2024-04-25]．https://mp.weixin.qq.com/s/pPiOMW2wclTbXGMy7rzUxQ.
③ 戎珂，康正瑶，罗怡宁．大模型赋能万行万业：生态型商业模式[J]．中国社会科学评价，2023，(04)：38-46+156.
④ 李长泰，韩旭，蒋若辉，等．大模型及其在材料科学中的应用与展望[J]．工程科学学报，2024，46(02)：290-305.
⑤ 郭全中，苏刘润薇．大模型驱动下的传媒再造[J]．出版广角，2024，(03)：4-12.
⑥ McKinsey & Company. The economic potential of generative AI: The next productivity frontier[R/OL]. (2023-06-14)[2024-04-15]. https://www.mckinsey.com/capabilities/mckinsey-digital/our-insights/the-economic-potential-of-generative-ai-the-next-productivity-frontier#introduction.

经济社会发展，我国积极推动GenAI国产化落地和全链路自研，夯实技术基础，重视政策引领，支持产业发展，探索GenAI国产化发展道路。

1.2.1 从全球创新到国产化落地

随着全球GenAI技术加速发展，国际竞争日趋激烈。当前，国外GenAI产品存在不对中国用户开放、用户使用数据被传输至境外等网络安全风险，同时在数据源上也难以保证中国语境下的内容质量，可解释性、公平性、价值观等多方面均存在问题[①]。2024年6月，OpenAI宣布终止对中国提供API服务。这一变化倒逼国产GenAI加快自主研发，让技术自主可控势在必行。国产GenAI迫切需要大力提高GenAI产业链上关键基础设施的自主可控程度，包括深度学习框架、人工智能芯片、模型训练平台等，并推动前沿技术应用，加速技术成果转化和产业落地[②]。基于此，我国众多企业、高校、科研院所和专业机构迅速投身到GenAI国产化发展浪潮中，科大讯飞、华为、阿里巴巴、腾讯等高科技企业均在模型算法、算力设施、训练资源等方面大力投入，持续推进自主研发，并取得了较好成绩。截至2025年6月30日，已有439款生成式人工智能服务通过国家互联网信息办公室完成备案[③]。

技术与科研积累为GenAI国产化提供可行性。GenAI的研发依赖算法、算力和数据的综合支撑[④]，对基础设施和研究积累有极高要求[⑤]。当前我国在算法、算力和数据三大GenAI技术底座上已经有了一定的积累，为GenAI国产化落地提供了较为坚实的基础保障，如表1-1所示。

---

① 车万翔，窦志成，冯岩松，等. 大模型时代的自然语言处理：挑战、机遇与发展[J]. 中国科学：信息科学，2023，53(09)：1645-1687.

② 张林山，李叶妍. 以“决赛思维”应对ChatGPT引发的“新人工智能时代”四大挑战[J]. 中国经贸导刊，2023，(05)：85-87.

③ 国家互联网信息办公室. 关于发布生成式人工智能服务已备案信息的公告（2025年4月至6月）[EB/OL]. (2025-07-11)[2025-07-15]. https://www.cac.gov.cn/2025-07/11/c_1753948489002783.htm.

④ 中国人工智能学会. 中国人工智能系列白皮书——大模型技术（2023版）[R/OL]. (2023-09-21)[2024-06-20]. https://13115299.s21i.faiusr.com/61/1/ABUIABA9GAAgma6KqQYo-Z7D8wI.pdf.

⑤ 黄日涵，姚浩龙. 被重塑的世界？ChatGPT崛起下人工智能与国家安全新特征[J]. 国际安全研究，2023，41(04)：82-106+158-159.

表 1-1　国产大模型技术基础发展现状

技术要素	关键事件举例
算法基础	• 国产GenAI模型算法与国际先进水平相比基本持平，基本都围绕深度神经网络、注意力机制、人工调优等基础算法进行模型结构或局部算法优化①。 • 截至2023年年底，我国人工智能领域专利数量居全球第一②，大模型专利申请总数已突破4万件③。 • 我国2017年至2023年AI for Science领域论文发表数量全球最高④。
算力基础	• 截至2023年年底，我国算力总规模已达到230EFLOPS，居全球第二位，存力总规模为1.2ZB。 • 先进计算、人工智能等关键核心技术不断取得突破，高性能计算持续处于全球第一梯队⑤。
数据基础	• 数据要素市场日趋活跃，2023年我国数据生产总量达32.85ZB，同比增长22.44%，数据存储总量达1.73ZB。 • 上海人工智能实验室2023年牵头成立了大模型语料数据联盟并开源发布了“书生・万卷”1.0多模态预训练语料⑥。

1.2.2　国产GenAI正加快布局发展

政策引领国产GenAI发展多层级布局。人工智能产业近年来一直得到国家的高度重视和产业政策的重点支持，从中央到地方各级政府相继推出了多项GenAI相关政策并采取了一系列行动。

在国家层面，2023年7月国家互联网信息办公室等七部门联合颁布了《生成式人工智能服务管理暂行办法》，强调采取有效措施鼓励生成式人工智能创新发展，还开展了生成式人工智能服务备案工作；同年9月，工业和信息化部也启动了2023年未来产业创新任务揭榜挂帅工作，将语言大模型产

① 陈宇轩．国产大模型密集“上新”迸发新机遇[N/OL]．经济参考报．(2023-09-14)[2024-06-20]．http://www.jjckb.cn/2023-09/14/c_1310741260.htm.

② Standford University. 2024 AI Index Report[R/OL]. (2024-05-29)[2024-06-20]. https://aiindex.stanford.edu/report/.

③《中国AI大模型创新和专利技术分析报告》发布——AI大模型专利赋能传统产业升级转型，助力经济社会高质量发展[EB/OL]. (2023-11-21)[2024-04-10]. https://mp.weixin.qq.com/s/JeeSv5bx9UJ1ELkG7T9J-Q.

④ 中国日报网．《中国AI for Science创新地图研究报告》发布[EB/OL]. (2023-07-13)[2024-06-10]. https://tech.chinadaily.com.cn/a/202307/13/WS64afd179a3109d7585e44d0b.html.

⑤ 国家数据局．数字中国发展报告（2023年）[R/OL]. (2024-06-30)[2024-06-30]. https://www.digitalchina.gov.cn/2024/xwzx/szkx/202406/P020240630600725771219.pdf.

⑥ 上海人工智能实验室．大模型语料数据联盟开源发布高质量多模态语料“书生・万卷”[EB/OL]. (2023-08-14)[2024-06-20]. https://www.shlab.org.cn/news/5443473.

品、语音大模型产品、视觉大模型产品、多模态大模型产品，以及面向多领域的典型应用列为重点攻关内容[①]；2024年5月国家互联网信息办公室等三部门印发《信息化标准建设行动计划（2024—2027年）》，进一步提出要加快推进大模型、生成式人工智能标准研制[②]。

在地方层面，各地错位发展态势明显，且都围绕当地的经济特点展开[③]。北京市率先发布了《北京市促进通用人工智能创新发展的若干措施》，明确要推动大模型相关技术创新，构建高效协同的大模型技术产业生态；上海市也发布了《上海市推动人工智能大模型创新发展若干措施（2023—2025年）》，强调打造具备国际竞争力的大模型，加快打造世界级人工智能产业集群；安徽省发布的《关于印发打造通用人工智能产业创新和应用高地若干政策的通知》则提出，要从资源方面着手吸引大模型企业入驻。

中国GenAI产业正快速成长。当前国产GenAI产业总体规模快速扩大，产业结构不断优化，推动创新链、产业链日趋完善。

从产业规模来看，麦肯锡报告指出2022年全球GenAI市场收入约为400亿美元，其中中国市场收入约660亿元人民币，预计2020—2025年复合增速达84%，到2025年占全球市场收入规模（2170亿美元）的14%[④]。据国家工业和信息化部测算，2023年我国GenAI的企业采用率已达15%，市场规模约为14.4万亿元，已然形成一种“模型即服务”的新型商业模式，预计2035年我国GenAI有望贡献超30万亿元的经济价值[⑤]，成为全球人工智能产业链的重要一环。

---

① 工业和信息化部办公厅．关于组织开展2023年未来产业创新任务揭榜挂帅工作的通知［EB/OL］.(2023-08-28)[2024-04-28]. https://www.gov.cn/zhengce/zhengceku/202309/content_6903897.htm.

② 国家互联网信息办公室．信息化标准建设行动计划（2024—2027年）[EB/OL].(2024-05-29)[2024-05-31]. https://www.gov.cn/lianbo/bumen/202405/content_6954255.htm.

③ 人民网．强观察｜人工智能赛道“发令枪”已响，各地有哪些政策“助跑”？［EB/OL].(2023-06-13)[2024-06-28]. http://www.people.com.cn/n1/2023/0613/c32306-40012416.html.

④ 麦肯锡．捕捉生成式AI新机遇|麦肯锡中国金融业CEO季刊[EB/OL].［2024-04-10].https://aimg8.dlssyht.cn/u/551001/ueditor/file/276/551001/1696923212676965.pdf.

⑤ 中国发展改革报社．从业界新变化看战略性新兴产业的2023年[EB/OL].(2024-01-16)[2024-04-29]. https://www.ndrc.gov.cn/wsdwhfz/202401/t20240116_1363298.html.

从产业结构来看，结合2024年4月国家互联网信息办公室发布的GenAI服务备案清单①中的产品开展进一步分析（详见附录），发现当前国内GenAI行业呈现蓬勃发展态势，产业结构不断完善。一是在产业区域分布方面，北京、长三角和珠三角区域的集聚效应明显，北京、上海两地完成备案的主体分别占43.59%和20.51%，其后广东省和浙江省共计占总量的22%；二是在发布主体方面，多以企业为主，共计110家，占97%，其中大型企业居多，占比43%，核心参与者包括互联网企业、人工智能企业、通信运营企业、智能硬件制造企业以及大模型初创企业。

从融资情况来看，近两年国内GenAI融资市场热度持续上升，前十大融资事件总规模达8.7亿美元，2024年年初国内GenAI企业在两个月内完成21次战略投资，3家企业被收购②，国际数据公司预估2027年GenAI投资将占AI市场投资总规模的33%，超130亿美元③。

1.3 教育界对GenAI应用的关注热点

GenAI所具备的启发性内容生成能力、对话情境理解能力、序列任务执行能力、程序语言解析能力④，展现出其在教育领域的应用潜能，受到教育界的广泛关注。本小节基于重要政策导向、权威专家观点、行业发展数据等多方面信息进行梳理，归纳总结出GenAI教育应用中最引人关注的六大研究热点进行阐述分析。

① 国家互联网信息办公室. 关于发布生成式人工智能服务已备案信息的公告[EB/OL]. (2024-04-02)[2024-04-26]. https://www.cac.gov.cn/2024-04/02/c_1713729983803145.htm.

② 非凡产研. 2024年2月全国AIGC行业月报[EB/OL]. (2024-03-18)[2024-04-10]. https://new.qq.com/rain/a/20240318A08DCJ00.

③ IDC. 中国生成式AI投资增长加速，五年复合增长率达86.2%[EB/OL]. (2024-03-27)[2024-06-20]. https://www.idc.com/getdoc.jsp?containerId=prCHC51997124.

④ 卢宇，余京蕾，陈鹏鹤，等. 生成式人工智能的教育应用与展望——以ChatGPT系统为例[J]. 中国远程教育，2023，43(04)：24-31+51.

1.3.1 GenAI对教育教学产生的影响

GenAI正逐步深入教育教学全场景中，成为教育生态系统演化的新引擎，将促使教育朝着数字化、个性化、多元化方向发展①，也推动教育理念、教育环境、教育主体、教学内容、教学方式等教育生态要素的变革创新②。

在教育理念方面，GenAI高效积累知识与合理使用知识的基本能力，将推动教育理念由知识教授为主转向更加强调“能力为重，价值为先”，促使“工业化教育”向“智慧型教育”转变③，着力培养更多具有高阶能力和综合素养的复合型人才和应用创新型人才。

在教育环境方面，GenAI的互动性打破了传统课堂的时空限制，支持实时“教与学”，推动教育环境从信息化向智能化、从单一封闭向多元开放演进④。

在教育主体方面，GenAI突出的类人属性催生“师—机—生”三元教育主体结构转型，GenAI可担任对话者、内容提供者、助教和评估者等角色，教师则主要承担教学决策和资源协调的角色⑤,引导学生学会学习、学会提出问题、学会与各种机器智能协同⑥，而学生则从学徒转变为自主研究人员，学会提出问题、甄别信息⑦。因此教师需要提升人机协同育人能力、持续反思与学习能力、批判性思考及选择能力、创造性思维与创新能力、跨学科领域合

---

① 吴砥，李环，陈旭．人工智能通用大模型教育应用影响探析[J]．开放教育研究，2023，29(02)：19-25+45.

② 刘邦奇，聂小林，王士进，等．生成式人工智能与未来教育形态重塑：技术框架、能力特征及应用趋势[J]．电化教育研究，2024，45(01)：13-20.

③ 祝智庭，戴岭，胡姣．AIGC技术赋能高等教育数字化转型的新思路[J]．中国高教研究，2023，(06)：12-19+34.

④ 高雪梅．ChatGPT赋能大学生思想政治教育模式创新的挑战及其超越[J]．贵州社会科学，2023，(11)：105-112.

⑤ Jeon J, Lee S. Large language models in education: A focus on the complementary relationship between human teachers and ChatGPT[J]. Education and Information Technologies, 2023, 28(12): 15873-15892.

⑥ 顾小清．ChatGPT对教育生态的影响[J]．探索与争鸣，2023，(03)：30-32.

⑦ Dai Y, Lai S, Lim C P, et al. ChatGPT and its impact on research supervision: Insights from Australian postgraduate research students[J]. Australasian Journal of Educational Technology, 2023, 39(04): 74-88.

作能力[①]。

在教学内容方面，GenAI集成了庞大的数据资源和先进的算法算力，可以敏捷高效地智能生成教育内容、智能推荐教育信息，还能在交互过程中根据学习表现动态调整教学内容和难度，改变了传统教育内容的固态化和守约化的问题[②]。

在教学方式方面，GenAI能够通过实时收集和分析学生的学习数据，分析学生的学习特点和学习需求，制订适合不同学生的学习计划和教育方案，提供有针对性的帮助和指导，摆脱重复性、模式化、标准化学习方式的桎梏[③]，推动大规模因材施教和全流程个性化学习的实现，有望开创GenAI赋能的自我导向、人机协同、相互超越的学习新格局[④]。

1.3.2 GenAI教育应用的有效性和科学性

大量学者从主体态度、技术能力和应用实效三个视角考察了GenAI在教育中应用的有效性和科学性，分析了技术在教育应用中的能力边界和优化策略。

从主体态度来看，在ChatGPT推出仅两个月时，Study.com在线网站对1 000名学生和100多名教师进行了调查，发现已有超过89%的学生使用ChatGPT来帮助完成家庭作业，21%的教师开始使用ChatGPT来创建课程计划、辅助写作和课程教学。有较多研究进一步开展了用户技术接受度测查，了解师生对于GenAI的使用现状、认知态度及影响因素。超过50%的教师认可GenAI多功能性和兼容性可能带来更具包容性和个性化的教育体验，认

① 杨现民，郑旭东．生成式人工智能重塑教育及教师应对之道[J]．中小学信息技术教育，2023，(05)：8-10.

② 詹泽慧，季瑜，牛世婧，等．ChatGPT嵌入教育生态的内在机理、表征形态及风险化解[J]．现代远距离教育，2023，(04)：3-13.

③ 吴砥，李环，陈旭．人工智能通用大模型教育应用影响探析[J]．开放教育研究，2023，29(02)：19-25+45.

④ 吴军其，吴飞燕，文思娇，等．ChatGPT赋能教师专业发展：机遇、挑战和路径[J]．中国电化教育，2023，(05)：15-23+33.

为将对教学和评估产生重大或深远的影响①，并且已经在日常教育教学情境中进行了探索。超过80%的学生对GenAI持积极态度，认为它有趣、鼓舞人心、易于使用，提供了结构化的响应和良好的解释，对学习有帮助②，并且已经有较多学生将GenAI应用于课程学习、科研活动、日常生活以及升学求职中③。

从技术能力来看，较多研究评估了GenAI在多学科多题型测验中的表现。这些测验既有医学资格考试类的标准化测验，也有基于课程教学内容（如编程课、历史课）的随堂测验。研究者发现，GenAI总体上可以超过测验及格线标准，表现出了一定程度的理解能力和解释能力。与人类角色相比，GenAI在问题解决相关任务中的表现并不亚于真实学生，且能不受认知负荷的影响始终保持较好的能力水平④；但GenAI目前只能作为提升教师效率的补充，尚不具备独立辅导学生的能力⑤，且难以像真实教师一样把握整体学情，识别学生关键问题，也无法实现共情互动。

从应用实效来看，有部分实证研究发现GenAI可以提升师生的学习或培训表现、任务完成效率和批判性思维⑥，增强心流体验⑦，提高师生学术技

---

① Bower M, Torrington J, Lai J W M, et al. How should we change teaching and assessment in response to increasingly powerful generative Artificial Intelligence? Outcomes of the ChatGPT teacher survey[J]. Education and Information Technologies, 2024, 29: 15403-15439.

② Shoufan A. Exploring students' perceptions of ChatGPT: The matic analysis and follow-up survey[J]. IEEE Access, 2023, 11: 38805-38818.

③ 李艳，许洁，贾程媛，等. 大学生生成式人工智能应用现状与思考——基于浙江大学的调查[J]. 开放教育研究，2024，30(01): 89-98.

④ Zhai X, Nyaaba M, Ma W. Can generative AI and ChatGPT outperform humans on cognitive-demanding problem-solving tasks in science?[J]. Science & Education, 2024: 1-22.

⑤ 贺樑，应振宇，王英英，等. 教育中的ChatGPT：教学能力诊断研究[J]. 华东师范大学学报(教育科学版)，2023，41(07): 162-176.

⑥ Li T, Ji Y, Zhan Z. Expert or machine? Comparing the effect of pairing student teacher with in-service teacher and ChatGPT on their critical thinking, learning performance, and cognitive load in an integrated-STEM course[J]. Asia Pacific Journal of Education, 2024, 44(01): 45-60.

⑦ Shi S J, Li J W, Zhang R. A study on the impact of Generative Artificial Intelligence supported Situational Interactive Teaching on students' 'flow' experience and learning effectiveness—a case study of legal education in China[J]. Asia Pacific Journal of Education, 2024, 44(01): 112-138.

能[①]。但当前GenAI进入教育场景还存在一定局限：一是识记层面错误，如出现不同程度的事实错误或史实捏造[②]；二是理解层面欠缺，如在隔层关联知识点的前后关系理解上存在困难[③]；三是运用层面偏误，如在生成专业题目时存在术语使用不当、对应关系不准确等问题[④]。

1.3.3 GenAI在教育中的产品形态和功能

当前在教育中的GenAI产品多以通用大模型形态出现，但教育领域专用大模型以及基于GenAI的集成化开发也逐渐成为关注热点。

通用大模型具备卓越的通识能力，被广泛应用于多学科多场景中。如GenAI在医学学科教学中，可以翻译专业医学术语，从电子病历中提取信息生成教学案例，创建逼真的临床模拟场景用于课堂测试或医患沟通技巧训练等[⑤]；在语言学科学习中，可以通过向学生提供语言使用的反馈，辅助学生进行语法修改与标点修正（初阶修改）、词汇替换、语义通顺与风格调试（中阶润色），以及梗概撰写（高阶输出）等[⑥]，还可以在练习语言时充当合作伙伴，为学习过程提供脚手架，并推荐更多语言练习活动，以达到培养学习者语言技能的目标[⑦]；在考试评价中，可以辅助试题生成命制、交互式智能

① Dai Y, Lai S, Lim C P, et al. ChatGPT and its impact on research supervision: Insights from Australian postgraduate research students[J]. Australasian Journal of Educational Technology, 2023, 39(04): 74-88.
② 申丽萍，何朝帆，曹东旭，等．大语言模型在中学历史学科中的应用测评分析[J]．现代教育技术，2024，34(02): 62-71.
③ 贺樑，应振宇，王英英，等．教育中的ChatGPT：教学能力诊断研究[J]．华东师范大学学报(教育科学版)，2023，41(07): 162-176.
④ Klang E, Portugez S, Gross R, et al. Advantages and pitfalls in utilizing artificial intelligence for crafting medical examinations: A medical education pilot study with GPT-4[J]. BMC Medical Education, 2023, 23(01): 772.
⑤ Xu X, Chen Y, Miao J. Opportunities, challenges, and future directions of large language models, including ChatGPT in medical education: A systematic scoping review[J]. Journal of Educational Evaluation for Health Professions, 2024, 21.
⑥ 魏爽，李璐遥．人工智能辅助二语写作反馈研究——以ChatGPT为例[J]．中国外语，2023，20(03): 33-40.
⑦ Bin-Hady W R A, Al-Kadi A, Hazaea A, et al. Exploring the dimensions of ChatGPT in English language learning: A global perspective[J]. Library Hi Tech, 2023 (ahead-of-print).

语言测试、数据采集与整合分析、智能化评阅与反馈等①。

教育领域专用大模型的构建可以适配特定教育场景和特定学科中更为专业化的任务要求。如GenAI可以基于学科专业知识库建立用于科研的教育大模型，辅助进行专业术语翻译、专业问题解答、前沿文献综述和总结、数据资源查询和挖掘分析、学术论文撰写和润色等②。

基于GenAI的集成化开发可以进一步实现感知增强、智力增强、知识增强。如在图书管理中，GenAI可以与知识图谱相结合实现图书资源组织，并融合增强检索技术进行信息检索，构建多层级、多维度的智慧问答系统，方便师生访问与使用③；在职前教师实训中，GenAI可以结合元宇宙技术构建定制特征的数字人学生、生成模拟真实学生的问答、分析过程性实训成长数据、构建虚拟助教协助教学技能学习，为教师提供强体验、富交互、高拟真、生成性的低风险教学实训环境④。

1.3.4 GenAI教育应用对师生素养和能力的要求

如何合理合规地在教育教学实践中应用GenAI技术，对师生的素养和能力提出了新的要求。联合国教科文组织将师生的智能素养视为推动GenAI教育应用的关键软实力，提出要聚焦提升学生运用GenAI服务学校学习与自身发展的能力，加强教师利用GenAI优化、创新与变革教育教学活动的意识与责任⑤。国外多个国家和组织发布了数字化素养和能力相关文件，我国也于2022年发布了《教师数字素养》标准。

对于教师来说，正面临GenAI应用带来的冲击和挑战，如教育目标转型

① 汪张龙．认知智能大模型加速教育考试数字化转型[J]. 中国考试，2023，(08)：11-18.

② Xu X, Chen Y, Miao J. Opportunities, challenges, and future directions of large language models, including ChatGPT in medical education: A systematic scoping review[J]. Journal of Educational Evaluation for Health Professions, 2024, 21.

③ 郑燕．人工智能赋能高校图书档案资源数字化融合服务研究[J]. 山西档案，2024，(02)：152-154.

④ 王龚，顾小清，胡碧皓．基于元宇宙和生成式人工智能的教师实训成效研究[J]. 开放教育研究，2024，30(03)：74-86.

⑤ 刘骥，丘霖．生成式人工智能嵌入教育应用的风险生成及其规制[J]. 现代远距离教育，2024，(04)：12-19.

升级带来的育人挑战，复杂多元的教育互动引发的交往挑战，知识转向与学习方式变革带来的课堂教学挑战，以及替代性学考评带来的评价挑战等①，教师需要增强作为实践主体的能动性，提升GenAI教学应用水平②，培养立德树人的能力、数字化时代的专业伦理、人工智能融合教学的能力，以及更新“课程—学习—教学—评价”的能力③。同时，联合国儿童基金会发布的《东亚和太平洋地区教师数字素养》报告也提出，需要建立全面的、结构化的、针对具体情况的数字技能专业发展培训计划，以弥合数字素养鸿沟并确保有效的数字技能培养④。联合国教科文组织发布的《教师人工智能能力框架》进一步明确了教师在人工智能时代应具备的知识、技能和价值观，并将教师的人工智能素养能力划分为“获取”“深化”和“创造”三个等级。

对于学生来说，快速更迭的技术考验他们的技术适应能力，复杂的信息环境对他们的信息辨识能力是一种考验⑤。GenAI的使用还可能带来学术诚信问题，创新性表达和独立思考也可能受到抑制⑥。学生不仅要掌握数字化学习的意识、知识与思维，理解GenAI解决实际问题的能力与适用性，更应具备积极应对数字社会伦理风险的关键能力⑦，提升数字素养和应用能力。同时，联合国教科文组织发布《中小学阶段的人工智能课程：对政府认可人工智能课程的调研》报告明确指出，人工智能课程对于确保学生在智能时代拥

---

① 丁奕，吕寒雪．当教师遇上ChatGPT：挑战与应对之道[J]．当代教育论坛，2024，(02)：10-18.

② 郑燕林，任维武．实践观视域下ChatGPT教学应用的路径选择[J]．现代远距离教育，2023，(02)：3-10.

③ 宋萑，林敏．ChatGPT/生成式人工智能时代下教师的工作变革：机遇、挑战与应对[J]．华东师范大学学报(教育科学版)，2023，41(07)：78-90.

④ UNICEF. Teachers’ Digital Literacy in the East Asia and Pacific Region[R/OL]. (2024-07-16)[2024-07-30]. https://www.unicef.org/eap/reports/teachers-digital-literacy-east-asia-and-pacific-region.

⑤ 陈婧，周东华．AIGC浪潮下网络与新媒体专业学生数字素养提升的动因、挑战及策略[J]．传媒，2024，(14)：24-26.

⑥ 金慧，彭丽华，王萍，等．生成未来：教育新视界中的人工智能与高等教育变革——《2023地平线报告（教与学版）》的解读[J]．远程教育杂志，2023，41(03)：3-11.

⑦ 吴砥，李环，杨洒，等．教育数字化转型背景下中小学生数字素养评价指标体系研究[J]．中国教育学刊，2023，(07)：28-33.

有工作和生活的必备技能非常重要[①]；新发布的《学生人工智能能力框架》进一步细化了AI相关课程教学方法和策略的详细规范[②]。

1.3.5 GenAI教育应用的伦理风险与应对

教育界普遍关注GenAI技术在教育应用中的伦理及安全风险问题。GenAI教育应用的伦理风险主要包括学术公平的失信与失衡、过度依赖下主体思考力丧失、师生交往异化与情感缺失、知识盲区与信息茧房、回答错误和偏见、数字鸿沟加剧教育不公、隐私泄露和数据安全、版权问题等，还有研究发现过度使用GenAI会使学生更容易拖延、记忆力减退、学业成绩下降[③]。国内研究领域还格外关注GenAI对思想政治教育的影响，认为过度的技术依赖可能会影响思想政治教育主流价值传播、学生实事求是精神培养以及师生间思想交流和情感沟通[④]，但也有学者认为通过深层次、强互动、智慧化的话语实践可以增强政治认同、思想认同、理论认同和情感认同[⑤]。

为了应对GenAI在教育应用中出现的伦理风险，学者建议采用技术性（水印、样式、AI生成内容检测、事实核查）和非技术性措施（使用条款、透明度、教育者指导和监管、人在回路）[⑥]，把握原创性、透明度、教育性、隐私保护等关键原则，切实引导和规范GenAI技术向上向善发展。同时教育

---

① UNESCO. K-12 AI curricula: A mapping of government-endorsed AI curricula[R/OL]. (2022-08)[2024-07-30]. https://unesdoc.unesco.org/ark: /48223/pf0000380602_chi.

② UNESCO. AI competency framework for students[R/OL]. (2024-08)[2024-09-06]. https://unesdoc.unesco.org/ark: /48223/pf0000391105.

③ Abbas M, Jam F A, Khan T I. Is it harmful or helpful? Examining the causes and consequences of generative AI usage among university students[J]. International Journal of Educational Technology in Higher Education, 2024, 21(01): 10.

④ 燕连福，秦浦峰. 生成式人工智能赋能思想政治教育的价值、问题与对策[J]. 广西社会科学，2023，(09): 201-206.

⑤ 冯琳，倪国良. 思想政治教育与技术治理耦合发展的现实困境及其超越[J]. 江淮论坛，2023，(03): 145-152.

⑥ Sison A J G, Daza M T, Gozalo-Brizuela R, et al. ChatGPT: More than a “weapon of mass deception” ethical challenges and responses from the human-centered artificial intelligence (HCAI) perspective[J]. International Journal of Human-Computer Interaction, 2023, 40(17): 4853-4872.

界要关注思维能力、实践能力和数字素养的培养，树立人机协同教学观念①，构建伦理应对体系，改革教学评价方式和内容②，强化GenAI与教育融合的前瞻性、战略性、系统性布局③。

1.3.6 教育中的GenAI未来发展方向

GenAI技术的未来发展方向也成为教育界关注的热点。为了进一步提升GenAI技术的教育适用性和智能化程度，满足教育领域的专业化需求，教育专用大模型的研发（以下简称“教育大模型”）、智能体的构建和面向可信可解释的模型优化等成为GenAI技术重要发展方向。

当前研发教育大模型已成为推动国家教育高质量发展的重要手段。2024年3月，教育部推出人工智能赋能教育行动，提出“开发教育专用人工智能大模型”；2024年7月，教育部部长怀进鹏在介绍和解读党的二十届三中全会精神时再次提出要“打造中国版人工智能教育大模型”④，副部长吴岩也表示教育部将推动师生一同创造教育领域的专有大模型，并将优先在10个学科推出垂直应用⑤；北京市发展和改革委员会发布的《北京市推动“人工智能+”行动计划（2024—2025年）》也提出要“培育跨学科、跨学段的教育大模型平台”。

基于大模型能力底座构建具有自主性的智能体也是当前讨论热点，有学者提出了教学智能体的架构，用于课堂教学、课后辅导、教师研修、家校合

① 王晴，贺玮，胡小勇．人工智能助力教师教学提质增效[J]．中小学信息技术教育，2023,(05): 14-16.

② 贾积有，张誉月．人工智能与教育：机遇、挑战与对策[J]．北京大学教育评论，2023,21(01): 49-61+188-189.

③ 杨国庆，胡海旭，方泰，等．ChatGPT对体育未来发展的影响及应对[J]．西安体育学院学报，2023，40(02): 139-146.

④ 中国新闻网．（聚焦三中全会）怀进鹏：打造中国版人工智能教育大模型[EB/OL]．(2024-07-19)[2024-07-31]. https://www.chinanews.com.cn/gn/2024/07-19/10253805.shtml.

⑤ 教育部副部长吴岩：教育专有大模型优先在10个学科推出垂直应用[EB/OL]．(2024-07-15)[2024-07-31]. https://www.thepaper.cn/newsDetail_forward_28076479.

作等多种教育场景[①]。还有学者构建了多智能体系统，通过多个自治的智能体互动和协同完成复杂任务，有助于解决学科语料有限和模型推理能力不足等问题[②]。

为提高模型的可信度和可解释性，解决GenAI存在的“污语料”和“幻觉”等问题，有学者提出可基于检索增强生成技术从教育专家构建的专业知识库、学科知识图谱、权威教育期刊和网站等知识源中实时获取动态资源和数据，提高GenAI生成内容的准确性和时效性[③]，为GenAI教育应用提供内容质量保障。

1.4 推动GenAI教育应用的若干关键问题

随着GenAI的能力升级及产品的研发落地，GenAI在教育多场景、多环节中的深度融合将为教育发展带来全新的机遇和挑战。为了最大限度地发挥GenAI的教育应用潜能，促进在教育中负责任地、合乎伦理地使用GenAI，推动GenAI教育应用需关注技术理解、模型优化、场景探索和伦理规范等关键问题。

1.4.1 教育主体对GenAI的技术认知亟待加强

推动GenAI应用的前提是充分理解技术的效用边际与价值局限，但目前教育主体对于GenAI技术的理解和认知仍存在不到位的情况。一方面，存在盲目信任和依赖GenAI导致的技术万能论，过度推崇技术的有效性以及过度信赖技术“无所不能”的夸张能效，导致技术在教学过程中被无限制使用，教学成为“炫技”的场所，技术脱离了教学的实际需求，出现了“非教育

① 卢宇，余京蕾，陈鹏鹤．基于大模型的教学智能体构建与应用研究[J]．中国电化教育，2024，(07)：99-108.

② 翟雪松，季爽，焦丽珍，等．基于多智能体的人机协同解决复杂学习问题实证研究[J]．开放教育研究，2024，30(03)：63-73.

③ 余胜泉，熊莎莎．基于大模型增强的通用人工智能教师架构[J]．开放教育研究，2024，30(01)：33-43.

性”的异化特征[①]。另一方面，也存在对技术本能地不信任，担心技术过于强大而使得人类变为技术的附庸[②]，使得教师产生抵触情绪并对自身技术应用能力产生怀疑，进而导致数字化技术应用压力[③]。究其原因，较多教师是因为缺乏必要的技术使用知识和技能[④]，缺乏精准化的技术支持和使用指导，从而产生这两种情况。在利用数据提升教育教学质量和效率时，也受到人才、技术、数据、体制机制等各方面制约[⑤]。

为提升对GenAI的技术认知，当前多家国际组织和高校陆续发布了GenAI应用指南。比如，联合国教科文组织发布了首份全球性的应用指南《生成式人工智能教育与研究应用指南》，介绍了GenAI是什么以及它是如何工作的，还提出了监管时要检查的步骤和关键要素，为制定连贯、全面的政策框架提供了可行方案[⑥]；美国康奈尔大学、英国罗素集团、德国霍恩海姆大学等也相继发布GenAI教育应用指南，为师生客观地阐述了GenAI的功能和局限性，鼓励负责任地使用该工具，同时也鼓励教育管理部门开发“以人为本”的GenAI培训体系，或将GenAI知识融入师生数字素养培训课程中[⑦]。在人机融合转型过程中，为了更好地发挥技术潜能，推动技术创新扩散，确保应用合规合理，教育主体认知也应转型升级[⑧]，加强GenAI教育应用培训，理解GenAI运作原理和应用局限，正确掌握使用技巧，建立教育主体自信。

---

① 崔晓慧，朱轩．转智成慧：智慧教育时代高职院校智慧教学的困局与突破[J]．职业技术，2024，23(06)：55-63．

② 郭顺峰，李光，邹红军．ChatGPT引发的“以人为师”合法性危机与应对——基于技术批判理论视角[J]．电化教育研究，2023，44(11)：28-35．

③ 魏仙．公立小学教师的数字化技术压力及其管理对策研究[D]．华东师范大学，2023．

④ 郭群，缪朝东，嬴萍丽．数字化转型背景下职校教师专业发展的价值逻辑、实践困境与路径选择[J]．教育与职业，2024，(10)：64-70．

⑤ 刘思来，薛寒．我国基础教育数字化转型动因阐释、现实困境及行动路径[J]．教育理论与实践，2024，44(13)：17-25．

⑥ Miao F，Holmes W. Guidance for generative AI in education and research[M]. UNESCO Publishing，2023．

⑦ 王帅杰，汤倩雯，杨启光．生成式人工智能在教育应用中的国际观察：挑战、应对与镜鉴[J]．电化教育研究，2024，45(05)：106-112+120．

⑧ 蔡连玉，金明飞，周跃良．教育数字化转型的本质：从技术整合到人机融合[J]．华东师范大学学报(教育科学版)，2023，41(03)：36-44．

1.4.2 提升GenAI教育适用性需要专用大模型加持

由于教育的复杂性和特殊性，通用大模型存在难以精准适应教育场景的情况，需加强教育领域的专用大模型建设。通用大模型由于缺乏专业的数据训练，回答准确性不足，不能较好地满足严肃教育教学场景的需求[①]，极大影响师生的应用体验。比如，在教学内容上，面向教育的生成内容需要更高的价值观和安全性要求，而通用大模型训练数据集涵盖的范围较广，存在因内容质量不高而造成误导的风险，无法保证回答内容与未成年人的年龄、认知相契合[②]；在教学方式上，通用大模型采用直白的问答模式，学生能够直接从聊天儿中获得问题答案和建议信息，不符合启发式教学原则，可能导致部分学生对其产生依赖；在教育伦理上，通用大模型对学生行为难以监管，也可能存在学术不端、知识侵权等风险[③]。

面对教育领域的多种迫切需求，还需要开发能够深入理解教学资源、教学对象与教学过程，有效适应复杂教学活动，符合教育教学原则的教育大模型，并在数据准备、模型选择、模型调优等教育大模型构建环节中，提高教育适用性、有效性和针对性[④]，以满足教育高质量发展需求。联合国教科文组织发布的《生成式人工智能教育与研究应用指南》指出，在教育领域，开发人员和研究人员已经开始对基础模型进行微调以开发教育大模型，可以让教育工作者和学习者生成适当的教育材料和活动[⑤]，并将数字化教育资源进行整合、分析和优化，为教学提供专门的定制化支持与服务[⑥]。OpenAI于2024年5

① 曹培杰，谢阳斌，武卉紫，等．教育大模型的发展现状、创新架构及应用展望[J]. 现代教育技术，2024，34(02)：5-12.

② 单勇，王熠．来自“世界3”的知识欺诈：生成式人工智能的刑事风险应对[J]. 西南政法大学学报，2023，25(04)：70-85.

③ 杨宗凯，王俊，吴砥，等．ChatGPT/生成式人工智能对教育的影响探析及应对策略[J]. 华东师范大学学报(教育科学版)，2023，41(07)：26-35.

④ 苗逢春．生成式人工智能及其教育应用的基本争议和对策[J]. 开放教育研究，2024，30(01)：4-15.

⑤ Miao F, Holmes W. Guidance for generative AI in education and research[M]. UNESCO Publishing, 2023.

⑥ 乔雪峰．深度融合·双向赋能·人机协同——“智能技术与教育数字化转型”专题论坛综述[J]. 阅江学刊，2024，16(01)：156-162.

月推出的ChatGPT Edu就是专为高等教育打造的，国内也已有几十家企业正致力于教育大模型的研发，为教育教学提供专门的定制化支持与服务，但仍存在教育深度知识不够、智能性不强、难以灵活处理复杂多变的专业性教育任务等问题，需加快关键技术的突破创新，充分利用教育领域多模态、长周期的海量数据，对学习者认知过程与教学交互过程等进行准确捕捉与深度理解，进一步明晰教学过程及其底层机制，构建更具适用性的教育大模型①。

1.4.3 GenAI多元教育应用场景及实效有待探索

为了适应更多元的教育情境特征，解决教育细分场景中的复杂性、综合性问题②，需推进应用场景多元化覆盖与优质应用典型示范打造，并基于科学实证来验证技术应用的实效。当前GenAI教育应用仍处于起步阶段，应用场景较为单一、技术创新应用不充分、应用实践缺乏典型示范等问题依然严重，GenAI仍在原有教育教学范式下发挥辅助师生减负增效的作用③，在其他场景中的应用和价值体现较为缺乏。

2024年3月，教育部启动人工智能赋能教育行动，宣布实施教育系统人工智能大模型应用示范行动（LEAD行动），推动大模型从课堂走向应用。2024年4月，教育部发布的首批“人工智能+高等教育”应用场景典型案例中，北京邮电大学已开发出大模型赋能的智能编程教学应用平台。2024年5月，北京市朝阳区率先启动人工智能赋能教育高质量发展三年行动计划，以人工智能技术赋能教师、课堂、学生、学校和管理五个方面，探索人工智能技术与教育教学深度融合。国内企业也纷纷响应，如科大讯飞与武汉理工大学合作发布了人工智能赋能教育行动“1+1+N”计划，致力于共同定义一个

① 中国教育科学研究院数字教育研究所＆之江实验室智能教育研究中心．重构教育图景：教育专用大模型研究报告(简版)[EB/OL]．(2023-12-08)[2024-04-15]．https://mp.weixin.qq.com/s/kJy-8JcA9Q9cRRTkCA0q7g.

② 尹西明，陈劲，王冠．场景驱动：面向新质生产力的数据要素市场化配置新机制[J]．社会科学辑刊，2024，(03)：178-188.

③ 吴砥，郭庆，吴龙凯，等．智能技术赋能教育评价改革[J]．开放教育研究，2023，29(04)：4-10.

公共支撑底座、共建一个智慧实验室、共同打造N个标杆应用场景①。2024年7月世界人工智能大会“迈向AGI：大模型焕新与产业赋能”论坛还发布了《2024大模型典型示范应用案例集》，包含了教育领域的大模型成果。当前国内研究领域更倾向于哲学思辨层面的理论探讨，从实践层面探讨GenAI对教育教学影响效果的实证研究还比较少②，对应用过程中存在的问题缺少系统性分析以及针对性的改进意见，亟须基于不同的应用场景开展实证调查和案例研究，挖掘可行的、适切的应用教学模式或应用策略，帮助教师明确GenAI的应用范围和能力边界，有效形成最佳实践。

1.4.4 保障GenAI合理应用亟须完善伦理规范

教育领域应高度重视GenAI教育应用存在的伦理风险，不断完善GenAI教育应用的伦理规范，构建风险应对策略，并将其作为推进GenAI教育应用的重要保障。例如，义务教育阶段学生作为GenAI教育应用的重要主体，具有年龄小、身体发育不全、心智发展不成熟③等特点。如果缺乏引导和监管，学生容易在技术的开放使用中迷失自我，形成错误认知，有时还会造成数据安全隐患④。企业作为GenAI研发主体，可能因内部伦理治理制度不规范、责任意识和伦理道德缺失，导致虚假信息泛滥、价值观偏颇、隐私泄露、知识产权争议等问题。对此，我国高度重视GenAI的伦理风险与应对。《生成式人工智能服务管理暂行办法》提出实行包容审慎监管和分类分级监管，以促进生成式人工智能健康发展和规范应用；《全球人工智能治理倡议》中也强调要坚持伦理先行。但当前我国监管工作主要将重点置于监管组织建设、责

---

① 科大讯飞智慧教育．1+1+N：武汉理工大学携手科大讯飞联合开启大模型应用示范（LEAD）行动[EB/OL]．(2024-04-16)[2024-04-25]．https://mp.weixin.qq.com/s/PkN-KQVsThW3_nXNxFtXoQ.

② 秦渝超，刘革平，许颖．生成式人工智能如何重塑教学活动——基于活动理论的模型构建与应用[J]．中国远程教育，2023，43(12)：34-45.

③ 胡劲松，吴晓梅．论义务教育学校布局调整——保障受教育者“就近入学”的视角[J]．清华大学教育研究，2013，34(01)：98-103.

④ 祝智庭，魏非．教育信息化2.0：智能教育启程，智慧教育领航[J]．电化教育研究，2018，39(09)：5-16.

任分配和违法责任追究等制度性议题，尚未对具体风险提出应对措施及立法，责任主体也仅聚焦于技术提供者①。理论层面存在顶层设计缺乏、监管框架缺位、政策标准缺失等问题，实践层面缺少科学完善的应用指南、监管认证工具、平台建设标准、创新实施方法和行动措施。这些问题削弱了GenAI技术全方位赋能教育数字化转型的能力②。因此，教育领域需要高度关注GenAI的潜在安全与伦理风险，针对教育领域的应用场景和教育对象的特殊性，从多维度、多视角出发制订应对策略，构建多方位、多主体③监管模式，推进GenAI在教育领域的合规合理应用与可持续发展。

① 韩娜，漆晨航．生成式人工智能的安全风险及监管现状[J]．中国信息安全，2023，(08)：69-72.

② 兰国帅，杜水莲，宋帆，等．生成式人工智能教育：关键争议、促进方法与未来议题——UNESCO《生成式人工智能教育和研究应用指南》报告要点与思考[J]．开放教育研究，2023，29(06)：15-26.

③ 方海光，舒丽丽，王显闯．人工智能教育应用伦理的核心议题与应对之策[J]．中小学数字化教学，2023，(07)：30-33.

第二章

GenAI 技术框架

GenAI技术正引领着教育领域的变革创新。为了准确把握GenAI技术的基本概念、工作原理和主要特点，本章对GenAI技术孕育与发展历程进行了梳理分析，阐述了GenAI技术的概念内涵与重要特性，辨析了GenAI的相关概念和技术特点，并构建了GenAI应用参考框架，以期促进对GenAI技术的正确认识与有效利用。

2.1 GenAI的提出与内涵

GenAI的提出与发展标志着人工智能领域新的进步。本节通过回顾GenAI提出与发展的过程，阐述其概念内涵和重要特性，以期深化对GenAI的理解。

2.1.1 GenAI的提出

GenAI技术的发展并非一蹴而就，而是人工智能技术长期积累和逐步演进的结果。人工智能在诞生之初，就受到不同学科理论的影响，发展出多条各具特色的技术路线。它们相互竞争、相互影响，并在不同时期分别取得了阶段性的成功。产业界以技术取得阶段性突破为标志，将人工智能的发展历程粗略地划分为四次浪潮。

第一次浪潮发生在20世纪50年代至70年代，人们通过对规则的硬编码和符号处理来模拟人类思维的逻辑推理过程，成功地开发出跳棋程序和自动定理证明程序①。第二次浪潮发生在20世纪80年代至90年代，人们通过规范化知识表达、构建专业知识库、模拟专家决策过程的知识工程技术，成功构建了能够解决特定领域问题的各类专家系统②。第三次浪潮发生在21世纪初期至20年代，人们通过决策树（Decision Tree）、支持向量机（Support Vector

① 朱祝武．人工智能发展综述[J]．中国西部科技，2011，10(17)：8-10．
② 李晓理，张博，王康，等．人工智能的发展及应用[J]．北京工业大学学报，2020，46(06)：583-590．

Machine，SVM）、深度神经网络（Deep Neural Networks，DNN）等机器学习或深度学习算法，实现在模式识别等领域的巨大成功。在几次浪潮中，有一类学者始终认为，制造接近人类的机器需要让机器像人类一样学习。人类大脑由神经元编织成神经网络，通过突触的创建、删除或修改，不断重塑网络结构，进而实现学习功能。依此类推，机器可通过人工神经元构建人工神经网络，并通过修改它们之间的连接以实现机器的学习[①]。秉持该理念的学者被归类为“人工神经网络”学派，他们在第一次浪潮中提出了可自主学习的人工神经网络原型；在第二次浪潮中又通过算法改进，提出了可解决简单模式识别任务的多层感知机；在第三次浪潮中提出的深度神经网络成为主流技术路线，在分类（语音识别、图像识别）和聚类（图像分割、文本分析）等“判别类（Discriminative）任务”上成效卓著，也为解决内容生成与创造的“生成类（Generative）任务”打下了良好基础。

2022年11月，由深度神经网络算法模型Transformer所驱动的ChatGPT在自由对话、内容生成等语言类任务上取得了重大突破，在将其应用到聊天儿应用场景后获得了用户的广泛认同和社会的广泛关注，一时间风靡全球，激发了人们关于人工智能第四次浪潮的讨论。这次浪潮的标志性起点可以追溯至2014年Ian Goodfellow等研究者提出新的神经网络架构——生成对抗网络（Generative Adversarial Network，GAN）。GAN采用两个模型相互对抗、交替改进的训练方式来生成图像，并在图像合成、艺术创作、数据增强等应用中获得成功。这种用人工智能算法模型从无到有地生成图像的方法成了一种新范式，不仅推动了图像生成技术的发展，也为后续研究者在探索新的生成模型和应用场景方面带来了重要的启发。

Transformer作为一种重要的基础性的新型神经网络结构，在本次浪潮中大放异彩。OpenAI以Transformer为基础组件提出了“GPT（Generative Pre-trained Transformer）”模型，通过采用“仅解码器（Decoder-Only）”结构降

① 杨立昆．科学之路：人、机器与未来，当机器思考时，人类会怎样?[M].李皓，马跃，译．北京：中信出版集团，2021.

低了模型的计算复杂度，通过采用规模庞大的“预训练（Pre-trained）”结构，使模型能够从海量文本数据中学习到丰富的语言知识和模式。GPT专注于解决“预测文本序列中的下一个词，以生成连贯且有意义的文本”这项任务，为各种语言生成类任务提供了通用的解决方案，也为实现其他的生成类任务提供了全新视角和技术示范。2018年，OpenAI发布了首个GPT架构的模型GPT-1，其参数量达1.17亿，可初步实现连贯文本（如文章、故事、对话等）的生成①。2020年，OpenAI发布的GPT-3参数量跃升至1750亿，显著提升了文本生成的真实性和连贯性②。在GPT-3的基础上，ChatGPT通过引入“基于人类反馈的强化学习（Reinforcement Learning from Human Feedback，RLHF）”技术，进一步实现了模型与人类意图的对齐，提升了对话结果的安全性和可靠性。

ChatGPT在技术上的先进性和在商业上的颠覆性，引发了全球特别是中美人工智能企业的急速跟进。谷歌采取正面竞争的方式，不断发布对标甚至超越OpenAI GPT最新版本的大模型Bard和Gemini；Meta通过不断更新可用于二次开发和调优的开源模型LLaMA，试图用开源生态颠覆闭源商业体系；微软采取与OpenAI深度合作的方式，不断将GPT最新技术引入自己的产品生态之中。科大讯飞作为中国的人工智能龙头企业之一，基于其在智能语音、自然语言处理等领域长期积累的技术研究与场景应用优势，在国内首批发布了具有自主知识产权的大语言模型——星火认知大模型。2023年5月，1.0版本形成了文本生成、语言理解、知识问答、逻辑推理、数学能力、代码能力、多模态等七大核心能力③，并发布教育、办公、汽车、数字员工四大行业应用成果；2024年6月发布4.0版本，七大核心能力全面升级，可对标GPT-4 Turbo，并在文本生成、语言理解、知识问答、逻辑推理、数学能力

① 陈晓红，杨柠屹，周艳菊，等．数字经济时代AIGC技术影响教育与就业市场的研究综述——以ChatGPT为例[J]．系统工程理论与实践，2024，44(01)：260-271.

② 徐月梅，胡玲，赵佳艺，等．大语言模型的技术应用前景与风险挑战[J]．计算机应用，2024，44(06)：1655-1662.

③ 汪永安．“大模型”赋能千行百业[N].安徽日报，2024-08-18(04).

等方面实现超越[①]。

然而早期大模型在逻辑推理、数理计算等复杂任务中存在明显的局限性。2024年9月，OpenAI发布o1模型，通过强化学习训练，教会模型如何在数据高度有效的训练过程中利用其思想链进行高效思考，在数学、代码、推理等复杂任务领域取得突破性进展[②]。2025年1月15日，科大讯飞发布了星火深度推理模型X1，能在解题过程中采用更接近人类的“慢思考”方式；1月20日，深度求索发布了开源推理模型DeepSeek-R1，其数学和代码能力对标OpenAI o1，同时具备高性能、低成本等显著优势，引发全球关注。

总之，采用GPT结构的算法模型在语言类问题上展现出惊人的能力，不仅使各种语言生成类任务有了系统化、全面解决的可能性，而且为其他各种生成类任务提供了技术示范。以实现生成类任务问题解决以及内容生成与创造为特点的“生成式人工智能”技术，逐渐走向成熟。同时，由于其广泛的场景适用性和巨大的问题解决实用性，GenAI应用迅猛普及、蔚然成风。

2.1.2 GenAI的概念内涵与重要特性

深刻理解GenAI的概念内涵和重要特性对于推动本领域的发展和应用至关重要，研究者从不同视角对GenAI进行了定义和阐释，揭示了GenAI的复杂性和多维性。

（1）GenAI的概念内涵

GenAI是对解决生成类任务的人工智能技术的统称，与此相对的是解决判别类问题的“判别式人工智能”。判别式人工智能通过从带有人工标记的数据中学习到识别相关模式、判定不同类别之间边界的方法，在图像识别、语音处理、医疗诊断等领域取得了成功，但判别式人工智能只能对既有的数

① 讯飞星火V4.0正式发布，全面对标GPT-4 Turbo，8个国际主流测试集测评第一[EB/OL].(2024-6-27)[2024-08-27]. https://mp.weixin.qq.com/s/6TnHz4xsLpJzHFmm0_I7aw.

② 王士进.大模型技术进展和教育应用[J].中国人工智能学会通讯,2025,15(01):13-17.

据做辨别判定，在处理新数据或未知分布的数据等方面的能力明显不足。而GenAI可以实现内容创造和新数据生成，有助于联结既有知识，激发新的想法，增强人类对世界的认知与理解，提高人类的创新力与创造力。

（2）GenAI的重要特性

GenAI作为一个快速发展和演变中的概念，其内涵特性也在不断丰富。抽象的GenAI概念是从具象的GAN、VAE（变分自编码器）、GPT等技术应用中总结和归纳形成的，GPT已成为GenAI的典型代表和主要形态，研究者可以以GPT大语言模型为主要研究对象，以GPT的技术原理、功能应用及价值意义为观察视角，实现对GenAI重要特性的诠释。

①从技术原理视角来看，GenAI应具备数据的自监督学习和自动生成的机制。这表明GenAI允许模型在缺乏外部标注的情况下，通过内部预测机制进行自我学习，使复杂的神经网络结构（如Transformer或GAN）能够捕捉并学习数据的分布。例如，复旦大学肖仰华教授认为，GenAI应能在处理无标注数据时，采用基于遮蔽内容还原的自监督学习任务来训练模型，从而引导模型生成与上下文语境相符合的数据内容[①]。

②从功能应用视角来看，GenAI应具备通过人机交互明确任务，并根据任务创造性地生成多样化内容的能力。例如，联合国教科文组织官员苗逢春认为，GenAI是根据人类语言表达的提示词（Prompts）自动生成内容的人工智能技术，既可以通过文字、语音、图像、视频或软件代码示例等方式向模型输入提示词，也可以通过文字、语音、图像、视频或软件代码等方式输出结果[②]。中国国家互联网信息办公室认为，GenAI是一个应能够通过提示词，生成文本、图片、音频、视频等内容的大模型技术[③]。

③从价值意义视角来看，GenAI应具有强大的创新与创造能力，使其在

① 肖仰华．生成式语言模型与通用人工智能：内涵、路径与启示[J]．人民论坛·学术前沿，2023，(14)：49-57.

② 苗逢春．生成式人工智能技术原理及其教育适用性考证[J]．现代教育技术，2023，33(11)：5-18.

③ 国家互联网信息办公室．生成式人工智能服务管理暂行办法[EB/OL]．(2023-07-10)[2024-02-01]．https://www.gov.cn/zhengce/zhengceku/202307/content_6891752.htm.

辅助人类决策、发展人类高阶思维等方面发挥重要价值。例如，联合国教科文组织强调，GenAI超越了对现有信息整理的范畴，具备了创造性地生成新内容的能力①。咨询公司高盛指出，GenAI的创造能力使其可以基于人类文本查询生成原创想法②。咨询公司德勤指出，GenAI能够生成连贯文本和超逼真图像，使其能够以过去必须通过人类努力思考与创造才能实现的方式，生成新的数据③。

2.2 GenAI的相关概念辨析

在人工智能领域的研究与实践过程中，研究者经常混用“GenAI”“通用人工智能”“人工智能生成内容”“大语言模型”等概念术语，然而上述概念在本质上并不相同，有必要对它们进行辨析。

2.2.1 通用人工智能

通用人工智能是从问题解决能力视角对人工智能技术进行分类而提出的概念。根据问题解决能力的差异，人工智能可分为狭义人工智能（Artificial Narrow Intelligence，ANI）、通用人工智能（Artificial General Intelligence，AGI）、超级人工智能（Artificial Super Intelligence，ASI）④，具体内容如表2-1所示。

① Miao F, Holmes W. Guidance for generative AI in education and research[M]. UNESCO Publishing, 2023.

② Goldman Sachs. Generative AI – Part I: Laying Out the Investment Framework[R/OL]. (2023-03-26)[2024-04-06]. https://d281cup14p4e72.cloudfront.net/273862/8130583/Goldman%20on%20Generative%20AI%20-%20Part%20I%20Laying%20Out%20the%20Investment%20Framework%20.pdf.

③ 德勤. 亚太地区生成式人工智能应用与监管[R/OL]. (2024-02-01)[2024-04-05]. https://www2.deloitte.com/content/dam/Deloitte/cn/Documents/financial-services/deloitte-cn-fsi-acrs-gai-application-and-regulation-in-apac-zh-240131.pdf.

④ 网络安全等级保护与安全保卫技术国家工程研究中心. 通用人工智能AGI等级保护白皮书（2023版）[R/OL]. (2023-07-13)[2024-04-05]. https://www.sohu.com/a/718089218_120708211.

表2-1　人工智能技术的分类

分类	具体内容
狭义人工智能（ANI）	狭义人工智能主要专注于解决特定领域的问题或执行特定任务，应用非常广泛，如语音识别、图像识别等领域。
通用人工智能（AGI）	通用人工智能可以达到像人类一样，具有思考、理解、学习和解决复杂问题的能力。
超级人工智能（ASI）	超级人工智能是一种超越人类智能的人工智能系统，更像是一种人工生命形态，而非纯技术产物。

通用人工智能描绘了一个人工智能与人类智能水平相当的可能世界，在此阶段人类的组织形态与社会关系将会发生剧烈变革，而当前通用人工智能远没有实现。超级人工智能是在实现通用人工智能的基础上，人工智能技术进一步发展的潜在方向或终极目标，它对人类伦理的挑战更为巨大。对于如何达到通用人工智能，不同学者给出了不同的判定标准，具体内容如表2-2所示。

表2-2　达到通用人工智能的判定标准

学者	具体内容
彭玉佳	通用人工智能系统需要具备“能够执行无限任务，能够自主生成任务，由价值驱动并能够实现价值对齐，具有因果推理能力，能够拥有具体实施与应用方式”等五个关键特征[①]。
Meredith Ringel Morris	通用人工智能需要满足六个准则：关注能力而非过程，关注通用性和性能，关注认知和元认知任务，关注潜能而非部署，关注真实场景，关注通向通用人工智能的路径而非单一目标[②]。

GenAI被认为是通向通用人工智能的重要路径。这是因为，GenAI在模型参数规模不断增加并达到相关阈值之后，出现了“涌现”现象，越来越多的语言类任务被解决或获得效果提升，使GenAI表现出能够解决通用领域问

① Peng Y, Han J, Zhang Z, et al. The tong test: Evaluating artificial general intelligence through dynamic embodied physical and social interactions[J]. Engineering, 2024, 34：12-22.

② Morris M R, Sohl-dickstein J, Fiedel N, et al. Levels of AGI for Operationalizing Progress on the Path to AGI[J]. arXiv preprint arXiv: 2311.02462, 2023.

题的巨大潜力。同时，得益于GenAI在创造和生成新内容方面的强大能力，其在模拟和理解复杂系统方面也呈现出巨大潜力[①]。但是，GenAI在多个方面所展现出的巨大潜力并不是通向通用人工智能的充分条件。图灵奖得主杨立昆（Yann LeCun）从技术原理的视角提出，GenAI并不等同于通用人工智能，后者需要更全面的认知能力，包括但不限于推理、规划、常识性理解和情感智能，而这些并非GenAI所擅长[②]。由此可见，通用人工智能的实现路径存在争议，可能还需要更多技术和理论的突破。

2.2.2 人工智能生成内容

"人工智能生成内容"概念起源于对内容生成主体的分类。根据内容生成主体的不同，可划分为由专业的资源制作人员生成内容的"专业生成内容（Professional Generated Content，PGC）"模式、由用户生成内容的"用户生成内容（User Generated Content，UGC）"模式，以及由人工智能系统生成内容的"人工智能生成内容（Artificial Intelligence Generated Content，AIGC）"模式[③]。学者对AIGC的概念内涵尚有争议，主要的分歧点为AIGC应该被视作一种内容生成模式，还是进一步将概念外扩，凡是在内容生成中涉及的技术和生成后的结果（资源），都应包括在内。具体内容如表2-3所示。

表2-3 根据内容生成主体的差异进行分类

分类	具体内容
专业生成内容（PGC）	专业生成内容涉及的是那些在特定领域拥有专业知识或权威的个体（团队）生成的内容。
用户生成内容（UGC）	用户生成内容是由普通用户根据个人兴趣和偏好创作的内容。

① 张熙，杨小汕，徐常胜. ChatGPT及生成式人工智能现状及未来发展方向[J]. 中国科学基金，2023，37(05): 743-750.

② 图灵奖得主杨立昆：大语言模型是通往AGI的一条歧路[EB/OL]. (2024-04-24)[2024-08-25]. https://mp.weixin.qq.com/s/onM7L-m_C9HLTX3FoLvIsQ.

③ 中国信息通信研究院. 人工智能生成内容（AIGC）白皮书（2022年）[R/OL]. (2022-08-25)[2024-06-01]. http://www.caict.ac.cn/english/research/whitepapers/202211/P020221111501862950279.pdf.

续表

分类	具体内容
人工智能生成内容（AIGC）	观点一：将AIGC等同为资源、技术与内容生成模式——AIGC不仅作为由AI生成的内容资源，也包括内容自动化生成的一类技术集合，还可以当作内容生成模式①。
	观点二：将AIGC特指为技术与内容生成模式——AIGC指可以生成内容的人工智能技术以及用人工智能自动生成内容的生成模式②。
	观点三：将AIGC仅特指为内容生成模式——AIGC仅仅只是一种内容生成模式，它补充了传统的内容创建方法，如PGC和UGC③。
	观点四：认为AIGC是资源——AIGC是由生成式人工智能技术生成的内容资源④。

考虑到AIGC是一个与PGC、UGC相对照的概念，其概念涵盖范围不应有太大差异，因此在本书中AIGC特指内容生成模式。AIGC的出现并不是为了取代PGC和UGC，而是为内容生成提供一种全新的补充和扩展方式。一方面，AIGC能够以较低的制作成本和无需专业技能的方式生成具有一定深度和质量的内容，同时能保证内容的一致性和适用性。另一方面，AIGC具有较高的内容生产效率，能够在短时间内快速生成大量内容，不仅可以模拟多种创作风格来满足不同用户的个性化需求，而且能够保持较高的质量标准。

AIGC以生成内容为核心目标，它依赖于GenAI技术，但又不等同于GenAI技术。AIGC强调在集成GenAI技术之后所形成的新型内容创作模式，它与PGC、UGC等内容生成模式相对照，着重内容资源的生成。通过AIGC模式生成内容资源，不仅能对现有知识进行整合，而且能对知识进行创新，增加了内容的深度与广度。GenAI技术也以内容生成为重要标志，但内

① 储节旺，罗怡帆，李佳轩．AIGC对信息生成方式及用户信息行为的影响[J]．图书情报工作，2023，67(24)：13-23．

② 腾讯研究院．AIGC发展趋势报告2023：迎接人工智能的下一个时代[R]．腾讯研究院，2023：13．

③ Wu J，Gan W，Chen Z，et al. AI-generated content (AIGC): A survey[J]. arXiv preprint arXiv: 2304.06632，2023.

④ Cao Y，Li S，Liu Y，et al. A comprehensive survey of AI-generated content (AIGC): A history of generative AI from GAN to ChatGPT[J]. arXiv preprint arXiv: 2303.04226，2023.

容生成只是GenAI的特征之一，其研究与实践领域包含了更多的技术特征。GenAI的产物也远超传统内容资源的范畴，不仅包括了可被动调用或集成的文本、图像和音频等内容资源，而且包括了可主动控制的决策指令或代码脚本等内容，可将输出的内容视作控制函数，以实现对相关应用的赋能与驱动。

2.2.3 大语言模型

GenAI总是基于大规模的算法模型（即“大模型”）来实现。在实际使用过程中，人们常常将大模型与GenAI技术直接等同起来。大模型可以是聚焦于文本的“大语言模型（Large Language Model，LLM）”，针对图像的“视觉大模型（Large Vision Model，LVM）”，也可以是涵盖文本、图像的“多模态模型（Multimodal Large Language Model，MLLM）”①，具体内涵如表2-4所示。

表2-4 大模型的分类

分类	具体内容
大语言模型（LLM）	大语言模型通常指的是拥有大量参数的神经网络模型，通常用于执行广泛的自然语言处理任务，包括文本摘要、翻译、情感分析等，例如GPT-3、PaLM、LLaMA等②。
视觉大模型（LVM）	视觉大模型是一种基于Transformer架构的视觉模型，主要可以处理计算机视觉任务，包括图像识别、目标监测等，例如Masked Autoencoder等。
多模态模型（MLLM）	多模态模型是一种能够处理多种类型数据的模型，并且可以跨模态生成内容，例如GPT-4、CLIP、ImageBind等。

大模型相比于早期的算法模型，在模型规模和训练策略方面呈现出显著的差异性。模型规模的扩大，使得它能捕捉更加丰富、细致的数据特征，从而提升模型的表达能力和泛化性能，使其能够更好地拟合与学习数据中的复杂模式，并能在更多任务上取得良好的表现。大模型采用“预训练”* 策略，

① Xu M, Yin W, Cai D, et al. A survey of resource-efficient LLM and multimodal foundation models[J]. arXiv preprint arXiv: 2401.08092, 2024.

② 文森，钱力，胡懋地，等. 基于大语言模型的问答技术研究进展综述[J]. 数据分析与知识发现，2024，8(06): 16-29.

* 注：“预训练”是一种深度学习模型训练的策略，通常在大规模的数据集上进行，其目标是通过在一个相关但较大的任务上训练模型，使模型习得通用的特征表示。

使其能提取大量的通用特征，在面对新任务时只需要补充少量特征就能够快速实现目标收敛，增强了迁移学习能力和任务适应性。也正是大模型的泛化能力和迁移能力，使得GenAI具备了解决跨领域任务的能力。

当前，对GenAI的研究和应用主要集中在大模型方面。对大模型的应用实践探索，构成了对GenAI领域研究的关键。例如，以ChatGPT、讯飞星火等大模型为案例进行研究探索，不仅能清晰地揭示GenAI的技术原理与功能特点，还可以通过观察使用情况和反馈情况，揭示GenAI在多样化场景中的应用潜力，以及对未来工作、学习模式的影响。

2.3 GenAI技术特点与概念模型

GenAI有着鲜明的技术特点，它随着模型规模的增长而引发的能力涌现、泛化、迁移、幻觉等现象，引发了研究者与实践者的无限遐想。对这些特性的发掘和利用会激发研究与应用创新，但也容易产生偏见或误用。为帮助研究者与实践者准确理解和运用GenAI，本节首先对GenAI的技术特点进行分析，再对GenAI技术如何获得智能能力的工作过程进行通俗化描述，最终实现对GenAI技术框架的构建。

2.3.1 技术特点

GenAI模型规模日益庞大，技术发展持续加速。随着模型规模突破特定阈值，它展现出显著的能力“涌现”现象。能力“涌现”如同一把双刃剑，一方面增强了模型的泛化和迁移能力，另一方面也可能导致认知上的“幻觉”现象。

（1）技术呈现指数式加速发展

受到加速回报定律（Law of Accelerating Returns）的支配，GenAI技术发展呈现指数式加速[①]。首先，GenAI模型参数规模的迅速扩张表现出指数式

① 陈翔. 人工智能的时间性——基于ChatGPT的加速机制[J]. 天府新论，2023，(06): 80-93.

特征。2020年，OpenAI公司发布1 750亿参数的GPT-3模型，在仅有少量样本的自然语言处理任务上表现出超凡的能力①。从GPT-3到GPT-3.5，再到GPT-4 Turbo，模型的参数规模从1 750亿级别跃升至1.76万亿级别②。其次，GenAI技术的应用领域在不断扩大，逐步渗透到各行各业的数字化进程中，并带动相关产业的显著增长。2022年中国人工智能行业市场规模为3 716亿元，预计2027年达到15 372亿元③，将在制造、交通、金融、医疗等多领域实现大规模落地应用。

GenAI技术的迅猛发展是多种因素共同作用的结果。一方面，深度学习理论不断发展为GenAI技术迭代奠定了理论基础，算力供给能力提升为GenAI技术突破提供了硬件支持④，算法的不断优化与创新使GenAI模型处理更加复杂和庞大数据的性能得到显著提升。另一方面，数据来源不断丰富和数据质量持续提高也为GenAI模型的训练提供了可靠支撑。互联网和大数据技术使人们能够获取海量的、多样化的数据资源，用于训练更大规模、更精准的GenAI模型。此外，行业对GenAI技术的需求和投入也在不断增加，这些都成为推动GenAI技术快速发展的重要因素。

（2）具有能力“涌现”特性

随着模型规模的增大，GenAI表现出了能力“涌现”特性，即模型性能在其规模达到某个关键阈值之前接近随机水平，一旦超过该阈值，则提升至远超随机水平。例如，当GPT-3预训练语言模型接收到特定任务的提示（如自然语言指令）时，无需进一步的训练或参数梯度更新，就能完成新任务的响应，这表明其具有能力“涌现”特性。Brown等人研究发现：通过在模型的上下文输入中引入一些“输入—输出”的实例作为引导，让模型对未见过

① Brown T B, Mann B, Ryder N, et al. Language Models are Few-Shot learners[J]. arXiv: 2005.14165v4, 2020.

② Jing Z, Su Y, Han Y, et al. When Large Language Models Meet Vector Databases: A Survey[J]. arXiv: 2402.01763v2, 2024.

③ 创业邦．AI时代中小企业智能化发展报告[EB/OL]. (2023-12-02)[2024-04-19]. https://sdbdra.cn/newsinfo/6635208.html.

④ 孟凌霄．生成式人工智能引发算力产业“三变”[N].中国科学报，2023-12-13(003).

的新示例进行推理，当模型规模达到某一临界值之前，其表现可能只是随机性的，一旦超过该阈值，性能会显著提高，远超随机水平，“涌现”出少样本（few-shot）提示执行任务的能力。

GenAI模型的能力“涌现”特性与其规模、技术架构、数据质量和训练过程等息息相关。例如，在少样本学习模式下，当参数规模为130亿时，GPT-3 13B版本的两位数加减法运算准确度低于60%；当参数规模达到1 750亿时，GPT-3 175B版本的两位数加减法运算准确度则提高至98%以上。但在另一项研究中，人们在测试GRE阅读理解、语言学谜题等14个BIG-Bench任务后发现，参数规模较小的PaLM表现出优于LaMDA和GPT-3的性能水平。研究者推测，PaLM的能力“涌现”可能与训练数据质量和技术架构有关①。

（3）具备强大的泛化和迁移能力

GenAI表现出持续适应新数据、新任务的特性，能够根据环境反馈不断地进行自我改进，具备强大的泛化和迁移能力。GenAI可以通过上下文学习从提示词提供的示例中确定待解决任务的自然语言指令（instruct），在不需要额外训练的情况下生成符合预期的文本内容②，也能将已经学习到的知识和技能迁移到新的任务或领域中，或将从已有样本数据中学习到的一般性规律泛化到新类型数据的处理任务上面③。

GenAI模型卓越的泛化与迁移能力源于深度学习算法的应用、预训练机制的实施以及技术架构的持续改进等多重因素。通过深度学习算法，能够从大量数据中自动学习和提取特征，使得GenAI模型在面对新任务时，可以利用已学习的特征进行识别和理解，正确响应新任务。通过预训练和微调，能够将学习到的知识应用到其他相关但不相同的任务上，实现知识迁移④。通过

① Wei J, Tay Y, Bommasani R, et al. Emergent abilities of large language models[J]. arXiv preprint arXiv: 2206.07682, 2022.

② 桑基韬，于剑. 从ChatGPT看AI未来趋势和挑战[J]. 计算机研究与发展，2023，60(06): 1191-1201.

③ 张民，李俊涛. 生成式预训练模型[J]. 中国科学基金，2021，35(03): 403-406.

④ 罗锦钊，孙玉龙，钱增志，等. 人工智能大模型综述及展望[J]. 无线电工程，2023，53(11): 2461-2472.

技术架构的改进，如引入自注意力机制，能够进一步增强其语言理解和知识学习性能，实现泛化和迁移能力的提升[①]。

（4）存在认知“幻觉”现象

GenAI有时会生成虚假信息或对知识盲区进行貌似合理的错误回答，特别是当使用者给出具有一定误导性的指令来引导其生成内容时，有很大可能会产生认知“幻觉”现象。一些学者[②]通过构建人类专家和ChatGPT的回答对比数据集HC3，发现ChatGPT有时会捏造事实来回答问题。人们将GenAI在处理输入任务、维持输出语境连贯性以及与现实世界事实保持一致性时存在的偏差或错误称为“幻觉”[③]。GenAI的“幻觉”现象主要有三种表现形式：生成内容与用户输入的任务不相关；生成内容的逻辑前后矛盾；生成内容与现实世界中的既定事实不一致。

引发GenAI产生“幻觉”现象的主要原因有以下几个方面。第一，GenAI模型主要是以概率预测方式实现内容自动生成，具有随机性[④]。如果一个虚假的论述或声明在数据集中出现频率很高，其作为答案被生成的概率就很高，并可能导致虚假信息或错误信息被进一步强化。第二，由于训练GenAI通用模型的数据大多来自网页数据库、维基百科、各种书籍等，这些数据的真实性与准确性很难控制，容易造成数据“幻觉”现象。第三，使用者利用误导性的指令来引导GenAI生成内容，导致其生成错误信息。第四，有偏差的对齐数据会使GenAI倾向于同意用户观点，导致生成虚假信息[⑤]。

---

① 张华平，李林翰，李春锦．ChatGPT中文性能测评与风险应对[J]．数据分析与知识发现，2023，7(03)：16-25.

② Guo B, Zhang X, Wang Z, et al. How close is ChatGPT to human experts? Comparison corpus, evaluation, and detection[J]. arXiv preprint arXiv: 2301.07597, 2023.

③ 赵月，何锦雯，朱申辰，等．大语言模型安全现状与挑战[J]．计算机科学，2024，51(01)：68-71.

④ 莫祖英，盘大清，刘欢，等．信息质量视角下AIGC虚假信息问题及根源分析[J]．图书情报知识，2023，40(04)：32-40.

⑤ Dong Y, Lu W J, Zheng Y C, et al. PUMA: Secure Inference of LLaMA-7B in Five Minutes[J]. arXiv: 2307.12533, 2023.

2.3.2 概念模型

以大语言模型为代表的GenAI系统具备卓越的语言理解与问题处理能力。正确理解其工作原理，不仅能消除技术偏见，还有助于了解其能力的局限性，判断其场景的适用性，更重要的是能帮助人们挖掘应用潜力、激发创新思维。但大语言模型（如ChatGPT）由超过千亿参数量的深度神经网络构成，如何得到和应用这些参数（即模型的训练与使用）是一个复杂的技术实现与数据转换的过程。

为帮助智能教育领域的研究者与实践者对GenAI技术原理有一个粗略的认知，并进一步激发人们对智能教育应用的探索与思考，本研究在“DIKW模型”* 基础上，构建“GenAI技术概念模型”（简称“概念模型”，见图2-1）。概念模型描画了GenAI系统从原始数据到智能输出的完整流程，它包含“数据获取”“信息加工”“知识建构”和“智能输出”四个阶段，并通过每个阶段的核心目标和关键步骤，共同构成GenAI技术实现的完整链条。

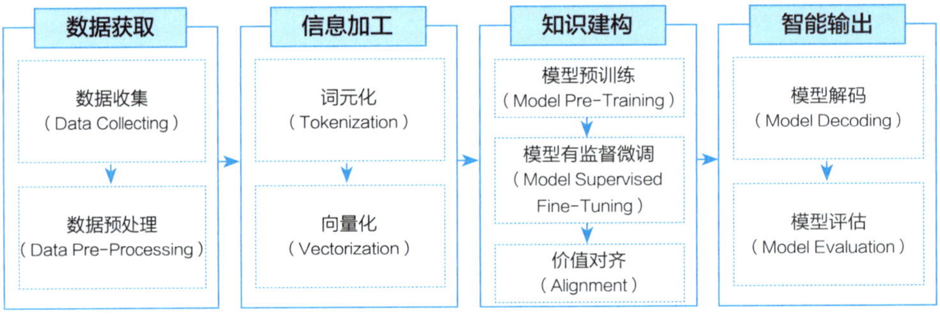

图2-1　GenAI技术概念模型

（1）数据获取阶段

数据获取阶段的核心目的是建立高质量、大规模、多样化的训练数据集。高质量的数据是产生有价值信息的前提，从DIKW模型视角来看，数据获取阶段与“数据”层面相对应，是整个知识金字塔的基础。大模型的学习能力显著依赖于训练数据的质量和覆盖范围，因此本阶段的工作直接决定了

* “DIKW”模型是描述数据（Data）、信息（Information）、知识（Knowledge）、智慧（Wisdom）四层递进关系的知识管理框架，揭示了从原始观察到决策判断的认知升级过程。

大模型的上限和潜力。高质量的数据集，不仅是提升大模型性能的重要基础，也是大模型输出内容准确性与多样性的基本保证。良好的数据获取策略（如数据多元化策略），对于扩大模型的知识广度、减少模型的偏见、提高模型的泛化能力具有重要意义。

本阶段包括数据收集（Data Collecting）和数据预处理（Data Pre-Processing）两个关键步骤。在数据收集过程中，需要从专业文献、互联网文本、代码等多元化渠道广泛获取各类原始数据，以确保数据的多样性与代表性。在数据预处理过程中，需要对收集到的数据进行清洗和整理，通过去除噪声和错误信息，规范数据格式与编码，过滤重复、低质量或不相干的内容等手段，提高数据的质量和一致性。

（2）信息加工阶段

信息加工阶段的核心目的是将非结构化的原始数据转换为大模型可以理解和处理的结构化信息。信息是对数据的诠释与组织，通过赋予数据上下文背景的关联性，使其具备被理解和利用的价值。在DIKW模型中，信息加工阶段对应从“数据”到“信息”的转换过程，即数据经过结构化与语境化的处理，转化为具有特定含义的信息。在GenAI系统中，需要通过信息加工捕捉语言的语义特征与结构特征，并为后续的深度学习奠定基础。高效的信息加工策略，对于提升模型的学习效率和性能表现具有重要意义。

本阶段包括词元化（Tokenization）和向量化（Vectorization）两个关键步骤。在词元化过程中，需要将连续文本分解为最小的语义单元（即词元token），以确保复杂的语言结构能被简化为系统可计算处理的基本单元。词元可以是单词、单词片段或字符，词元划分策略的差异会导致不同的表示效果，进而对模型性能产生重要影响。在向量化过程中，需要将离散的词元转换为连续的向量表示，以捕捉词语之间的语义关系和上下文信息。通过将词语映射到高维向量空间，使系统能够量化和计算语言中的语义关系，为后续的深度学习提供可行的数学基础。

（3）知识建构阶段

知识建构阶段的核心目的是通过深度学习算法，使大模型能够从大量的结构化信息中学习和掌握语言规律、知识结构和任务技能。知识是对信息的内化和结构化理解，它使得系统能够识别模式、建立关联，并能够应用这些理解来解决问题。在DIKW模型中，知识建构阶段与“信息”到“知识”的跃升过程相对应。在GenAI系统中，通过知识建构，模型不仅能够记忆和理解训练数据，还能从中归纳出一般性的规律和知识，从而具备举一反三的联想与迁移学习能力。高效的知识建构，对于提高大模型的推理能力和内容生成质量具有重要意义。

本阶段包括模型预训练（Model Pre-Training）、模型有监督微调（Model Supervised Fine-Tuning）和价值对齐（Alignment）三个关键步骤。在模型预训练过程中，通过大规模、无标注数据的学习，大模型能够掌握语言的基本规律与语义关系，并建立基础的语言理解能力和广泛的知识储备。在模型有监督微调过程中，针对特定任务进行定向训练，通过引入“标注数据”，大模型能够更好地完成特定类型的任务。在价值对齐过程中，需要确保大模型的输出符合人类价值观和道德伦理规范。它通过奖惩训练的方式，将人类的价值判断融入大模型的决策过程中。

（4）智能输出阶段

智能输出阶段的核心目的是将大模型学习到的知识转化为高质量的、符合用户需求的内容输出，以帮助人类解决问题、作出决策。智能不仅是知识的简单应用，而是要在具体情境中作出恰当的判断和决策。在DIKW模型中，智能输出阶段与“智慧”层面相对应，是整个知识金字塔的顶端。在GenAI系统中，智能输出要求大模型能够准确理解用户输入，并基于其所建构的知识体系实现对知识的灵活运用与创造性表达，以生成恰当的用户响应。高质量的大模型智能输出，应确保准确性、相关性和创造性，并需要保持语言表达的自然流畅。

本阶段包括模型解码（Model Decoding）和模型评估（Model Evaluation）

两个关键步骤。在模型解码过程中，需要将用户输入转化为大模型可处理的形式，并基于大模型的知识储备生成响应。在此过程中，需要在保持输出质量的同时提高生成速度，因此应特别关注不同算法所提供的解码策略。在模型评估过程中，需要对生成内容的质量和效率进行全面评估，不仅要构建包含准确性、流畅性、相关性等维度指标的评估体系，还要建立实时反馈机制，以实现大模型在实际应用中的改进优化。

综上所述，GenAI技术概念模型描绘了大模型从原始数据准备到智能输出的转化过程。首先，大模型基于各种渠道广泛收集数据，并通过处理以保证数据的质量和一致性。接着，这些数据会被切分成最小语义单元，并转化为机器可以理解的数字形式。随后，大模型通过大量的数据掌握语言规则、学习知识，以实现在特定任务上能够准确作答，并避免产生不当内容。最后，经过一系列复杂计算，大模型生成人类所期望的输出，并通过评估确保其质量。总之，概念模型为GenAI技术工作原理提供了一个科普性的讲解，既展示了GenAI技术的复杂性，也避免了智能教育领域研究者与实践者困在烦琐的技术细节之中。

2.4 GenAI应用参考框架

为帮助教育研究者或实践者更精准地找到GenAI技术应用的切入点，并能提出创造性与可行性兼备的需求，参考DIKW模型理论框架，本小节给出了一个从GenAI技术工作原理到工程应用实践的参考框架，使研究者或实践者能够从不同的技术层次理解GenAI，并找准技术脉络和组成模块。参考框架如图2-2所示：基础层描述了支撑大模型实现的软硬件基础环境；技术层阐释了从数据获取到信息加工与知识建构，再到智能输出各阶段所涉及的大模型实现所需的各项智能技术；能力层展示了大模型的七项核心能力；应用层描述了大模型能力的四种常用应用方法；行业层描述了大模型在各个行业或领域落地应用过程中，需要针对场景进行能力增强与模型优化。

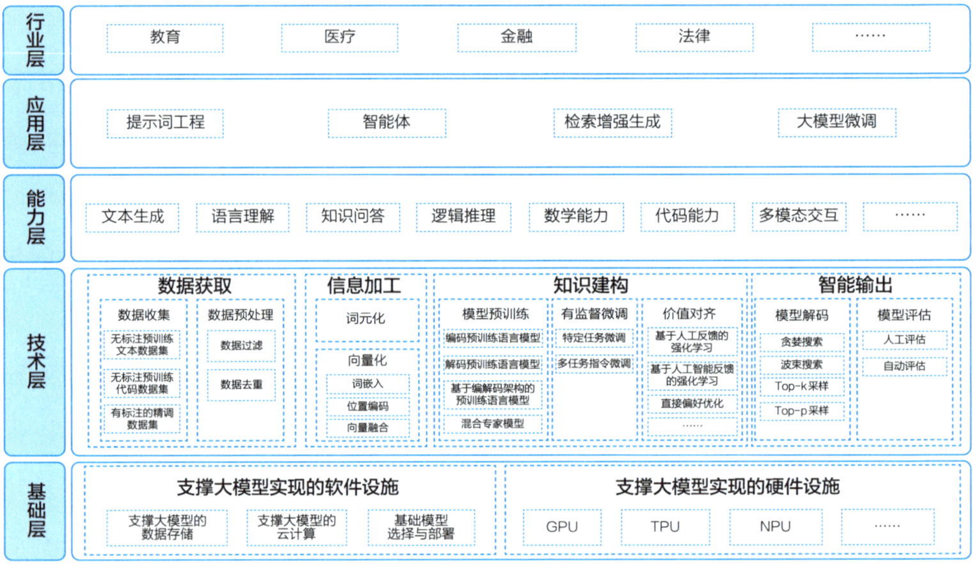

图2-2　GenAI应用参考框架

2.4.1　基础层

基础层提供了大模型的部署与应用环境，包括软件和硬件两大类基础设施，涉及数据存储、云计算、算法模型以及计算芯片等关键技术。

（1）支撑大模型实现的软件设施

由于大模型在训练过程中所需的数据量规模巨大，对存储与计算的需求也在日益增加，同时对于不同模型的选择也会影响GenAI的性能，因此支撑大模型实现的软件设施主要包含以下几类。

①支撑大模型的数据存储。传统数据存储方式难以适应大模型数据特征，面向大模型训练的存储技术主要针对大模型训练的存储性能进行了实现与优化①，可通过ZeRO-DP、GPipe、PipeDream等存储框架来实现。

②支撑大模型的云计算。为解决大模型GPU部署成本高的问题，云计算正朝着更加集中化的方向发展。目前大部分大模型云计算基于GPU并行计算策略部署。分布式计算与模型训练可通过NVIDIA的Megatron-LM、微软的DeepSpeed、百度的飞桨（PaddlePaddle）和华为的昇思（MindSpore）等计算

① 冯杨洋，汪庆，谢旻晖，等．从BERT到ChatGPT：大模型训练中的存储系统挑战与技术发展[J]. 计算机研究与发展，2024，61(04): 809-823.

框架实现。

③基础模型选择与部署。模型的选择与部署是决定大模型性能的关键。常见的部署框架和工具包括TensorFlow Serving、ONNX Runtime、OpenVINO、TensorRT、TorchScript等。

上述软件设施从大模型的数据存储、云计算、基础模型的选择与部署等方面，共同为大模型的实现提供了坚实基础。

（2）支撑大模型实现的硬件设施

在Transformer及大模型出现前，绝大部分的人工智能模型训练和推理对算力、显存等硬件资源要求不高。但随着大模型的出现，算力、显存和通信三个方向都有更大的需求。大模型的实现依赖于高性能的硬件设施，硬件设施的发展和创新对于大模型的训练和部署至关重要。

①GPU（图形处理单元）。GPU因其高并行处理能力成为训练大型神经网络模型的首选硬件。它能够同时处理大量数据，加速模型训练过程。英伟达（NVIDIA）是GPU领域的领导者，其产品广泛应用于大模型的训练中。

②TPU（张量处理单元）。谷歌开发的TPU是一种专门为机器学习而设计的定制ASIC（应用特定集成电路）。TPU在执行深度学习模型的训练和推理任务时，展现出高性能和高能效比。

③NPU（神经网络处理单元）。NPU是专门为神经网络计算设计的处理器，主流NPU供应企业包括寒武纪等。它们通常具有优化的架构，以提高人工智能工作负载的处理效率。

④其他AI处理器。除了上述硬件设施，还有针对特定应用场景优化的硬件，例如英特尔新一代AI处理器与加速器，被称为Habana Gaudi 2平台，它专注于深度学习的高性能解决方案，支持面向AI的高级数据类型，并且具有高效的处理能力。

上述硬件设施可共同组成计算集群，通过并行计算、异构计算、硬件协同工作、传输与调度等方面的优化，实现整个集群性能和能效的提升。

2.4.2 技术层

技术层参考DIKW模型理论框架，涵盖了从数据获取、信息加工、知识建构到智能输出不同阶段的重要技术。在数据获取阶段，包括数据收集技术、数据预处理技术。在信息加工阶段，包括对数据进行词元化、向量化处理的相关技术。在知识建构阶段，包括模型预训练、对模型进行有监督微调、价值对齐的相关技术。在智能输出阶段，包括模型解码、模型评估的相关技术。

（1）数据获取

数据获取是模型训练的基础，需要完成对数据的收集与预处理。良好的数据收集和预处理是实现高效、准确数据分析和构建稳健预测模型的前提。

①数据收集（Data Collecting）。为了获得具有优秀文本理解能力的基座模型①，需要收集、准备大量数据对模型进行预训练。数据收集是指通过各种方法和工具获取原始数据的过程。当前常用数据集根据数据类型与应用阶段，可分为无标注预训练文本数据集、无标注预训练代码数据集、有标注的精调数据集三类。但当前数据收集仍存在一些困难，开源的数据集往往伴随着噪声问题，而一些头部企业所用的高质量数据集通常是闭源的，难以获取。

②数据预处理（Data Pre-Processing）。确保数据质量对于提升语言模型的性能至关重要。数据预处理可以提高训练数据的质量，解决或排除训练过程中可能混淆模型的歧义或矛盾数据，以提升大模型训练的有效性。在处理大型数据集时，重复数据过滤与消除过程尤为重要，因为重复数据可能会无意中夸大某些模式或特征的重要性。具体的重复数据消除方法可能因数据的性质和所训练的特定语言模型的要求而异，常见方法包括文本相似度检测、重复值删除等。

（2）信息加工

信息加工是确保模型训练有效性的重要步骤，需要完成数据的词元化和

① 百度开发者中心．复刻ChatGPT语言模型系列：（一）基座模型选取[EB/OL].(2024-01-08)[2024-08-20]. https://developer.baidu.com/article/details/2732072.

向量化处理。这一阶段可以从原始数据中提炼出有意义的信息，并转换成结构化数据。

①词元化（Tokenization）。词元化是将文本分解为更小的、有意义的元素的过程。这些元素称为词元（Token）[①]，词元可作为后续模型输入的一个基本单元。词元粒度的选择大致经历了词粒度（Word）、字符粒度（Char）、子词（Sub-Word）三个阶段。目前有几种主流的基于分词构建词汇表的算法，包括Byte Pair Encoding（BPE）[②]、WordPiece[③]、Unigram Language Model[④]等。

②向量化（Vectorization）。词元化后的词汇表需要进一步进行向量化处理，转为数字向量后作为模型的输入数据。可通过词嵌入（Word Embedding）、位置编码（Positional Encoding）、向量融合三个步骤实现转化。词嵌入通过将每个单词映射到一个连续的向量空间中，来捕获单词之间的语义关系。位置编码则为模型提供单词在文本序列中的位置信息。将位置编码后的位置向量与词嵌入编码向量进行融合，统一输入模型，再作为参数一起进行训练。

（3）知识建构

知识建构是完成模型训练的关键步骤，通常需要完成对模型的预训练、模型的有监督微调和价值对齐等处理。这一阶段可以捕捉语言的特征、细化模型的能力、将人类的意图与模型的输出相匹配，使得模型能够在特定的应用场景中更准确地理解人类语言，并构建出既具有通用知识又能够针对特定任务进行精准预测的智能系统。

---

① Datacamp. What is Tokenization? [EB/OL]. (2024-11-22)[2025-01-29]. https://www.datacamp.com/blog/what-is-tokenization.

② Wang C, Cho K, Gu J. Neural machine translation with byte-level subwords[C]//Proceedings of the AAAI conference on artificial intelligence. 2020, 34(05): 9154-9160.

③ Song X, Salcianu A, Song Y, et al. Fast wordpiece tokenization[J]. arXiv preprint arXiv: 2012.15524, 2020.

④ Kudo T. Subword regularization: Improving neural network translation models with multiple subword candidates[J]. arXiv preprint arXiv: 1804.10959, 2018.

①模型预训练（Model Pre-Training）。向量化处理后的数据，可以直接输入模型进行预训练。通过输入海量的未标记的数据，让模型以自我监督的方式基于大规模数据进行训练，从而学习到通用的特征和知识，获得基本的语言理解能力。最基础的模型架构有Transformer架构，后续基于Transformer架构衍生出多种模型架构：编码预训练语言模型（Encoder-only Pre-trained Models）、解码预训练语言模型（Decoder-only Pre-trained Models）、编解码预训练语言模型（Encoder-decoder Pre-trained Models），以及混合专家模型（Mixed Expert Models）等。

②模型有监督微调（Model Supervised Fine-Tuning）。基于自我监督训练的预训练基础模型无法执行特定任务，为了使基础模型在特定任务上有用，需要对其进行有监督微调[①]。具体来说，通过使用有标签的数据来对已预训练好的语言模型进行调整与优化，按照调整的任务数量大致可以分为以下两类：一是特定任务微调（Fine Tuning），通过给模型提供一些类似于问答形式的答案来学习，模型权重会根据与真实标签的差异进行调整；二是多任务指令微调（Instruction Tuning），指令微调是在预训练语言模型的基础上，在多个已知任务上通过对训练数据集添加自然语言形式的指令进行微调，从而激活模型的各方面性能，提高模型对未知任务的泛化能力和与人类期待的一致性，使其可以在某个新任务上进行零样本推理，实现真正的智能[②]。

③价值对齐（Alignment）。价值对齐是指引导人工智能系统朝着人类的目标、偏好和原则发展的过程，确保人工智能追求与人类价值观相匹配的目标[③]。通过价值对齐，可以提高模型的安全性、准确性和可靠性，确保它们在提供服务时不会侵犯用户的隐私、加剧社会不平等，也不会违背伦理道德，最大幅度地减少对人类价值和权利的干扰和伤害。常用的价值对齐技术包

① Devlin J, Chang M W, Lee K, et al. Bert: Pre-training of deep bidirectional transformers for language understanding[J]. arXiv preprint arXiv: 1810.04805, 2018.
② OpenAI. Aligning language models to follow instructions[EB/OL]. (2022-01-27)[2024-04-29]. https://openai.com/research/instruction-following.
③ 万字长文详解：大模型时代AI价值对齐的问题、对策和展望[EB/OL]. (2023-10-11)[2024-03-19]. https://mp.weixin.qq.com/s/wzioiz8EBPhB3ratwdcwNQ.

括基于人类反馈的强化学习（Reinforcement Learning From Human Feedback，RLHF）、基于人工智能反馈的强化学习（Reinforcement Learning From AI Feedback，RLAIF）、直接偏好优化等，这些技术广泛应用于不同模型的价值对齐任务中，以确保模型行为与人类价值、意图的一致性。

（4）智能输出

智能输出阶段需要完成对模型的解码和评估。模型解码实现了模型输出由数字向量向人类可理解的文本内容的转变，而模型评估有助于模型进一步优化。

①模型解码（Model Decoding）。模型解码是将模型的内部编码或表示形式转换为用户可理解、可使用的表现形式。首先，需根据输入的提示词，由“分词器”将输入文本中的每个词元进行处理、转化为数字标记，使机器可理解。其次，语言模型使用词元标记作为输入，预测下一个最可能出现的词元概率。最后，结合当前输入的词元，结合上下文及语言结构，实现语言连贯的输出。在此过程中，为确保输出质量和模型性能，可选择不同的解码策略（如贪婪搜索、波束搜索）或采样技术（如Top-k、Top-p）。

②模型评估（Model Evaluation）。模型评估是通过各类评估框架、评估方法与评估指标体系，对模型的性能进行系统化测试和验证，从而评估模型在解决特定问题上的能力。一方面，模型评估涉及模型在给定数据集上的表现；另一方面，涉及对模型泛化能力、稳定性、可解释性以及公平性的全面考量。模型评估有助于比较不同模型的性能，发现模型的潜在弱点，建立用户对于模型的信任，揭示模型可能存在的不公平和偏见问题。

2.4.3 能力层

能力层从场景应用的视角对大模型的智能能力进行了抽象与概括。一般来说，大模型呈现文本生成能力、语言理解能力、知识问答能力、逻辑推理能力、数学能力、代码能力以及多模态交互能力等七大核心能力。具体内容如表2-5所示。

表2-5 七大核心能力及说明

核心能力	能力说明
文本生成能力	大模型可通过理解和执行用户指令，产生符合用户在主题、风格、长度等多方面要求的文本内容。基于文本生成能力，大模型可灵活应对各种复杂场景，提供高质量的文本输出，满足多元化的应用需求。
语言理解能力	大模型的语言理解能力指的是对人类语言的高级处理和理解，包括但不限于语言的语法结构、语义内容、语境含义以及隐含的情感和意图等。基于语言理解能力，大模型可以执行一系列复杂的语言任务，提升人机交互的效率和准确性。
知识问答能力	大模型的知识问答能力指的是模型从其训练数据中检索、处理和生成准确答案的能力。基于知识问答能力，大模型能够快速准确地回答各种知识类问题，还能够理解和处理复杂的查询，提供丰富、详尽的解答，极大地提升获取和分享知识的效率。
逻辑推理能力	大模型的逻辑推理能力是指模型在处理问题时运用逻辑规则和原则进行合理推断和解决问题的能力。基于逻辑推理能力，大模型可以提升机器与人类之间的交互质量，为科学研究和决策支持提供新的可能性。
数学能力	大模型的数学能力指的是模型处理和理解数学概念、符号、公式以及解决数学问题的能力。基于数学能力，大模型能够提供逻辑严密的解题过程和详细的解释，帮助用户深入理解数学概念和原理。
代码能力	大模型的代码能力指的是模型理解和生成编程语言代码的能力，包括识别编程语言的语法、语义以及编写符合规范的程序。基于代码能力，大模型可以帮助用户生成高质量的代码，还能够解释和纠正代码中的错误，并提供单元测试的支持，极大地提升软件开发的智能化水平。
多模态交互能力	大模型的多模态交互能力指的是模型能够处理和理解多种类型数据，如文本、图像、视频、音频等。基于多模态交互能力，大模型能够在图像识别、视觉问答、多媒体生成以及虚拟人视频制作等领域提供高质量的服务，满足用户在不同场景下的需求。

2.4.4 应用层

应用层描述了大模型的四种典型应用方法，它们适用于不同的场景。在大模型具备基础能力时，可通过“提示词工程”精心设计输入提示，以进一步引导大模型的输出；在需要补充更多输入信息时，可通过“智能体”或“检索增强生成”技术，优化大模型的输出；在大模型面对特定应用场景需要提升性能和准确性时，可通过“大模型微调”技术提高大模型在该场景下的可用性。

（1）提示词工程（Prompt Engineering）

提示词工程关注开发和优化提示词，旨在帮助用户将大语言模型应用于多种场景和研究领域[①]。这种方法可以快速高效地调整大型语言模型，以产生预期的输出，无须更改模型本身的权重配置。关键在于如何设计、优化和管理提示词，以确保语言模型能够更加准确、高效地执行用户的指令。提示词工程具体内容如图2-3所示。

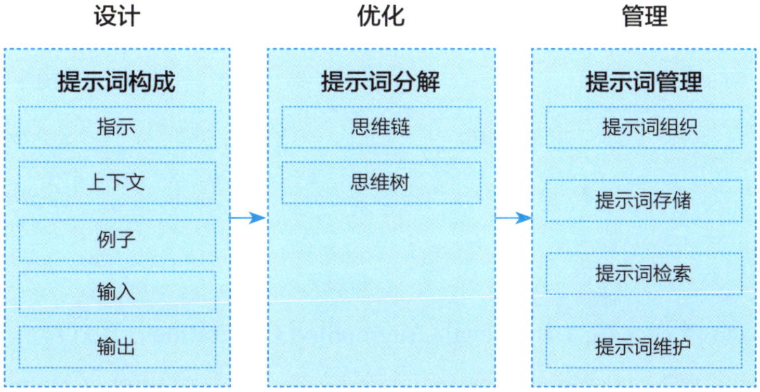

图2-3　提示词工程具体内容

（2）智能体（AI Agents）

随着各大语言模型推出各类工具集、插件和函数调用功能，构建以大语言模型为核心控制器的人工智能体成为可能。智能体指任何能感知环境并通过执行器与当前系统交互的智能系统[②]。换言之，智能体是可利用大语言模型推理问题，能自行创建解决问题的计划，会借助一系列工具来执行计划的系统[③]。智能体构建依赖于智能体的实现框架，当前主流的智能体架构有由“记忆与检索、反射、计划和反应”组成的框架、ReAct[④]框架等。总结各框架的共同点，可以归纳出当前常用的一种智能体架构，即由“概述、记忆、计划、行动（Profile、Memory、Planning、Action）”构建的四级架构[⑤]，具体

① DAIR.AI.提示工程指南[EB/OL].[2024-04-29]. https://www.promptingguide.ai/zh.
② 上海市人工智能行业协会．教育通用人工智能大模型 第2部分：信息模型(T/SAIAS0013.2-2023)[S].上海：上海市人工智能行业协会．2023: 2.
③ Park J S, O'Brien J, Cai C J, et al. Generative agents: Interactive simulacra of human behavior[C]//Proceedings of the 36th Annual ACM Symposium on User Interface Software and Technology, 2023: 1-22.
④ Yao S, Zhao J, Yu D, et al. ReAct: Synergizing reasoning and acting in language models[J]. arXiv preprint arXiv: 2210.03629, 2022.
⑤ Wang L, Ma C, Feng X, et al. A survey on large language model based autonomous agents[J]. Frontiers of Computer Science, 2024, 18(6): 186345.

如图2-4所示。

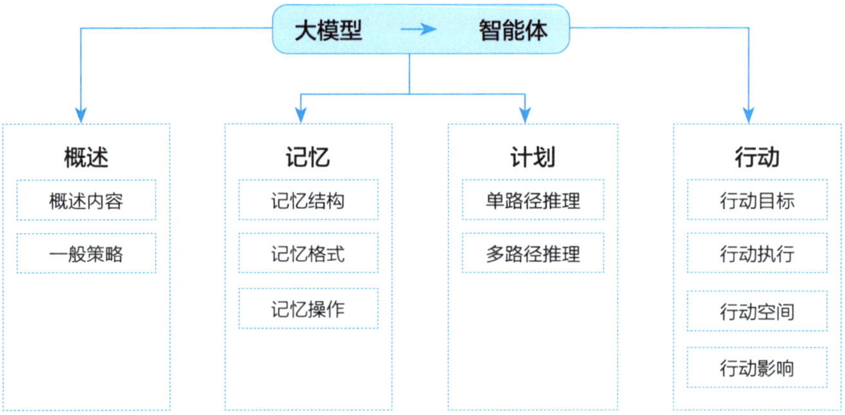

图2-4　智能体架构

（3）检索增强生成（Retrieval-Augmented Generation，RAG）

基础的大模型可能难以满足不同行业、不同应用场景的某些具体需求，检索增强生成技术应运而生。让大模型吸收行业知识、私域知识，这有助于GenAI在不同领域实现突破。检索增强生成引入信息检索过程，通过从可用数据存储中检索相关对象来增强生成过程,从而提高准确性和鲁棒性①。具体实现方式如图2-5所示。

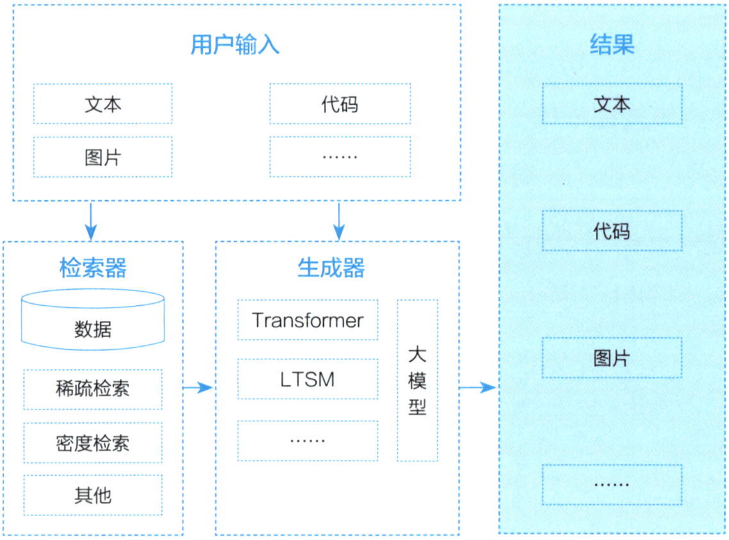

图2-5　典型的RAG架构

① Zhao P, Zhang H, Yu Q, et al. Retrieval-augmented generation for AI-Generated content: A survey[J]. arXiv preprint arXiv: 2402.19473, 2024.

（4）大模型微调（Fine-Tuning Large Language Models）

大模型在不同领域的应用需求也不同。例如，在大模型赋能教育领域时，对知识与技能的专业性、准确性、科学性、可靠性等方面要求更高；在大模型赋能医疗领域时，用药、诊断等方面要求高度准确性；在大模型赋能金融领域时，在逻辑推理、计算等方面的能力需求更为突出。针对这些特殊应用领域，可通过模型重训与优化的方式进行大模型微调，以实现行业大模型的构建，满足定制化需求。大模型微调可能涉及调整模型结构、引入新的行业数据、改进训练算法等方面的技术，其中模型重训可采用“全参微调（Full-fine-tuning）”或“部参微调（Repurposing*）”的模式。大模型微调能够为教育、医疗、法律、金融等对模型输出结果要求更为精确的特定行业用户提供更高效的服务。具体实现流程如图2-6所示。

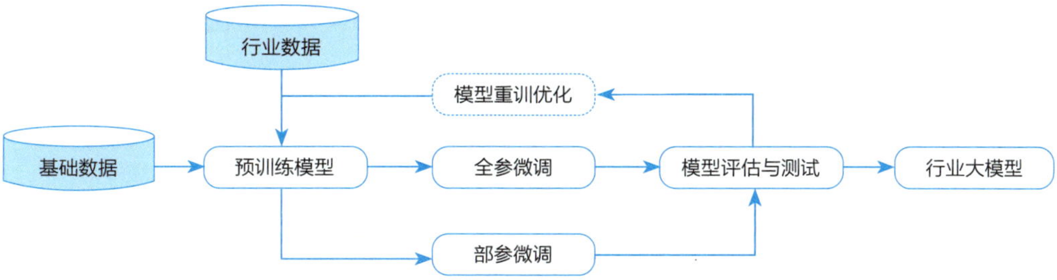

图2-6　大模型微调模式

2.4.5　行业层

通过混合语料库预训练的大模型捕捉了多领域知识，可用于处理通用领域一般任务[①]；但在面临特定行业、特定应用、特定场景下的任务时，难以始终保持较好的性能和准确性。通过应用层提供的四类增强或优化模型的手段，特别是“大模型微调”技术方法，可以将特定行业数据及行业特征信息融入大模型之中，构建出能够更好地解决本行业特定任务的专业化、定制化

① Zhao W X, Zhou K, Li J, et al. A survey of large language Models[J]. arXiv: 2303.18223, 2023.

* Repurposing是调整与再利用模型的方法。它主要关注如何将一个为特定任务训练的模型调整后用于另一个任务，这通常需要通过更新模型的一部分参数来实现。

大模型即“行业大模型”[①]。与之相对的，具备通用知识、适用于通用领域，且未曾做行业定制的基础模型为“通用大模型”[②]。在众多行业中，研究者或实践者为了提高大模型在本行业的可用性，一般会基于高质量的行业数据来训练和构建行业大模型。

常见的行业大模型包括教育行业大模型、医疗行业大模型、金融行业大模型、法律行业大模型等。例如，促进以人为本的医疗模式升级和健康管理发展已经成为医疗行业的核心任务[③]，利用医疗行业大模型构建个体化问答、智能化生成电子病历等智能服务，为解决医疗资源分配不均、诊断效率不高以及患者个性化治疗需求等问题，提供了新的可能。基于金融行业大模型能够实现实时预测市场趋势、自动化交易决策和智能化辅助风险管理等，为解决信息泛滥、市场无规律波动和客户需求日益多元等复杂问题，提供了新的思路。基于法律行业大模型能够实现自动化生成法律文书、法律知识智能化问答、复杂案情智能化分析等，为法律从业者应对长文档处理、高质量法律咨询、复杂案件场景分析等挑战，提供了新的方法。

教育大模型是为了满足教育领域特定场景任务而构建的教育行业大模型。大模型应用于教育领域要求具有更高的知识准确度、更可控的意识形态安全性，以及更适切的面向不同学科学段的使用方式与内容生成。未经专业教育数据集训练的通用大模型存在算法、数据上的偏误问题，可能会影响教师和学生的学术判断和决策[④]，也可能导致对话内容歧视、特定人群歧视等问题[⑤]。建设高质量的、面向教育领域的行业大模型，不仅能够避免内容创作偏见，提高教育知识生成的准确度、意识形态的可控性与安全性以及学科

① 戎珂，康正瑶，罗怡宁．大模型赋能万行万业：生态型商业模式[J]．中国社会科学评价，2023，(04)：38-46+156.

② 吴砥，李环，陈旭．人工智能通用大模型教育应用影响探析[J]．开放教育研究，2023，29(02)：19-25+45.

③ 徐苗，宗晓琳，张弼，等．基于PEST模型的中国智慧医疗发展环境分析[J]．医学信息学杂志，2024，45(03)：35-39+82.

④ 祝智庭，戴岭，胡姣．AIGC技术赋能高等教育数字化转型的新思路[J]．中国高教研究，2023，(06)：12-19+34.

⑤ 朱永新，杨帆．ChatGPT/生成式人工智能与教育创新：机遇、挑战以及未来[J]．华东师范大学学报(教育科学版)，2023，41(07)：1-14.

学段的适切度，还有助于创设个性化学习情境、自动化生成教学资源和提供个性化即时反馈等。教育大模型为解决个性化教学实践技术支持不足、教学评价维度过于单一、数字化教学资源供给瓶颈等现实问题，提供了可行的方案。

第三章

教育大模型的构建

大模型具有强大的泛化性能和跨领域适应性，能够在多类场景中展现出卓越的能力，但若仅依靠海量数据训练带来的比较优势，往往很难满足教育场景下对知识准确度、价值观与安全性方面更高的要求。为此，能够满足教育特定场景任务需求的教育大模型应运而生。本章在梳理总结教育大模型提出与发展现状、内涵与特征的基础上，构建了教育大模型的体系架构，以期深入探讨教育大模型在教育教学中的应用前景。

3.1 教育大模型的提出及发展现状

从通用大模型到教育领域的专用大模型，是人工智能大模型技术深化发展的必然趋势①。本节通过明确教育大模型的建设缘由、梳理国内外应用发展现状、分析当前国内教育大模型的常见应用功能，帮助读者理解教育大模型在实际应用中所展现的潜力与价值。

3.1.1 教育大模型的提出

大模型技术的快速发展为教育行业带来了新的变革，教育行业所具备的知识专业性高、交互性强、知识储备强等特点，促使其成为大模型落地应用的重要领域。随着国家教育数字化转型逐渐呈现高速、有序、全面推进态势，大模型技术也在持续探索与教育各环节全面深度融合的方式。但想要满足教育领域的多类迫切需求，还需要开发能够深入理解教学资源、教学对象与教学过程三个教育要素的教育大模型②，以有效适应知识密集、场景严肃、交互频繁、容错率低的教学活动③，从而满足日益增长的多元化、个性化与高质量教育需求，为教育行业提供更具针对性、高效性的解决方案，有力推动

① 曹培杰，谢阳斌，武卉紫，等．教育大模型的发展现状、创新架构及应用展望[J]．现代教育技术，2024，34(02)：5-12．

② 卢宇，余京蕾，陈鹏鹤，等．多模态大模型的教育应用研究与展望[J]．电化教育研究，2023，44(06)：38-44．

③ 刘三女牙，郝晓晗．生成式人工智能助力教育创新的挑战与进路[J]．清华大学教育研究，2024，45(03)：1-12．

教育教学的创新与进步。

当前，针对教育大模型的实践探索已处于试验加速期。教育部已于2024年3月启动“LEAD行动（人工智能大模型应用示范行动）”，提出要推动师生一同创造教育领域的专有大模型“GEST”，其中G是Generative（生成式），E是Education（教育），S是Special（专用），T是Transformer（网络模型）[①]。教育部部长怀进鹏也在2024年7月的“答记者问”中进一步明确提出，要“打造中国版人工智能教育大模型，探索大规模因材施教、创新性与个性化教学，更好满足群众‘上好学’的需要”[②]。产业界基于该背景正积极推动适用于教育领域的专用大模型的设计与研发，试图通过各种最新技术手段提升模型性能，并探索其在教育全流程中的深化应用。学术界的研究焦点也逐渐从通用大模型在教育中的应用逐步转向对教育大模型的理论深化与价值探讨。推动教育大模型的建设与应用，既是大模型对教育领域的深度赋能，也是当前教育行业对科技发展与实践的现实需要。

3.1.2 教育大模型的发展现状

（1）国外发展现状

国外有研究发现，如果直接将大模型用于教学活动，容易出现专业知识不足、生成内容不确定等问题[③]。因此，还需要依据教育场景及用户的实际需求进行定制，以解决在特定任务下可能会产生的内容误差、社会偏见、伦理风险以及生成内容的版权问题等。为此，国外诞生了诸如Khanmigo、Merlyn Mind、CheggMate、ChatGPT Edu、Fetchy、Socrat、Course Hero、CENTURY等专门用于教育领域、解决各类教育场景刚需任务的教育大模型及应用。它

① 中教全媒．教育部副部长吴岩：教育专有大模型优先在10个学科推出垂直应用[EB/OL].(2024-07-05)[2024-07-05]. https://mp.weixin.qq.com/s/VduZ2YJEUFwGAMPzCdWkoQ.

② 微言教育．教育部部长怀进鹏介绍教育、科技、人才、创新等领域改革，并答记者问[EB/OL].(2024-07-19)[2024-07-25]. https://mp.weixin.qq.com/s/rbakiZnNOeaogRN5Yp2yAA.

③ Kasneci E, Sessler K, Küchemann S, et al. ChatGPT for good? On opportunities and challenges of large language models for education[J]. Learning and Individual Differences, 2023, 103: 102274.

们通过锚定教育领域某特定场景，以不同的技术方式实现了能力跃迁，取得了较为突出的实践效果。

从功能应用层面来看，教育大模型一是能够支持学生的课后辅导答疑，如CENTURY、Khanmigo等。以Khanmigo为例，它是由Khan Academy开发的聊天问答式AI助手工具，定位为“学生的导师，老师的助手”，具备为学生提供AI老师虚拟辅导、展示学生学习进度等功能，从而实现学生个性化问题回答、启发学生对于问题的深度思考[①]。二是能够充当教师的教学辅助工具，如Fetchy、Merlyn Mind等。以Merlyn Mind为例，它是由Merlyn Mind公司推出的学校教学辅助工具，支持课堂语音提问、对话生成检测，允许教师依据自己的课件和内容智能生成幻灯片、教案和评估等内容[②]。三是能够提供定制化的学习指导，如Course Hero、CheggMate等。以CheggMate为例，它是由美国在线教育服务公司Chegg推出的学习工具，通过对话的方式接受各种形式的输入，包括文本、图像和图表等，不仅能够根据用户学习风格、学习进度等提供快速、个性化、自适应的学习指导，更能生成个人定制的练习测试，并提供实时反馈[③]。四是能够有效提升学校、课程活动等的管理效率，如Socrat、ChatGPT Edu等。以ChatGPT Edu为例，它是由Open AI推出的面向大学校园教育的行业专用模型，能够提供诸如文本解释、编程教学、决策推理、图像生成、数据分析等功能[④]，可有效提高学校管理水平与师生教学研究效率等。

从技术实现方式层面来看，有的通过提示词工程（Prompt Engineering）等方式来提升教育大模型理解人类问题的能力，如Khanmigo就是基于GPT-4驱动的AI工具，大量的提示词工程以及微调，实现了Khanmigo“授之以渔”

① Khan Academy Help Center. Khanmigo[EB/OL]. (2024-04-26)[2024-04-26]. https://support.khanacademy.org/hc/en-us/categories/24449383583757.

② POWER4EDU. Merlyn Mind发布面向教育场景的大语言模型[EB/OL]. (2023-06-28)[2024-04-26]. https://mp.weixin.qq.com/s/4tthsAmBp1mfk89NR8Y-Wg.

③ Atom Capital：大模型将如何重塑教育科技？[EB/OL]. (2023-10-05)[2024-04-26]. https://mp.weixin.qq.com/s/WeZr3moaXOF8D-CY6-yVMw.

④ OpenAI. Introducing ChatGPT Edu[EB/OL]. (2024-05-30)[2024-05-31]. https://openai.com/index/introducing-chatgpt-edu/.

的能力，让苏格拉底启发式对话成为可能①。有的通过专门训练语料库来提升教育大模型的专业能力，如Merlyn Mind就是专为教育领域设计的大语言模型，它完全依赖于用户或机构选择的学术语料库，而不是更广泛的互联网②，通过追求用小而专的教育数据进行专门训练、去除价值观偏见等③，输出更符合教学需求的精准内容和对话响应，让教学应用效果得到了保障。有的通过"外挂知识库"来保持教育大模型知识储备的实时更新，如CheggMate就基于GPT-4构建，它不仅对Chegg的专有数据和学科专家知识进行了能力上的微调④，更引入了广泛的主题知识库进行"知识外挂（External Knowledge Base）"，以实现教学知识的实时更新。有的使用加密技术来保护教育大模型在存储和传输过程中的数据不被未经授权访问，如ChatGPT Edu就在GPT-4o的基础上实现了数据分析、文档摘要等教学所需的多种功能，不仅针对教育场景做了语言功能等方面的改进，还在隐私安全方面切实考虑了教育数据安全保护的需要⑤。

（2）国内发展现状

与国外仅由少数几家技术巨头主导不同，国内的GenAI发展呈现"百花齐放"态势。中国的科技企业也在积极开发和部署自主研发的大模型技术，目前市面上相关的大模型产品已经超过100种⑥，每家都试图在这一新兴领域打造差异化的竞争优势，致力于好用、易用的教育大模型的研发应用探索。本节对截至2024年5月在网络上公开发布的"教育大模型"（共计32个）的相关信息进行了研发主体、应用场景及具体功能等方面的溯源整理（详见附

① Khanacademy. khan-labs[EB/OL]. (2024-04-26)[2024-04-26]. https://www.khanacademy.org/khan-labs.
② Merlyn Mind. Responsible AI At a Glance[EB/OL]. (2024-04-26)[2024-04-26]. https://www.merlyn.org/responsible-ai-a-glance.
③ 苗逢春. 生成式人工智能技术原理及其教育适用性考证[J]. 现代教育技术，2023，33(11): 5-18.
④ 多知网. 首家受到ChatGPT冲击的在线教育公司Chegg怎样寻求改变? [EB/OL]. (2023-05-04)[2024-04-27]. https://mp.weixin.qq.com/s/7GEgN2ckxzQgsK-1cgxIvA.
⑤ Open AI. Introducing ChatGPT Edu[EB/OL]. (2024-05-30)[2024-05-31]. https://openai.com/index/introducing-chatgpt-edu/.
⑥ 赵子忠，王喆. 2023年国内大模型发展综述与趋势研判[J]. 青年记者，2024，(02): 44-47.

录第二部分），部分教育大模型信息如表3-1所示。

表3-1　部分教育大模型相关信息*

序号	大模型名称	研发主体	产品名称	场景功能
1	星火教育大模型	科大讯飞股份有限公司	星火语伴、星火教师助手、星火智能批阅机、星火问学、星火问道等。	面向教、学、管、评、考、研等教育教学场景需要，支持：①资源检索效率有效提升，提供教学资源多源检索、自由编辑及PPT生成等；②课后答疑辅助，提供学习方法、解题技巧启发式答疑互动；③中英文阅读助手，提供人物对话、故事续写、引导式创作互动等；④作文批改，提供作文内容结构评价等；⑤自动出题，提供针对知识点的试题生成；⑥数据分析，提供图表、报告一键生成等。
2	九章大模型	北京世纪好未来教育科技有限公司	九章大模型网页端、学习机等。	面向全学科教学，覆盖解题、对话、批改、讲题和推荐五大场景，可实现逐步解答，而非直接给出答案。学生在听讲过程中可随时打断，进行追问。
3	希沃教学大模型	广州视源电子科技股份有限公司	智能平板、智慧黑板、教师AI工具助手等。	主要面向教学场景，支持课件生成、教案生成、集体备课、课堂反馈等。特色功能包括：①课堂智能反馈，能够实现课堂过程实时分析，内容包含课堂视频、文字实录及教学过程中教师教学、学生学习等方面的数据分析和建议；②AI课件生成，能够支持一键备课，内含各种主题的备课模板；③AI绘本阅读，能够自动生成阅读计划，用户在阅读过程中可以与AI助手交流。
4	子曰大模型	北京网易有道计算机系统有限公司	子曰大模型网页端、翻译软件、学习机等。	主要面向学生学习，功能涵盖翻译、虚拟人口语教练、英语语法精讲、AI作文指导、文档问答等。特色功能包括：①AI助手，小P老师提供全学段、全学科的答疑支持，并支持文本、图片、音频等多形式输入；②Hi Echo 2.0，提供丰富的虚拟人形象，能够在开放场景对话；③QAnything引擎服务，提供文档问答、文章摘要、要点解读、领域综述等功能。
5	银河大模型	广州极目未来文化科技有限公司	学习软件、学习机等。	主要面向学生学习，支持：①AI解题，能够赋予题意理解、分步讲解能力，给予互动式学习、针对性解惑等场景支持；②AI问答，具备多种语言问题的解决能力，支持多模态推理问答，支持随时随地提问、准确回答；③AI写作，辅助学生提高写作技巧，优化写作结构，提供文章润色、语法纠错和创意启发，全方位助力写作能力的培养；④AI伴学，课业疑问、成长烦恼等场景支持深入沟通和讨论。

* 注：由于篇幅限制，表中仅展现了部分教育大模型信息。另外，由于网络信息内容来源可能存在迟滞，部分教育大模型的名称或许存在出入，功能也可能会随着技术迭代而更加完善。

通过表3-1可以发现，国内对教育大模型的理解较为深刻，诞生了“星火教育大模型”“九章大模型”“希沃教学大模型”“子曰大模型”“银河大模型”等围绕教育具体场景、解决用户实际需求的教育领域专用模型及应用，并在诸如学习机、智慧黑板、智慧课堂等智能教育软硬件产品中开展了广泛的教育大模型产品化探索。

（3）当前主要功能

为深入分析教育大模型的功能特点，基于上述对国内教育大模型的信息整理，本节采用场景编码、聚类分析等方法对国内一些教育大模型的功能进行系统性整理和归纳。具体步骤如下。

①信息搜索、数据整理。搜集各教育大模型的官网介绍、产品发布会记录、产品应用测试报告等可能涵盖其功能的相关信息并进行文本资料的整理，确保数据的全面性和多维度，得出“星火教育大模型”“Educhat”“桃李大模型”等32个国内教育大模型。

②信息提炼、归纳要点。通过内容分析方法，从初步收集整理的文本资料中提取关键信息，并基于这些信息归纳出功能特点的全部指标。比如，“智海-三乐大模型”在其对外宣传材料中明确提及，“智海-三乐与《人工智能引论》教材深度结合，提供智能问答、试题生成、学习导航、教学评估等服务，形成数字化和智能化的教学基座能力，提供更智能、个性的教育教学体验[①]”。依据该表述，我们能够得知其具备智能问答、试题生成、学习导航、教学评估等功能。依此类推，其他教育大模型功能梳理皆依照此方法进行。

③聚类合并、精细分类。利用聚类分析方法对这些初步指标进行分析，通过合并语义相近的同类项，形成更精细化的功能分类。如将“智能问答”“专业问答”“学科问答”等归纳为“知识问答”，“英语口语对话”“口

① 浙江大学上海高等研究院．“智海-三乐“教育大模型正式发布，赋能101计划《人工智能引论》教与学[EB/OL]．(2023-08-22)[2024-04-20]．https://mp.weixin.qq.com/s/NYSRZnRU8TqWC_jnbXHFVA.

语陪练”“口语备考”等归纳为“口语对话”，以此总结梳理出教育大模型的常见功能，包括：知识问答、作文教学、试题生成与解答、口语对话、教学设计、智能导学、数字人教师、学情分析、文档分析、智能搜索、情感支持、翻译、教学评价、绘图、职业规划、编程教学等。

基于统计结果，“知识问答”“作文教学”“试题生成与解答”“口语对话”“教学设计”五类功能为国内教育大模型的高频功能。事实上，这些功能也是教育大模型语言理解、内容生成、知识问答等能力的绝佳体现场景。例如，利用教育大模型在生成高质量的文本、图像、视频等方面的优势，能够极大提升教育领域的资源供给能力，帮助使用者便捷获取创意灵感、教学资源、学习材料等。

①知识问答。知识问答是国内教育大模型中普遍具备的功能，主要是基于大模型能力对海量专业信息进行筛选和检索，能够自动回答使用者提出的问题,并利用有效的交互对话界面为使用者提供专业的支持[①]。与利用传统搜索引擎开展的事实查询不同，调用大模型能力能够依据学生的认知水平、过往学习经验和上下文关系提供个性化的回答和解释，使用者能够通过与大模型进行对话获取相关的学习资料、答案解析和学习建议等。在不同的教育大模型中，知识问答的功能呈现方式略有差异。如基于“九章大模型”的“九章随时问”能够提供数学学科的步骤解析，满足使用者对学科知识点的概念学习需要，帮助使用者梳理知识脉络、了解学科重难点知识等[②]。类似功能不仅能够依据学生的知识水平、学习经历和上下文提供精准的回答和解释，在问答过程中及时提供学习资料、答案解析和学习建议等，而且能够在对话的恰当时机创造性地向学生提出延展性问题，在交互过程中帮助学生举一反三等。此外，利用数字虚拟人等构件还能够在多模态问答生成的形式与内容上为用户提供不同人格的虚拟人物对话，以增强学习情境、提升对话效果。

---

① 张春红，杜龙飞，朱新宁，等．基于大语言模型的教育问答系统研究[J]．北京邮电大学学报(社会科学版)，2023，25(06)：79-88.

② 多知．学而思推出数学答疑原生AI工具九章随时问，“AI将重新定义教育行业”[EB/OL]．(2024-06-12)[2024-07-03]．https://mp.weixin.qq.com/s/913SIeTEB1S2wUsYFzOAgA.

②作文教学。教育大模型不仅能够在情境生成、资源创生、逻辑建构、格式规范、答疑辅助等方面提供有效支持，还能够让作文情境设计与学习者特征、能力、思想的变化保持联动，为作文写作提供思路和基础。在教学阶段，大模型能够结合海量的作文教学数据，综合不同学段所学单元的具体要求，自动生成符合使用者需要的资源；在写作阶段，大模型通过交互式对话引导学生依据特定主题或指令逐步构建思路；在评价阶段，针对学生所写的作文内容，大模型不仅能够提供基础性的文字语法错误纠正，进行文章的逻辑结构分析和内容的连贯性分析，还能够评估学生作文的语言表现和创造性表达，并提供详尽的改进建议和参考资源。国内的各类教育大模型对作文教学的功能设置多围绕上述环节展开。如“银河大模型”在作文教学的评价阶段能够提供文章润色、语法纠错和创意启发等功能，帮助学生找到写作问题,辅助学生提高写作能力①。以高中英语教学为例，语域意识薄弱是英语学习者面临的一大难题。教育大模型能够为学生提供现实中难以获取的材料，如主题相似但语域不同的文本样例，帮助教师直观展示语域差异，引导学生区分英语词句的正式与非正式语域差异②。

③试题生成与解答。试题生成与解答是教育大模型教学应用的重要场景之一。与传统的基于规则、预定义模板和静态试题库的方法相比，利用大模型不仅能够提升试题生成的情境适切性与内容的个性化，还能在试题答案解析中给予更为精准的启发辅导。在试题生成场景下，利用大模型能够提升题库检索效率，智能匹配知识点的相关试题，并结合使用者的改编需求进行试题的定制化输出；在试题解答场景下，大模型在原有基础上赋予了更强的题意理解与分步讲解能力，在互动式学习、针对性解惑等场景中发挥了重要作用。当前，国内市场中关于教育大模型在该场景下的应用，多围绕“试题改编”“步骤解析”“答疑辅导”等方面进行功能优化。如“ArynGPT大模型”

---

① 作业帮．一图看懂作业帮银河大模型[EB/OL]．(2023-09-02)[2024-05-06]．https://mp.weixin.qq.com/s/Zwd8Cs21NRV1kD6UVLjGvg.

② 许家金，赵冲．大语言模型在英语教学中的角色[J]．外语教育研究前沿，2024，7(01):3-10+90.

能够依据教师所需要的题型完成英语阅读理解、完形填空等考试题目的内容生成，并能基于教材主题生成相关补充练习材料，配合语音合成技术，还能生成听力理解试卷等①。在教育大模型的支持下，传统的以专家经验为主的考试命题模式可以转变为通过AI产生素材和半成品、再经专家最终审查成题的更具有质量和效率的新模式。这场新的革命有可能从根本上改变考试命题模式②，并有效解决试题匹配性不足、命题资源缺乏等问题。

④口语对话。教育大模型拥有接近母语水平的语言能力、丰富的百科知识以及出色的互动交流能力，能够在口语对话场景中发挥重要作用。在大模型能力支持下的人机口语练习系统能够为练习者创设真实、自然、完整的多轮口语对话练习环境。练习者可以在各种模拟的、贴近真实情境的日常生活、学术或职业场景下，与系统进行互动式对话，以此掌握语言知识、提高沟通技巧、加深语言技能的应用。在实际应用过程中，针对口语练习特定任务微调的教育大模型结合产品能够呈现多样化形态。第一，知识顾问。大模型能够提供语言方面的知识，结合语境解析词汇、短语或句子的确切含义，并描述特定表达在不同语境中的使用偏好，帮助学生精准掌握口语用法。第二，对话语伴。大模型可以作为听说练习中的对话伙伴，也可以是读写练习中的小组讨论成员，能够协助学生完成口语交际任务。第三，评测专家。大模型能够审读学生的口语输出，一方面向学习者提供口语准确度、流利度等方面的语音评测结果，另一方面识别语法、逻辑、文体等方面的偏误，对口语的文本质量进行科学评价。如基于“星火教育大模型”的“星火语伴”能够基于数字虚拟人基础构件与专业能力，进行开放式对话与情境交流，并提供智能、逼真、精准的模考服务等，有效解决了语言学习中“口语没法练，练了没人评”等诸多问题③。这些实践应用都间接证实了利用教育大模型所

① 清睿智能科技. 清睿智能大模型和教学应用正式发布，ArynGPT助力外语教学[EB/OL]. (2023-07-19)[2024-05-07]. https://mp.weixin.qq.com/s/M64rxddWW3fKT1FVZJh_2g.

② 王蕾. 人工智能生成内容技术在教育考试中应用探析[J]. 中国考试，2023，(08): 19-27.

③ 科大讯飞智慧教育. 星火大模型V2.0深度赋能，释放教育生产力[EB/OL]. (2023-08-15)[2024-05-10]. https://mp.weixin.qq.com/s/yntboB5iQ-LgT7NNL-F0oQ.

创造的英语口语互动环境有助于学习者获得更多真实性的互动，提高学习者的语言表达能力，为英语口语教学提供了新路径①。

⑤教学设计。利用教育大模型能够有效辅助教师在学科教学的备课阶段进行问题链和教学情境的设计②。针对教学设计场景指定任务进行特定监督训练，能够为教师提供多方面的支持服务。第一，意图获取。获取教师输入的教学设计要求，通过调用模型能力并结合单元教学设计要求，了解教师教学意图。第二，资源调用。从知识库中检索与教学意图相关的知识信息，为教学设计任务提供资源应用的来源参考。第三，内容生成。依据教学设计要求与教学意图相关的知识信息，生成教学设计内容。生成后的内容，教师可以直接利用或修改后使用，也可作为自主开展教学设计的参考依据。类似应用如“星火教育大模型”“希沃教学大模型”等，都能在教学设计场景中给予强有力的支持。如“星火教师助手”是基于“星火教育大模型”研发的服务于教师备授课场景的产品，能够为教师提供教学设计启发和课件内容生成服务③。通过借助教师已有经验获得高质量的教学设计，基于相应信息挖掘，能够为教师提供个性化的教研建议，高效匹配教材版本和教学侧重点，有效助力教师教学设计能力的提升。

基于上述主要功能分析可以发现：在功能技术实现方面，教育大模型多以通用大模型能力为基础，针对特定教育任务场景进行能力微调，并给予相应的组件支持，以实现教学场景的能力适配；在功能应用场景方面，教育大模型在某些教学任务中已得到初步验证，得益于具备良好的教育数据基础，教育大模型整体上正处于应用的试验加速期，现阶段多聚焦于知识问答、语言学习等教与学场景中的辅助教学需要。这些已有的建设与应用探索，为正确理解和把握教育大模型的内涵特征、促进人工智能教育大模型的未来发展

---

① 吴坚豪，周婉婷，曹超．生成式人工智能技术赋能口语教学的实证研究[J]．中国电化教育，2024，(04)：105-111．

② 董艳，陈辉．生成式人工智能赋能跨学科创新思维培养：内在机理与模式构建[J]．现代教育技术，2024，34(04)：5-15．

③ 科大讯飞智慧教育．星火教师助手全新推出！讯飞星火认知大模型赋能智慧课堂教与学[EB/OL]．(2023-06-09)[2024-05-09]．https://mp.weixin.qq.com/s/ci7Aairvq23sbxAQjztcgQ．

提供了基础，也激发出新的诉求。

3.2 教育大模型的内涵与特征

目前，国内人工智能企业、高校、科研机构等正基于GenAI技术积极开展教育大模型的探索与应用，试图通过更具教育实用性的智能技术为师生提供精准而个性化的服务。为加深对教育大模型的理解，揭示其在教育教学中的潜在应用价值，本节在教育大模型行业共识基础上，总结梳理了教育大模型的广义内涵与能力特征。

3.2.1 教育大模型的内涵

对于教育大模型的概念理解，目前不同的学术论文、研究报告和媒体报道各不相同，包括但不限于“教育行业大模型”“教育大模型”“教育专属大模型”“教育专用大模型”“教育领域大模型”“EdGPT”“教育垂类大模型”等。通过对行业专家、学术机构以及咨询公司等的观点进行系统梳理（详见表3-2）能够发现，虽然不同的研究者或机构对于教育大模型的概念理解各不相同，但其中存在一定的共性特征。

表3-2 教育大模型概念理解梳理

作者/机构	所用概念	内涵解释
联合国教科文组织①	EdGPT	EdGPT旨在用少量的高质量、特定领域的教育数据来改进从大量通用训练数据中得出的模型。
中国教育科学研究院数字教育研究所、之江实验室智能教育研究中心②	教育专用大模型	教育专用大模型是大模型技术、知识库技术以及各类智能教育技术的集成应用，将在教育过程中训练形成教育新场景，实现人类学习和机器学习的双向建构。

① Miao F, Holmes W. Guidance for generative AI in education and research[M]. UNESCO Publishing, 2023.

② 中国教育科学研究院数字教育研究所，之江实验室智能教育研究中心. 重构教育图景：教育专用大模型研究报告(简版)[EB/OL]. (2023-12-08)[2024-04-15]. https://mp.weixin.qq.com/s/kJy-8JcA9Q9cRRTkCA0q7g.

续表

作者/机构	所用概念	内涵解释
上海市人工智能行业协会①	教育领域大模型	教育领域大模型是用于实现教育领域多种任务的大规模人工智能模型系统，包括大模型层、应用层外部工具、外部智能休和大模型接口层四个模块。
艾瑞咨询②	教育行业大模型	教育行业大模型应用定位：针对教育不同学段、不同教学科目、不同教学环节进行深度定制和优化，满足个性化教学需求。往往由具有技术、AI基因的教育企业进行模型开发，为教育局、学校、企业多端提供技术支撑和产品服务。
	教育垂类场景模型	教育垂类场景模型应用定位：深入挖掘口语、数学等细分场景，解决特定场景难点问题，如语音识别与合成、数理推理与解题等。往往由具有细分场景垂类数据或应用场景深入理解的公司进行模型开发，或调用前述模型进行调优。
曹培杰等③	教育大模型	教育大模型是适用于教育场景、具有超大规模参数、融合通用知识和专业知识训练形成的人工智能模型，是大模型技术、知识库技术及各类智能教育技术的集成，能推动人类学习和机器学习的双向建构。
苗逢春④	教育专用模型	教育专用模型是放弃基于海量互联网数据训练出的大模型所具有的宽域内容输出这一教育低相关性技术特性，转而追求用小而专的教育数据训练更安全、更能去除价值观偏见的转化器，以输出更符合教学需求的精准内容和对话响应。
吴永和等⑤	教育大模型	教育大模型是利用海量教育数据训练得到的、服务于各种教育任务的大型人工智能模型。
程群等⑥	教育垂类大模型	通过使用更加专业、深入的教育相关数据进行训练，并引入教育专业人士的参与和专业知识的指导，对教育数据进行专业的标注和注释，这使得教育领域大模型能够更好地理解教育领域特定的术语、概念和规则，保证了输出内容的可信性、可解释性及精准性。

① 上海市人工智能行业协会．教育通用人工智能大模型 第2部分：信息模型（T/SAIAS0013.2-2023）[S].上海：上海市人工智能行业协会．2023：2.

② 艾瑞咨询．2024年AIGC+教育行业报告[EB/OL].(2024-04-09)[2024-04-10]. https://mp.weixin.qq.com/s/FIUh_dVJHI1lZ8rmZT1lug.

③ 曹培杰，谢阳斌，武卉紫，等．教育大模型的发展现状、创新架构及应用展望[J]. 现代教育技术，2024，34(02)：5-12.

④ 苗逢春．生成式人工智能技术原理及其教育适用性考证[J]. 现代教育技术，2023，33(11)：5-18.

⑤ 吴永和，颜欢，马晓玲．教育通用人工智能大模型标准体系框架研制[J]. 现代教育技术，2024，34(04)：28-36.

⑥ 程群，黄志强．教育垂类大模型助力实现精准教学范式跃升[EB/OL].(2024-01-03)[2024-04-09]. http://www.xinhuanet.com/20240103/c1d7f926c5c944169670d2d9f175044e/c.html.

综合上述分析，对教育大模型可以从以下几个方面理解。

在实现方式上，教育大模型的专有能力实现多通过“通用大模型+精调”的方式，将海量的教育场景知识融入预训练大模型中，从而有效增强本身的教育场景知识①。同时，利用检索增强生成等方法帮助教育大模型持续更新学科知识、扩充基本能力和基础认知。除此之外，模型能力的提升还会依靠外部的智能组件来拓展其本身对教育场景的支持效果。

在应用场景上，利用分级分类的教育数据进行精准微调，并与教育领域专家、充足算力相结合，教育大模型的应用才能够涵盖教、学、评、研、管等各类教育场景，且在个性化学习、教育内容创作等场景中带来较为明显的优势效果，将在实现塑造个性化的高效学习生态、弥合教育资源差异、提升教育质量、推动教育公平等方面发挥巨大潜力②。

在价值意义上，教育大模型的建设旨在为教育领域提供针对具体问题的解决方案。通过集成大模型技术、知识库技术及各类智能教育技术③，来解决教育中不同场景、学段、科目和教学环节的实际问题，满足各类教育主体在教育实践中的具体需求，从而实现人机共教、普惠智能、互动评价④，有效驱动教育的数字化和智能化变革。

事实上，在当前类似教育大模型这样的行业大模型建设实践中，往往都要先明确行业需要解决的核心问题，再搭建具体行业、具体场景的专业语料库以支持模型的训练，最后还要能够基于应用场景中产生的问题进行不断迭代、调试⑤，以有效解决算力、行业 Know-How 等影响行业大模型建设与应用落地的问题。在推动类似教育大模型这样的行业大模型更好地实现落地应用

---

① 余胜泉，熊莎莎．基于大模型增强的通用人工智能教师架构[J]．开放教育研究，2024，30(01)：33-43.

② 周航，赵娜，穆楠，等．大模型在教育领域典型应用场景的探究与展望[J]．中小学信息技术教育，2024，(06)：29-30.

③ 曹培杰，谢阳斌，武卉紫，等．教育大模型的发展现状、创新架构及应用展望[J]．现代教育技术，2024，34(02)：5-12.

④ 李艳燕，郑娅峰．生成式人工智能的教育应用[J]．人民论坛，2023，(23)：69-72.

⑤ 雷锋网．第四范式行业大模型「启示录」：提升核心竞争力的AI才有真价值[EB/OL]．(2024-07-18)[2024-07-26]．https://mp.weixin.qq.com/s/csHL-4sqko6UW0bp8hstGw.

的过程中，我们还发现各大厂商对行业大模型的理解，不仅只是开发专用模型本身，还包括基于通用大模型调整和开发的行业应用。这都反映了目前GenAI在教育领域开发与应用中相对灵活的特点。

为此，这里在上述概念分析的基础上，结合对当前行业大模型建设实践的综合整理和分析，从广义层面上对教育大模型进行内涵界定：教育大模型是指利用大模型相关技术，针对教育特定数据和任务进行训练或优化，形成具备教育专用知识与能力的大模型及应用，旨在进一步赋能教育领域，满足教育环境中多样化的应用需求，为师生带来更具个性、高效和智能化的学习体验，从而加速推动教育数字化转型和智能化升级，助力教育创新变革与高质量发展。

3.2.2 教育大模型的能力特征分析

教育大模型具有巨大的变革潜力，不仅启发人们对教育教学的新认识和新思考，也必将催生新的教育形态，加速学校教育模式的革命性重塑[①]。与通用大模型相比，教育大模型不仅需要保留通用大模型的核心基础能力，还需要在原有教育场景上进行优化，以此形成教育专有能力，更精准地满足教育场景的特定需求，有效处理特定的教育数据和任务，并提供更加专业化的教学支持和个性化的学习服务。具体来看，面向应用高质量要求的教育大模型往往需要具备以下能力特征。

（1）场景应用的专业性

精准识别教育场景的差异有助于提升教育效果，因此在教育大模型的构建上需要依据不同教育场景的需求进行优化和定制，并结合不同学科的特点和差异化的教学目标进行适配。如科学类的教育大模型侧重于实验操作的步

① 张治．ChatGPT/生成式人工智能重塑教育的底层逻辑和可能路径[J]．华东师范大学学报（教育科学版），2023，41(07)：131-142.

骤指导和现象解释[①]，智能问答类的教育大模型侧重于向导指引、客服回应等[②]。通过这种针对性的教育功能设计与能力支持优化，教育大模型才能在特定的教育领域和场景中发挥更大价值，提供更为准确、科学、专业的内容反馈与服务支持。

（2）内容生成的合规性

在教育领域，教育大模型更需要严格遵守相关法规和伦理标准，以确保输出内容符合相关学科的课程标准或课程大纲的要求，保护学生和教育工作者的数据安全，防止未授权访问、泄露或滥用[③]。因此，针对教育大模型的应用，不仅需要有严格的算法审查，能够识别并拒绝不当请求或有害指令，更需要采用先进的数据过滤技术，确保生成的内容不含有偏见信息[④]，有效维护教育公平等。同时，还需要针对教育大模型的应用制订相应的内容审核和反馈机制，确保内容生成的可解释性，及时帮助用户发现和纠正潜在的问题，保障使用过程中的合理合规、自主可控。

（3）知识更新的持续性

教育大模型需要能够不断从最新的教育数据和专业知识中学习，以适应教育内容和教学方法的变化。通过持续的知识更新能够帮助教育大模型整合新知识，修正或扩展知识库，以此确保提供的教育服务始终能够反映正确、有效的教育理论和实践，保证其教育服务的时效性和知识回复的准确性。此外，持续的知识更新也有助于教育大模型适应不同地区的教育差异，提供更加适切的本地化、个性化教育支持，从而更有效地促进区校教学创新和教育质量的提升。

---

① Liu Z, He X, Liu L, et al. Context matters: A strategy to pre-train language model for science education[C]//International Conference on Artificial Intelligence in Education. Cham: Springer Nature Switzerland, 2023: 666-674.

② 南京航空航天大学. AI招生助手“小天马”来啦！24小时不间断为您服务！[EB/OL]. (2024-06-23)[2024-07-05]. https://mp.weixin.qq.com/s/otUu--W--C5n15W2yZvx8A.

③ 吴永和，颜欢，马晓玲. 教育通用人工智能大模型标准体系框架研制[J]. 现代教育技术，2024，34(04): 28-36.

④ 曹培杰，谢阳斌，武卉紫，等. 教育大模型的发展现状、创新架构及应用展望[J]. 现代教育技术，2024，34(02): 5-12.

（4）技术应用的集成性

为适应不断变化的教育需求，教育大模型在知识生产方面需要具备智适应的可拓展性[①]。除了在教育应用过程中不断提升模型本身的核心能力，还需要针对各类复杂教育场景提供诸如插件库、知识库等基础构件支持，提供统一的开放接口服务，以此实现大模型技术应用、知识空间与外部资源工具等的集成应用，从而推动教育数据的交换，促进教育生态系统的建设，使不同教育技术和资源能够在各类教育应用场景中互联互通，最终催生出越来越多适用于不同复杂教育任务的大模型创新应用，有效提升教育大模型的应用效果。

3.3 教育大模型的体系架构

教育大模型的建设是以重构未来教育图景为目标、以开放算法模型架构为基础、以创新教育应用场景为核心的系统性变革[②]。推进教育大模型的建设，必须从全局视角重新审视与教育数字化转型相关业务、技术与应用间的相互关系以及这种关系对教育流程和教育效果的影响[③]。为此，本节依据教育数字化发展顶层设计理论与方法，分析并提出教育大模型的体系架构。

3.3.1 体系构建思路

通过梳理总结教育大模型国内外发展现状与功能分析发现，当前市面上关于教育大模型的技术实现路径主要可分为以下三类[④]：一是利用教育领域的专业数据，专门训练用于解决教育任务的专用大模型；二是基于通用

① 王志军，吴芝健．人工智能时代在线学习新形态——算法支持的智适应社群化学习[J]．远程教育杂志，2023，41(05)：49-55.

② 曹培杰，谢阳斌，武卉紫，等．教育大模型的发展现状、创新架构及应用展望[J]．现代教育技术，2024，34(02)：5-12.

③ 彭川．关于企业信息化顶层设计的研究与思考[J]．中国管理信息化，2014，17(10)：40-42.

④ Ling C，Zhao X，Lu J，et al. Domain specialization as the key to make large language models disruptive: A comprehensive survey[J]. arxiv preprint arxiv: 2305.18703，2023.

大模型使用提示调优（Prompt Tuning，P-Tuning）、低阶适应（Low-Rank Adaptation，LoRA）等方法进行参数微调训练[①]，使通用大模型获得教育专业知识能力；三是基于外部知识库和提示工程对通用大模型进行调优，学习教育领域的语言表达方式以及业务逻辑知识，从而获得适用教育场景和任务的能力。

虽然通过以上三种技术路线都能实现教育大模型的构建，并在教育教学应用中取得较为良好的应用表现，但由于通用大模型自身的“幻觉”现象（输出答案时产生错误、歧义或生编硬造）、长期记忆缺乏（难以对教学行为进行长期保存，如对答疑、学习计划等内容进行长期记录）、知识更新较慢（教材或知识存在迭代更新，模型难以对知识进行持续学习）等问题[②]，一定程度上限制了其能力发挥，因此在教育大模型的建设与应用过程中，还应注意问题防范和场景打造并重。一方面，需要采取一定措施规避上述技术路线可能会出现的问题。如针对长期记忆缺乏问题，可通过“外挂教育领域知识数据库+向量检索”的方式进行解决；针对知识更新较慢问题，可引入外部工具或搭建专属数据库，从而提升大模型的理解和推理能力，让其能够通过上下文学习（In-Context Learning，ICL）等方式有效获取最新知识。另一方面，还需要坚持“场景优先、数据为王”的要求，重视教学应用场景打造，以场景应用为驱动，以学习者为中心，不断实现“大模型”和“小模型”的集成学习[③]、“大数据”和“小数据”的协同融合[④]。

因此，在教育大模型的构建过程中，可充分利用通用大模型核心能力作为基础，在教育领域的专业语料库基础上进行精调优化以适配特定的下游教育场景任务，并在过程中提供相应支持组件，以此提升模型在教育场景应

① Liu X, Zheng Y, Du Z, et al. GPT understands, too[J]. AI Open, 2023.
② Zhang Y, Li Y, Cui L, et al. Siren's song in the AI ocean: A survey on hallucination in large language models[J]. arXiv preprint arXiv: 2309.01219, 2023.
③ Ganaie M A, Hu M, Malik A K, et al. Ensemble deep learning: A review[J]. Engineering Applications of Artificial Intelligence, 2022, 115: 105151.
④ Li L, Lin Y, Chen D, et al. CascadeBERT: Accelerating inference of pre-trained language models via calibrated complete models cascade[J]. arXiv preprint arXiv: 2012.14682, 2020.

用中的适配性能，增强模型教育教学能力①。具体来说，可采取“夯实基础支撑、突出模型能力、健全模型评测”的基本思路。夯实基础支撑，主要是搭建算力、算法等软硬件必备基础设施，明确统一的数据标准规范，整合行业通用数据及教育专用数据等。突出模型能力，主要是将通用大模型的通用能力以及在通用能力基础上训练而成的教育专有能力与其他类型能力进行统整，并通过智能体平台提供教育智能体的个性化创建与编排工具、插件库、知识库等，帮助用户调用各类工具感知并影响外部应用环境，以有效提升教育大模型在教、学、评、研、管等各类教育教学场景中的实践效果。健全模型评测，主要是基于教育大模型场景专业性与内容生成安全性考虑，设计相应评测指标，以推动模型教育应用性能与效果的提升等。基于以上思路形成教育大模型体系架构，如图3-1所示。

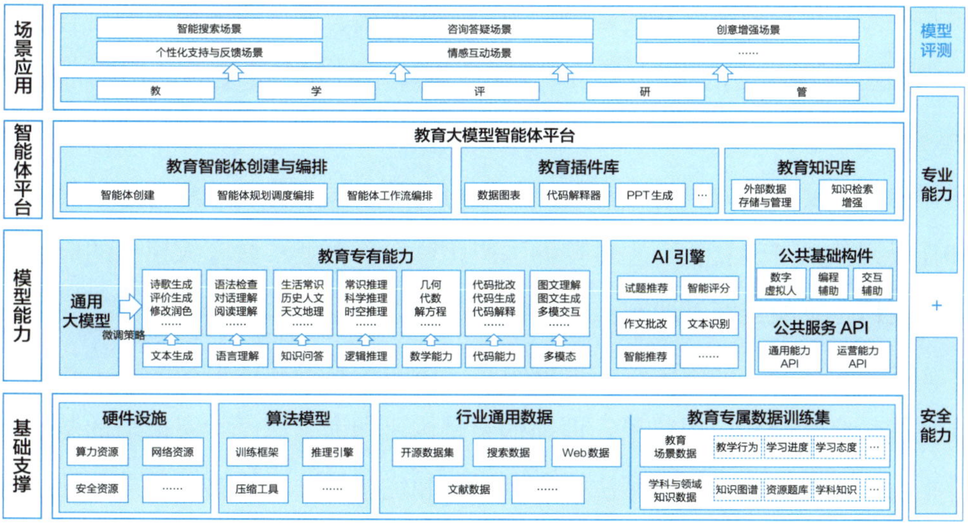

图3-1　教育大模型体系架构

3.3.2　体系构成要素

（1）基础支撑

在教育大模型的建设上，要充分考虑在差异化水平下企业、学校、师生

① 卢宇，余京蕾，陈鹏鹤，等．多模态大模型的教育应用研究与展望[J]．电化教育研究，2023，44(06)：38-44．

等不同教育参与主体的实际需求，不仅要能够向上适配各类教育软硬件，支持教育大模型的开发、高性能训练、服务部署等各种能力，还要能够贯通教育各类场景的复杂任务需要，为打造全栈式的教育大模型应用生态体系提供有效保障。因此，教育大模型需要围绕硬件设施、算法模型、行业通用数据、教育专属数据集等方面的基础支撑建设加强整体设计。

①硬件设施。硬件设施是基础支撑的重要组成部分，多由算力资源、网络资源、安全资源等硬件资源构成[①]。其中，算力资源指的是用于执行计算任务的硬件能力，往往由CPU（中央处理器）、GPU（图形处理器）、TPU（张量处理器）等硬件设备提供高效的并行计算能力；网络资源指的是数据传输和通信的硬件设施，包括服务器、交换机、路由器等网络设备，能够为分布式计算资源提供高速、稳定的网络环境，有效支持数据的传输；安全资源指的是保障数据和系统安全的硬件设施，如防火墙、入侵检测系统等，有助于确保模型内容输出的合规性，减少法律风险。另外，受复杂的国际形势影响，构建基于国产底座的教育大模型，并在自主可控的算力平台上持续进化显得愈发重要。因此，还需要在国产化AI芯片、国产化训练集群建设等方面加强投入。只有建立在自主可控的国产化算力平台上，教育大模型的应用才能实现可持续的良好发展[②]。

②算法模型。训练框架、推理引擎、压缩工具等算法模型决定了教育大模型的最终性能和应用效果。训练框架是构建和训练深度学习模型的基础软件平台，往往包含一系列算法、模型架构和优化方法，能够支持从原始数据到训练模型的整个流程；推理引擎是负责将训练好的模型部署到实际应用场景中进行预测或推断的软件组件，多针对特定硬件进行优化，其性能将直接影响到教育大模型的服务质量和用户体验；压缩工具用于减小模型体积和计

① 安信证券研究中心．传媒新篇章:“大模型×MR眼镜/人形机器人×NFT”研究逻辑及选股坐标轴[EB/OL].(2023-09-22)[2024-06-30]. https://mp.weixin.qq.com/s/ZLQ7KVWgmyeY818zM1CiEA.

② 中国网．全国人大代表、科大讯飞董事长刘庆峰：从顶层设计到发展应用，8份建议全面聚焦“人工智能+”[EB/OL].(2024-03-11)[2024-07-05]. https://gxq.hefei.gov.cn/xwdt/mtjj/18686045.html.

算复杂度，同时尽量保持模型的预测精度，这对于资源受限的教育场景尤为重要，可以降低存储和计算成本，提高模型部署的可行性。

③行业通用数据。行业通用数据是指在多行业中都能使用的数据集，这些数据往往涵盖广泛的领域和主题，能够为模型能力提供基础的认知能力、增强模型的泛化能力。其中，开源数据集通常包括经过用户同意或数据生产方同意，并经过数据处理和脱敏等处理后获得的数据[①]。另外，来自搜索、Web、文献等渠道的各类数据资源，虽包含大量的高质量内容，但也隐藏着非常多的低质量数据，如垃圾虚假信息等。因此，如何过滤和处理网络数据以提升高质量数据的比例，成为教育大模型后期训练的关键。

④教育专属数据训练集。教育专属数据训练集是专门为教育领域设计和收集的数据集，这些数据集包含了已标记的高质量教育数据样本。相较于行业通用数据，教育专属数据训练集往往更具有针对性和专业性，不仅能够使模型理解并应对教育行业特有的挑战和需求，实现定制化和个性化的教育服务[②]，还能够有效减少内容创作偏见，提高教育知识生成的准确度、学科学段的适切度和意识形态的可控性与安全性[③]。因此，在教育专属数据训练集的构成上，不仅需要采集包含教学行为、学习态度等具有代表性的场景数据，还需要采集数据量足够大、质量足够高的以学科与领域知识为基础的知识数据，如学科知识图谱、学科资源题库等，以有效提升教育大模型在处理复杂教育场景任务时的表现。

（2）模型能力

为更好地解决教育领域的专业问题，教育大模型的能力实现往往需要在通用大模型核心基础能力（文本生成、语言理解、知识问答、逻辑推理、数

---

① 麦哲智界．大模型训练的数据从哪里来？[EB/OL]．(2023-12-30)[2024-06-12]．https://mp.weixin.qq.com/s/8gUCy1ErqN79-8Vbf8WPsw.

② Saxena S, Prasad S, I Muneeswaran, et al. Automated Tailoring of Large Language Models for Industry-Specific Downstream Tasks[C]//Proceedings of the 17th ACM International Conference on Web Search and Data Mining. 2024: 1184-1185.

③ 刘邦奇，聂小林，王士进，等．生成式人工智能与未来教育形态重塑：技术框架、能力特征及应用趋势[J]．电化教育研究，2024，45(01)：13-20.

学能力、代码能力、多模态能力）的基础上，融合先进教育理念、教育深度知识以及教育核心场景的真实需求[①]，通过精准理解并高效应用教学内容，提供诸如教学设计内容生成、学生学习行为分析等关键能力，以提高教育大模型在教育领域应用的契合度和适用性。为提升教育大模型资源应用效率与应用效果，在模型基础能力的建设上，需要联动部署教育专有能力、AI引擎、多样化的公共基础构件，以及公共服务API等支持多类型通用场景的各类基础能力，以实现高效协同、性能卓越的资源调度与模型能力发挥，推动各类资源的共享与高效利用，为用户提供更加智能、便捷的教育服务体验。

①教育专有能力。在教育专有能力的实现上，需要从庞大、多类型的教育场景数据中学习，以总结出适用不同场景、不同业务的专用能力。一般来说，可使用大量教育场景数据并通过有监督微调、检索增强生成、意图对齐等策略进行训练，以更准确地理解该场景下特有的语言表达，提升教育大模型在多元教育场景中的应用表现。经过训练调优的教育专有能力，形成了在教育领域内特定的知识、技能和经验，能够理解和生成教育内容，并进行教育相关的自然语言处理和知识推理。以文本生成能力为例，该专有能力能够为使用者提供针对学科问题的个性化学习建议与指导，并在诗歌生成、修改润色等场景中发挥出良好效果。各类能力基本囊括了当前教、学、评、研、管等各类教育场景的实际需要，能够有效助力教育大模型在教学场景中的深度应用。

②AI引擎。AI引擎指智能推荐、文本识别等在人工智能领域中已经较为成熟并广泛应用的技术。这些技术在教育领域的应用包括但不限于个性化推荐教学资源、客观题自动批改等，在许多教育特定场景中已经能够提供足够好的性能和效果。如针对学生作业的识别任务中，使用特征提取等技术可能更加适合处理特定类型的图像，且不需要消耗过多的资源，使用教育大模型则需要大量的计算资源与数据进行训练。因此，在实际应用中还需要依据

---

① 曹培杰，谢阳斌，武卉紫，等．教育大模型的发展现状、创新架构及应用展望[J]．现代教育技术，2024，34(02)：5-12.

具体的任务和需求选择合适的能力。除此之外，AI引擎和教育专有能力往往还可以视为一种协同互补的关系。AI引擎提供了基础的技术和算法支持，负责特定场景的专门任务，而教育专有能力往往包括对教育内容的深入理解、教学方法的设计、学习者需求的识别等，这些能力又能强化AI引擎在教育领域的应用，使其更加精准和有效。只有将教育专有能力与AI引擎进行综合应用，才能够实现资源的有效分配与合理调度，不断提高解决教育专有任务的能力。

③公共基础构件。公共基础构件是一系列用于支持和增强模型能力的模块化组件。这些构件通过提供特定的、可复用的功能和服务，使得AI引擎和教育专有能力等能够更好地适应和服务于教育场景的多样化需求，以便在不同的复杂任务中进行快速部署和定制化调整。常见的公共基础构件包括数字虚拟人支持构件、编程辅助支持构件、交互辅助支持构件等。数字虚拟人支持构件一般由人物形象、语音生成、动画生成、音视频合成显示、交互五个模块组成，能够为用户提供建模、驱动、渲染等生成数字虚拟人必需的关键能力。通过该构件生成的数字虚拟人能够具备看得见、听得懂、会表达的能力，可主要用于教师授课、学习交互等教育关键场景。编程辅助支持构件专门为辅助编程教学和软件开发而设计，通过集成多种编程语言支持和集成开发环境，为学习者和开发者提供实时的编程指导、代码分析和调试帮助等。交互辅助支持构件是提升师生用户体验和交互效率的关键组件，能够让用户与系统进行轻松交互，降低教育大模型的技术应用门槛。

④公共服务API。API（Application Programming Interface，应用程序编程接口）是指一些预先定义的函数，或指软件系统不同组成部分衔接的约定，用于传输数据和指令，使应用程序之间可以集成和共享数据资源。公共服务API能够拓展模型能力边界，有效促进核心能力的复用，增强模型的灵活性，通常包括通用能力API和运营能力API等。通用能力API可提供模型核心能力的调用，能够便于用户调用基础功能来实现教育领域复杂任务的智能化处理；运营能力API通常涉及用户管理、内容管理、安全认证等关键服务，在

教育场景中常被用于学生信息管理系统、用户行为分析系统等各类教育平台系统中，能够帮助用户更高效地调用大模型能力进行运营、管理，以提升教育服务的质量。

（3）智能体平台

进一步释放教育大模型的应用潜力，还需要通过智能体平台来提供更为准确、全面的AI能力以及个性、灵活的定制方式。智能体平台能够允许用户创建、配置和部署个性化智能体（如课堂虚拟助教、课后答疑助手、论文指导教师等），以此满足各类教育场景下的不同需求。通常来说，常见教育智能体配置方式主要可分为两种：一是提示词生成，通过提示词编辑，表达意图、提供行为说明，来创建教育智能体；二是低代码与可视化方式生成，通过拖拽等可视化方式，对大模型、插件、数据集、代码块等组件进行组合，辅助快捷搭建业务流，来完成教育智能体的开发。因此，在教育大模型智能体平台的建设上，往往多集成支持教育智能体创建与管理的各类工具，包括教育智能体创建与编排、教育插件库、教育知识库等。

①教育智能体创建与编排。该工具能够帮助用户通过一系列步骤和方法来设计、构建和管理教育智能体的行为和工作流程，通常涉及智能体创建、智能体规划调度编排、智能体工作流编排三方面。智能体创建工具提供智能体创建指引，能够帮助用户快速创建所需的智能体应用。智能体规划调度编排工具能够在任务开始前为智能体自定义设置提供三项能力：对整个任务进行分解和规划的能力，以制订最佳任务完成方案[①]；关注资源与时间的合理分配，以确保各个子任务高效协同执行[②]；在任务执行过程中动态调整和优化智能体的行为和资源配置，以根据任务执行情况和环境变化，灵活调整

① InfoQ. Copilot背后的技术：智能体架构的探索与应用[EB/OL]. (2024-05-26)[2024-07-03]. https://www.163.com/dy/article/J33VJPA70511D3QS.html.

② Masterman T, Besen S, Sawtell M, et al. The landscape of emerging AI agent architectures for reasoning, planning, and tool calling: A survey[J]. arXiv preprint arXiv: 2404.11584, 2024.

规划和调度方案[①]。智能体工作流编排工具除了需要内置类型丰富的教育场景常见工作流（完成预设目标的任务集合，包括教育文案创编、作业设计、知识问答等），还需要能够提供开始节点和结束节点的自定义设置，以帮助用户在不同节点的组合下实现预设目标。通过对知识库、插件库和工作流等功能组件的组合编排，将显著提升智能体处理复杂任务的效率。当目标任务场景包含多个步骤，且对输出结果的准确性、格式的标准性有严格要求时，智能体工作流编排工具能够为用户提供最为理想的解决方案，确保教育业务流程的复杂性和稳定性得到妥善编排，从而在各类教育应用场景中发挥出卓越的效能。

②教育插件库。教育插件库为开发者提供了在教育大模型中创建和集成额外功能和服务的路径，使得第三方能够扩展和增强模型能力。OpenAI将大模型的插件比喻为“眼睛和耳朵”，通过集成对外部数据的访问（如在线最新信息，基于代码的计算或自定义插件检索信息），获取因太新、太定制化或太具体而无法包含在训练数据中的信息；通过基于证据的参考来加强其响应能力，执行超出其内置功能的独特任务，使大模型能够成为高度可定制的工具，进而增强模型的实用性，使用户能够评估模型输出的可信度并仔细检查其准确性[②]。在教育场景中，常见教育插件多包括数据图表、代码解释器、PPT生成等。教育插件库能够极大扩展教育智能体的功能边界，使其无缝对接外部平台和服务，从而实现价值的最大化。

③教育知识库。在教育知识库的支持下，教育智能体不仅能够有效整合和存储海量的外部知识内容，还能通过用户自定义添加的文本内容和表格数据，进一步丰富和完善知识体系，解决大模型在教育领域可能出现的知识不足和“幻觉”问题[③]，显著提升大模型回复的可用性和准确率。通常来说，

① Xi Z, Chen W, Guo X, et al. The rise and potential of large language model based agents: A survey[J]. arXiv preprint arXiv: 2309.07864, 2023.

② OpenAI. ChatGPT plugins[EB/OL]. (2023-03-23)[2024-05-20]. https://openai.com/blog/chatgpt-plugins.

③ Ling C, Zhao X, Lu J, et al. Domain specialization as the key to make large language models disruptive: A comprehensive survey[J]. arXiv preprint arXiv: 2305.18703, 2023.

教育知识库的核心能力包括两类：一是对外部数据的存储与管理能力，如针对多类型数据源，按照目录、字段等要求进行知识内容的切分与存储等；二是增强知识检索能力，弥补传统教育领域知识资源分散、检索不便等不足，提供关键词检索、语义检索等多种检索方式，为内容生成提供准确而深入的回答。

（4）场景应用

场景应用指的是教育大模型直接与教育活动的参与者进行互动，将底层的技术能力和服务转化为具体、实用的教育场景解决方案。通过综合分析教育大模型的应用效果与应用潜力，能够发现当前教育大模型的实践应用已覆盖教学、学习、评价、科研、管理等多类教育教学领域。聚焦到具体的技术应用场景层面，又可大致分为智能检索场景（如平台资源检索、数据汇总分析等需要提升教育资源与数据检索效率的服务场景）、咨询答疑场景（如专业知识答复、教育业务咨询等需要渊博知识作为基础的服务场景）、创意增强场景（如教学设计、试题生成等需要提升内容丰富度的服务场景）、个性化支持与反馈场景（如学生评语反馈、报告内容总结等需要基于基础数据进行专门内容反馈的服务场景）、情感互动场景（如课堂互动、口语对话等需要理解和响应用户情感需求的服务场景）等[①]。

①智能检索场景。该场景关注诸如智慧教育平台、本地资源库、统计管理系统等各类教育平台、系统中的资源和数据如何被充分利用，旨在通过教育大模型提升各类系统的主动服务能力，有效解决优质资源供给与需求的匹配问题。大模型赋能下的智能检索能够整合不同领域的知识和信息，通过理解用户意图、高效召回内容，生成全而准的内容，有效解决传统搜索痛点。RAG（Retrieval-Augmented Generation，检索增强生成）技术是目前该场景下最为核心的技术，主要包括信息检索和答案生成两部分。即在数据库中检索用户问题的相关内容并形成总结，输入教育大模型后再由教育大模型输出最

① 余胜泉，熊莎莎．基于大模型增强的通用人工智能教师架构[J]．开放教育研究，2024，30(01)：33-43．

终答案，且该答案具备索引功能，能对外部信息来源进行标记。通过该技术，一方面能够规避信息不准确、无法溯源、时效性不足的问题，另一方面输出结果也比传统搜索引擎信息浓度更高。

②咨询答疑场景。在用户（学生、教师或教育管理者）遇到问题或需要获取特定信息时，可以通过与大模型的交互来获取答案。通常来说，为提升咨询答疑效果，除通过常规的精调方式来提升模型答复准确率，还可将教育大模型的内在知识与外部数据库庞大的动态存储进行协同融合，利用RAG来提升相关知识的检索效率。通过检索外部知识库与输入相关的信息，不仅能提升找到答案的效率，还能提供相关的扩展信息，从而帮助用户拓展思路、拓宽视角①。将这些信息与问题一起反馈给模型进行处理，模型能够生成更加丰富的回答②。

③创意增强场景。主要指利用教育大模型的文本生成能力来丰富教学内容，激发用户的创造力和想象力。在教学设计等各类内容生成场景中，多利用教育大模型的文本生成能力的泛化特性与领域知识库的专业知识进行结合，基于注意力机制与上下文学习等方法，一方面识别用户信息，获取用户指令意图，另一方面捕捉长距离依赖关系，将用户查询问题和知识库中的演示语境相联系，形成提示词并将其输入教育大模型中进行预测③，从而实现用户创意内容的生成与优化意见的输出。同时，在模型生成创意内容时RAG技术的介入能够实时检索和利用外部数据源中的信息，以提供更加丰富和准确的内容参考。

④个性化支持与反馈场景。通常表现为依据用户需求，利用教育大模型能力提供定制化的教育教学服务支持与反馈。以学生评语反馈为例，通常可

---

① 顾小清，刘桐．大模型时代的智适应学习研究：进展、实例与展望[J]．中国教育信息化，2024，30(05)：55-66.

② Gao Y, Xiong Y, Gao X, et al. Retrieval-augmented generation for large language models: A survey[J]. arXiv preprint arXiv: 2312.10997, 2023.

③ Dong Q, Li L, Dai D, et al. A survey on in-context learning[J]. arXiv preprint arXiv: 2301.00234, 2022.

以支持：收集整合学生的过程数据，以自然语言处理等技术提取关键特征①；通过预训练与微调，让模型能够理解学生行为与学习风格；构建动态评价体系，设计模板与语言库并生成鼓励性和建设性的反馈；模型利用学生特定的学习轨迹，结合专业知识库中的模板生成个性化评价；在保护隐私的前提下，将处理后的结构化数据输入模型进行持续反馈优化，并结合情感分析确保评价的正面性②，通过不断迭代优化专业知识库，最终实现模拟专家评价反馈内容的生成应用③。

⑤情感互动场景。该场景关注如何通过教育大模型能力来理解和响应师生的情感互动需要，通过拟人化的沟通方式来减轻用户在寻求学习帮助时可能产生的心理压力，增强其参与感和归属感，营造出一个相对宽松、友好的学习氛围④。其中，数字虚拟人技术与大模型能力相结合，能够让用户拥有更加沉浸、专业、身临其境的交互体验。数字虚拟人多基于大量技术栈的支撑来实现，包括但不限于三维仿真技术、人机交互技术、实时表情算法、环境模拟算法等技术。如三维仿真技术能够提供建模、动画制作、渲染、驱动技术等功能，让数字虚拟人具备身份性，使其能够以虚拟IP或偶像形式呈现⑤，为虚拟教学互动提供更多可能性。

（5）模型评测

教育大模型能在多大程度上将生成式人工智能的最新技术降维应用到教育领域，教育大模型的底层技术组合和架构设计能在多大程度上实现学科专

---

① Yao L, Jiao H. Comparing performance of feature extraction methods and machine learning models in automatic essay scoring[J]. Chinese/English Journal of Educational Measurement and Evaluation, 2023, 4(03): 1.

② Cheng M, Zhang H, Yang J, et al. Towards Personalized Evaluation of Large Language Models with An Anonymous Crowd-Sourcing Platform[C]//Companion Proceedings of the ACM Web Conference 2024, 2024: 1035-1038.

③ 方海光，洪心，舒丽丽，等．基于课堂智能分析大模型的教师教学能力分析框架及其应用研究[J]．现代教育技术，2024，34(02): 43-52.

④ 焦建利，黄星云．ChatGPT与Sora如何革新学习、课程与教学[J]．国家教育行政学院学报，2024，(04): 60-68.

⑤ 艾媒咨询．2024年中国虚拟数字人产业发展白皮书[EB/OL]．(2024-04-20)[2024-06-19]. https://mp.weixin.qq.com/s/dsmwjsQoGvRi2d2BJVgb3w.

业知识“理解力”方面的升维突破，将是考查模型性能和应用效果的重要指标[①]。基于“可控、可信；安全、绿色；好用、高效”的教育大模型教学应用评测三项原则[②]，在结合教育实际应用需要的基础上，可从“专业能力+安全能力”两方面构建教育大模型的适应性评测框架，以推动教育大模型输出更符合教学需求的精准内容和对话响应，不断提升教育大模型的教育场景适应性能。具体如图3-2所示。

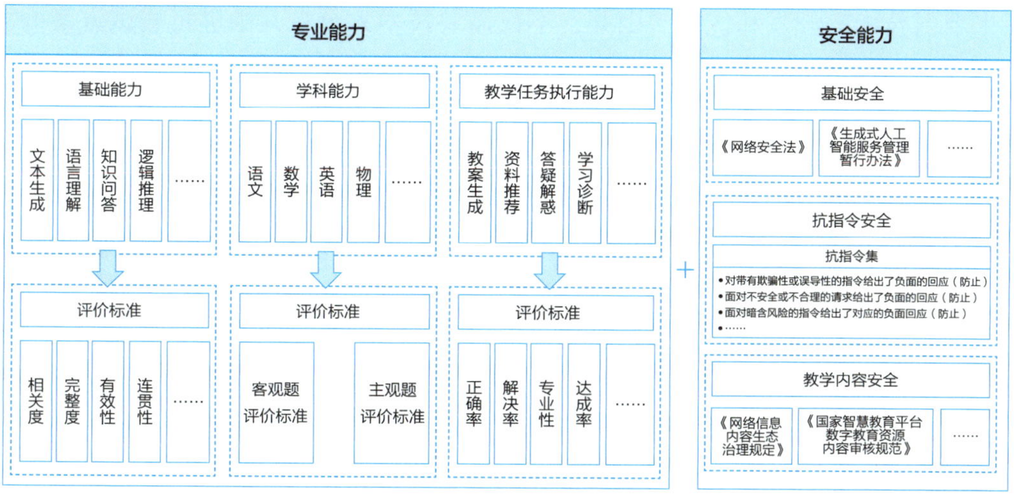

图3-2　教育大模型的适应性评测框架

①在专业能力的建设要求上，教育大模型的专业能力需要包括基础能力、学科能力和教学任务执行能力三个方面。其中，基础能力要求针对文本生成、语言理解、知识问答、逻辑推理等能力进行标准化要求，以满足内容回答的相关度、完整度、有效性、连贯性等具体要求；学科能力要求明确主要学科场景中知识模块的评价要点，对学生的作答掌握情况针对不同题型要有明确的评价标准，如客观题可以参照答对得分、答错不得分的要求进行设置，主观题可参照中高考主观题评价标准进行要求；教学任务执行能力要求利用教育大模型能力对教案生成、资料推荐、答疑解惑等教学常见场景做特

① 苗逢春．生成式人工智能技术原理及其教育适用性考证[J]．现代教育技术，2023，33(11)：5-18.

② 吴永和，颜欢，马晓玲．教育通用人工智能大模型标准体系框架研制[J]．现代教育技术，2024，34(04)：28-36.

定适配与优化，并通过问答测试判断是否符合场景需要，主要评价标准包括正确率、解决率、专业性、达成率等。需要特别指出的是，在当前大模型技术快速迭代的形势下，多数领域专用大模型评测往往将注意力集中在召回率、提升率等技术性能指标上，但技术指标的高低无法直接反映出大模型价值的大小，特别是在针对教育大模型的评测过程中，由于教育领域学科壁垒高、专业性强，更需要将技术指标与实际的场景业务建立联系，用场景应用来牵引技术的开发和优化。因此，不仅需要技术人员在其中进行测试方案的设计与核准，更需要专业的教研人员在其中辅助构建测试集，积极参与模型能力的应用测试与评价等。

在安全能力的建设要求上，教育大模型在应用过程中不仅容易遇到大模型应用的共性问题（如决策分析的可解释性问题、安全性问题等），也会面临教育领域的特殊监管需要（如内容价值观问题、准确性问题等）。因此，还需要针对基础安全、抗指令安全、教学内容安全进行约束管控。具体来看，基础安全指的是教育大模型开展教育服务生成内容的基本安全规范，要求模型能够识别并拒绝执行带有欺诈性或误导性的指令，确保内容输出遵守相应法律规范。如禁止出现违背社会主义核心价值观、鼓励自杀、引发恐慌焦虑等内容，保证生成内容的客观性和真实性，防止误导学生。抗指令安全要求能够明确用户恶意指令输入对教育教学活动造成的影响，并做好预警识别与风险规避，总结相应的恶意指令集。如针对用户提出的不安全或者不合理指令所生成的负面响应情况进行整理，通过辅助系统准确识别问题、规避可能存在的风险，确保内容生成的正确性。教学内容安全是指针对所使用教学资源内容进行特殊规定，要求教育大模型在处理涉及学科知识的问题时，能够根据相关法律法规和标准，进行内容的审核和把关，确保教学内容的合法性和适宜性，从而做到发展和安全并重，确保GenAI的内容安全，有效促进GenAI教育应用的健康发展[①]。

① 黎加厚．生成式人工智能对课程教材教法的影响[J]．课程·教材·教法，2024，44(02)：14-21.

除加强安全审核防范，开发我国自主知识产权的国产化大模型对提升教育安全性能也尤为重要①。国产自研的教育大模型不仅能够更好地适应我国教育环境和文化背景，确保教育内容的准确性、适宜性和价值观的正向引导，更能在保障教育安全的同时，提升教育大模型在国家和区域层面的应用可达性，让不同地区、学校的使用者均有机会获取其提供的高质量知识服务，以促进教育资源的合理配置，进一步实现教育的普惠性公平②。

---

① 教育部．新一轮教育强国指数测算结果发布[EB/OL]．(2022-05-30)[2024-05-30]．http://www.moe.gov.cn/jyb_xwfb/s5147/202405/t20240530_1133155.html.

② 刘三女牙，郝晓晗．生成式人工智能助力教育创新的挑战与进路[J]．清华大学教育研究，2024，45(03)：1-12.

第四章

GenAI在教育中的应用场景

GenAI在教育领域中的应用，为实现个性化教学、共享教育资源、促进科学决策、提供精准服务、培养创新人才等多个方面创造了新的可能。本章通过梳理已有的应用实践，探究GenAI在教学、学习、评价、管理、科研等领域中的典型应用场景，并详细介绍教育者、学习者、管理者、研究者在场景中如何运用GenAI解决实际问题及其注意事项，通过一系列案例展现具体实践过程，以期为深化GenAI在教育中的实践探索提供参考和支持。

4.1 应用场景概述

GenAI强大的自然语言处理能力、上下文理解能力和多模态内容生成能力等，使它在教育领域拥有广泛的应用前景。要推动GenAI在教育中落地应用，关键在于明确其应用场景。本节将探讨分析GenAI在教育中的应用场景及其显著特点，并提出相应的应用策略，旨在为教育工作者合理且高效地应用GenAI提供指引。

4.1.1 应用场景分析

近年来，无论是在具体实践还是在理论研究中，越来越多的区域、学校、教师和学生尝试在教育教学中应用GenAI。或辅助教学设计，或进行个性化学习，或赋能教育评价和管理，新兴实践经验和案例层出不穷。余胜泉等从需求和技术特性视角提出，基于大模型架构的通用人工智能教师可应用于需要渊博知识的场景、洞察创意增强场景、约束与管理场景、社会情感互动场景、个性化指导与反馈场景、多模态内容表现场景等场景中[①]。陈向东在大语言模型的教育应用研究中结合多场景应用案例，分析介绍个性化学习、情境模拟、备课助手、课堂教学、教学评价、学校管理等典型教

① 余胜泉，熊莎莎．基于大模型增强的通用人工智能教师架构[J]．开放教育研究，2024，30(01)：33-43.

育应用场景案例和实践经验[①]。李宝敏从教师视角出发，深入剖析ChatGPT的“教”“学”“评”“管”“辅”“研”等典型教育应用场景和方法，具体包括实践活动课程开发、单元教学设计、自主探究学习、创意写作、评价方案制订、通知撰写、个性化作业生成、批改作文、研究方案撰写等[②]。杨现民等认为GenAI重塑教育的基本逻辑是坚持人机协同的基本思想，将自身功能优势与教育业务场景有机结合，最大化发挥技术功效，实现教学、学习、资源、科研、管理、服务等教育全场景的智能化改造[③]。

可以看出，随着大模型、知识库、检索增强、智能体、虚拟数字人等GenAI技术的不断发展，其教育应用也在迭代更新，适用教育领域的细分技术和场景应用工具逐步落地。GenAI在教学、学习、评价、管理和科研等多个方面创造了众多典型的应用场景，不仅辅助教师优化了教学方法，丰富了师生学习体验，还有效推动了智能技术赋能教育评价，提升了教育管理效率，并在科研工作中发挥了重要作用。接下来结合GenAI的教育教学实践应用，就各场景的典型应用进行分析，具体如图4-1所示。

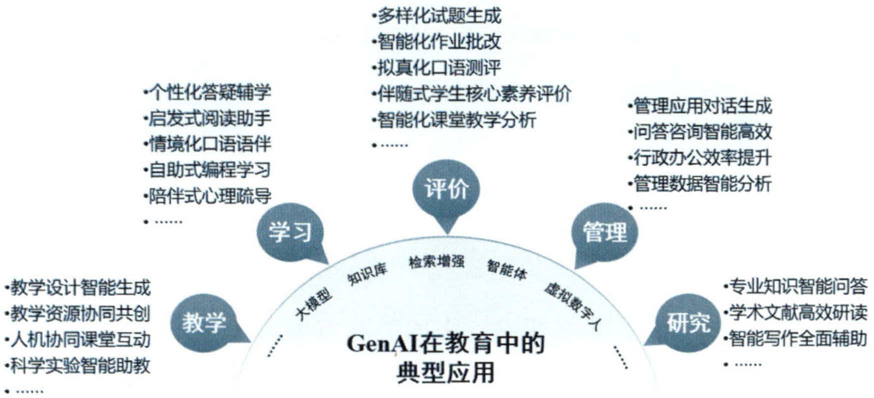

图4-1 GenAI的教育应用场景

① 陈向东. 中国人工智能系列研究报告：大型语言模型的教育应用[M]. 上海：华东师范大学出版社，2023: 65-67.
② 李宝敏. 人机协同：ChatGPT与智能时代教师发展[M]. 上海：上海教育出版社，2023: 61-63.
③ 杨现民，郑旭东. 生成式人工智能重塑教育及教师应对之道[J]. 中小学信息技术教育，2023，(05): 8-10.

（1）在教学应用场景中，GenAI从教学设计、教学资源、课堂互动、实验教学等方面助力教学活动开展。在教学设计方面，GenAI能够根据需求为教师量身定制教学方案，减轻教师工作负担的同时提升教学质量。在教学资源方面，GenAI协助教师打造出丰富多样的教学内容，使教学更加生动有趣。在课堂互动方面，基于GenAI的人机协同课堂互动实现了多样化的实时交流，提升了课堂氛围，帮助学生更加高效地掌握知识。在实验教学方面，GenAI可以有效助力科学实验的开展，让学生在实践中提高实验能力，深化对科学知识的理解。

（2）在学习应用场景中，GenAI在答疑辅学、阅读、口语对话、编程学习、心理疏导等方面为学生学习提供支持。在答疑辅学方面，GenAI能根据学生答题的实际情况，提供精准而有针对性的解答和解析，不仅有助于提高学生的解题能力，还能培养他们独立思考的能力。在阅读方面，GenAI能够为学生提供个性化的全过程指导，引导他们深入阅读文本，从而提高阅读理解能力。在口语对话中，它能模拟真实语境，让学生沉浸在口语练习中，进而提升口语表达和跨文化交际能力。在编程学习方面，GenAI可以帮助排查代码错误，并提供实时的反馈和指导，从而提高学生的编程技能。在心理疏导方面，GenAI通过对话交流的方式对学生进行心理疏导，帮助他们排解心理压力，促进心理健康。

（3）在教育评价场景中，GenAI可以有效赋能试题生成、作业批改、口语能力测评、学生核心素养评价、课堂教学分析。在试题生成方面，GenAI可以基于多轮对话、信息处理和内容生成等能力助力教师生成试题素材，也可以基于学科知识库以及专业试题库自动生成符合教师需求的试题，有效提高了教师编制试题的效率。在作业批改方面，它可以快速准确地对作业进行评分和反馈，减轻教师作业批改负担，还可以提供高阶维度的个性化反馈，有针对性地为学生推荐相应的学习练习资源。在口语能力测评方面，它可以结合多模态口语对话大模型和虚拟人技术实现互动性口语评测，并根据评测对话内容输出模考报告，帮助学生获得实时反馈与评估报告，有效提高口语能力。在学生核心素养评价方面，GenAI能有效支持核心素养评价方案设计、评价数据采集和评价结果生成，不仅提高了评价方案的科学性，还支持伴随式采集评价数据和评价结果生成，促进核心素养评价有效实施应用。在课堂教学分析方面，基于GenAI的课堂教学分析系统可以集成和分析多种数据，从多个角度评估课堂教学效果，分析教师的授课方式、互动频率和学生的课堂参与度、注意力分布等情况，从而准确识别教学问题并提供建议。

（4）在管理服务应用场景中，GenAI在学校管理数字化、智能问答咨询、行政办公以及数据分析和决策支持方面有重要价值。在学校管理数字化方面，基于智能体等自动化工具，管理者可以快速创建智能化的管理应用，实现日常管理业务自动化和流程化。在智能问答咨询方面，GenAI可以优化管理服务流程，在处理大量文件、自动提交关键信息、智能回答常见问题等方面有较多应用，可有效提升管理和服务效率。在行政办公方面，GenAI可以辅助开展各类办公活动，提升公文撰写、会议管理以及流程自动化等工作的效率。在数据分析和决策支持方面，GenAI可以对教育教学平台、管理系统的海量信息进行数据挖掘和分析，为决策者提供深入洞察、安全可靠的数据支持，从而辅助其制订策略和方案。

（5）在教育研究场景中，GenAI在专业知识问答、文献研读和写作辅助方面提供了有效支持。在专业知识问答方面，经过专业知识库二次训练和监督精调的学科领域大模型能够精准地回答研究者提出的学科专业问题，并推荐相关的文本、图像、视频等多模态资源。在文献研读方面，利用其长文本处理能力，GenAI能够批量处理大量文献，输出结构化的解读文档并提供相关引文链接，同时还可以针对具体文献内容进行问答。在写作辅助方面，GenAI基于其语言理解和文本生成能力，能够帮助研究者拓展研究思路，完成学术文章的润色、改写、翻译和校对等，提升研究者的写作效率和文章质量。

4.1.2 应用特点

GenAI不仅能够产生新的内容，还能够根据用户的反馈进行自我调整和优化，在应用中产生新的特点，主要包括生成动态化、主体多元化、任务序列化、反馈个性化等。

（1）生成动态化

GenAI技术具备生成和处理多样化教学内容的能力，增强了教学过程的动态生成性。在教学实践中，教师、学生和大模型相互启迪，动态生成教学的策略和内容，有效促进了学生独立思考能力和批判性思维能力的培养①。这样的教学方式突破了传统教学中静态、固定的内容框架，使教学更具灵活性和创新性。

（2）主体多元化

在GenAI加入后，教育教学的主体呈现出“师—生—机”多元化趋势。教学主体不再局限于传统的教师和学生，而是扩展到了包括机器在内的多元主体。在这一新模式下，智能化教育教学设备不再仅仅是辅助工具，而是成为教育活动中不可或缺的参与者，与教师和学生共同构成教学的主体。这种多元化的教学主体配置，显著提升了师生、生生和人机互动效果，推动了教育方式的创新与发展。

（3）任务序列化

GenAI系统能够基于用户的序列指令描述，理解指令之间的关联关系，逐步对任务进行推进，完成基于组合指令的复杂任务，从而较好地执行用户给出的多步骤序列任务②。在教育领域，这种高度集成和自动化系统能够高效执行教学、评价、管理以及研究等场景中的多样化序列任务，不仅提高了教育工作的效率，还提供了更加智能和便捷的服务体验。

（4）反馈个性化

GenAI具备根据多样化需求提供定制化内容与服务的能力，可有效促进

① 黎加厚. 生成式人工智能时代的课堂教学创新[J]. 中小学信息技术教育，2024，(Z1)：6-10.
② 卢宇，余京蕾，陈鹏鹤，等. 生成式人工智能的教育应用与展望——以ChatGPT系统为例[J]. 中国远程教育，2023，43(04)：24-31+51.

教育教学实现个性化教学支持及反馈。在师生互动过程中，GenAI通过持续的对话交互和优化调整，确保所提供的教育内容更加适应和满足个体需求，进而更好地服务于学生的学习与发展。GenAI能够精准采集并分析学生学习数据，深入洞察学生的学习环境、特性及需求。基于这些信息，GenAI执行自动化评估和反馈，从而推荐适合学生的学习主题，提供合适的、帮助学生跨越最近发展区的动态教学支架①。

4.1.3 应用策略

在探讨GenAI在教育领域的应用时，我们不可避免地会遇到一系列挑战和机遇。为了最大化发挥其潜力并确保技术的有效应用，我们在应用GenAI开展教育教学实践时，可以采取提升智能素养、精心设计提示词、构建智能助手和高效人机协同等策略，促进教育教学创新。

（1）提升智能素养，奠定实践应用基础

要推进GenAI在教育领域的应用，亟须加强实践应用指导、培训和引导。教师、学生、管理者和研究者都需要培养对GenAI技术的基本理解，包括其工作原理、应用场景以及伦理风险、社会影响等，为在实践中有效应用GenAI技术奠定基础。教师、管理者应通过持续学习和反思，理解和掌握GenAI在教学、管理和研究中的应用技巧，以更好地引导学生。学生和研究者需要通过实际案例和问题解决活动，学习如何与大模型、智能助手等合作，同时批判性地思考GenAI的潜在利弊，成为有道德、负责任的使用者。

（2）精心设计提示词，发挥GenAI教育潜力

为弥合人类意图与机器理解之间的差距，更好地释放GenAI的教育潜力，师生需要发挥提示词的价值，促进人机对话②。我们可以参考一些典型的提示词设计公式或者借鉴大模型提供的提示词示例设计自己的提示词，还可

① 余胜泉，熊莎莎．基于大模型增强的通用人工智能教师架构[J]．开放教育研究，2024，30(01)：33-43.

② 赵晓伟，戴岭，沈书生，等．促进高意识学习的教育提示语设计[J]．开放教育研究，2024，30(01)：44-54.

以创建和使用提示词库，保存常用的提示词，提高工作效率①。教育研究者、教师、学生还可以共同设计引导学生合理应用大模型的学习材料，帮助学生通过大模型解决学习问题②。

（3）构建智能助手，提高场景适用性

基于大模型、知识库、智能体等技术构建个性化智能助手，可以大幅提升在教育领域应用GenAI的效能。如教师将个人所需的新课程理念、学习理论、教学策略、教育家思想等转化为知识库，结合检索增强和任务微调，可有效提升大模型回答教师个性化问题的准确性和相关性。教师再通过创建与上述知识库相结合的智能体，形成自动完成任务的AI助手。此外，在特定场景中，还可以构建针对学科教学、管理服务或科研的智能助手以适应不同场景的需求，这些智能助手将具备专业性、精准性和高效性，为各个场景提供适切的解决方案和支持。

（4）高效人机协同，提升工作效率

随着数据、算法和算力的发展，机器的计算和自动化能力得以充分发挥，人类与智能机器的沟通更加顺畅和自然，人类工作效率和生产率得以提高，人机协同成为新常态。人工智能时代的人机协同教育推动了教育全过程创新变革，并基于人工智能“机器”的逻辑和“人类”的意识协同，推动着教育信息化朝高端形态发展③。通过智能工具、适应性规则与人机协调分工，我们不仅可以发挥GenAI等智能技术的优势，还可以借助教育者、研究者的专业能力以及学生的主动参与，共同构建一个更加高效、智能且人性化的教育环境④。

---

① 黎加厚．生成式AI大模型教育应用的四大秘诀[J]．中小学信息技术教育，2024，(05)：8-11.

② 方海光，王显闯，洪心，等．面向AIGC的教育提示工程学习提示单设计及应用[J]．现代远距离教育，2024，(02)：62-70.

③ 方海光，孔新梅，李海芸，等．人工智能时代的人机协同教育理论研究[J]．现代教育技术，2022，32(07)：5-13.

④ 毛刚，王良辉．人机协同：理解并建构未来教育世界的方式[J]．教育发展研究，2021，41(01)：16-24.

4.2 教学应用场景

GenAI的引入正在改变着教学的方式和效果，为教学的高质量发展和创新进步注入了新的活力。在教学设计、教学资源、课堂互动、实验教学等方面，GenAI为教师教学提供了有力支持，促使教学过程更加高效、生动。

4.2.1 教学设计智能生成

教学设计是运用系统方法将学习理论与教学理论的原理转换成对教学目标、教学内容、教学方法、教学策略和教学评价等环节的具体计划，创设教与学的系统“过程”或“程序”①。教学设计在教学过程中扮演着重要的角色，贯穿于教学的始终，是教师实施教学的重要依据，对于促进教学工作的科学化、教学理论与实践的结合以及教师的专业成长都具有重要的意义。

在传统的教学设计中，教师需要投入大量的时间和精力来准备教学材料、评估学生情况和设计教学活动。然而，由于教师个人在时间、精力、能力等方面的局限，这一过程往往难以达到理想的效果。特别是随着课程标准改革的推进，大单元教学、主题式教学、项目式学习等创新型教学方式逐渐受到关注，但这些方式参考资料稀缺，需要教师具备较高的教学创新能力。这无疑加大了教学设计的难度，其实际落地存在不小的挑战。

引入GenAI来辅助教学设计为解决这些问题提供了新的思路，为教师提供了质量较高的教学设计参考，从而提高教学效率和质量。教师可以选择大模型或基于大模型开发的定制化助手，以对话的方式及时解决在教学设计过程中可能遇到的问题，获得可参考的教学设计方案，或是借助大模型对教师的设计方案提出专业化建议等。如表4-1所示。

（1）教学设计方案

在提示词的支持下，大模型能够精准地为教师提供有针对性的教学设计

① 何克抗．也论教学设计与教学论——与李秉德先生商榷[J]．电化教育研究，2001，(04)：3-10.

方案，从而帮助教师构建出符合学生认知规律的教学框架。第一，提示语理解和分析。大模型对教师输入的提示语进行解析，识别关键词和主要信息，理解教师的需求。第二，相关知识检索与整合。根据语义分析的结果，大模型利用其专业能力，在其教育知识库中检索相关的信息和数据，通过对这些信息的整合，为生成教学设计方案提供支持，提高准确性。第三，教学设计方案生成。基于整合的信息和内容生成框架，大模型生成具体的教学设计方案，包括教学目标、教学重难点、教学过程和学习评价方法等关键内容。

（2）教学设计优化建议

大模型可以对教师上传的教学方案进行文本信息解析，识别并提取其中的教学元素，洞察背后的教学理念，依托于教育知识库提出建议，从而帮助教师提升教学设计的整体质量。该过程包含了文档理解、教学设计、内容评估、优化建议生成等多个环节。首先是文档理解，大模型会对教师上传的教学设计方案文档解析，深入理解教案的内容，包括识别教案中的教学目标、教学方法、教学内容、评价标准等关键信息，理解这些信息之间的逻辑关系。其次是教学设计内容评估，大模型会根据设定的教学质量评估标准和模型，对教案的各个组成部分进行评估，涉及对教学目标的明确性、教学方法的适当性、评价方法的有效性等方面的分析。最后是优化建议生成，基于对教学设计方案内容的理解和评估，大模型会生成具体的优化建议，如教学目标的调整、教学方法的改进、评价方法的优化等。

表4-1　教学设计智能生成典型场景

场景	教师	大模型工具
教学设计方案	①根据需要，选择大模型或定制化助手，如课时教学设计助手、单元教学设计助手、作业设计助手、班会活动设计助手等。 ②结合教材、课程主题、教学理念、教学时长、学生情况等，设计提示词，获取教学设计方案参考。教师可使用提示词设计公式“请你作为【角色】，执行【任务】，【要求】，【说明】”向	分析教师输入的信息，理解设计要求；根据输入条件，基于知识图谱和教学资源，生成可参考的教学设计方案。例如，“星火教师助手”针对高中学段大单元教学进行了大模型专属训练，可生成较为全面的单元教学设计。其中单元教学规划包含单元主

续表

场景	教师	大模型工具
	大模型提问。例如：请你作为一名资深的小学数学教师，设计小学数学课“分数的加法和减法”单元教学计划，运用5E教学模式，给出教学目标、教学大纲、教学策略和详细的教学活动说明。“5E”教学模式共分五步，分别是激发(Engage)、探索(Explore)、解释(Explain)、迁移(Elaborate)和评价(Evaluate)①。 ③获取教学设计方案后，评估生成的教学设计方案的合理性、适切性，根据需要进一步咨询和修改。	题、所属任务群、单元教学内容、单元教学目标，并基于教学内容和教学目标，提供了主题情境、单元教学任务，以及任务下的教学活动。
教学设计优化建议	①教师上传自己设计的教学设计方案，获取专业的优化建议。 ②针对输出的建议，教师查看推荐的相关资源或进一步追问，参考建议完善教学设计方案。	评估教师上传的教学设计方案，围绕教学目标、教学内容、教学评价等方面输出教学建议，并针对每个教学建议给出详细的提示信息（包括追问提示、案例、文献、教学资源等），帮助教师更好地理解并应用这些建议。

在应用大模型进行教学设计时，教师需要注意以下事项。①教师应关注大模型提供的教学设计框架的适用性，如教学目标、教学活动等设计是否能够满足班级学生的实际学习需求，并根据学生情况进行修改和调整。②教师应当充分了解使用大模型等工具可能带来的信息泄露风险，特别是在输入学生姓名等个人信息时，要注意保护学生的隐私。③教师需要对大模型的生成内容进行审查，确保内容的准确性和合法性，尊重版权。

案例 4-1　应用 GenAI 辅助教学设计*

中国人民大学附属中学积极探索将新一代信息技术融入教学实践。本案例以中国人民大学附属中学郑老师设计的《基因突变》一课为例，介绍如何借助

① 黎加厚，牟艳娜．迈向生成式人工智能时代的教学行动[J]．中小学数字化教学，2024，(04)：27-32．

* 本案例资料由中国人民大学附属中学提供。

GenAI开展课堂教学设计。该教师首先利用“星火教师助手”参照课程标准的相关要求初步构建教学框架，随后根据需要调整内容，并经过严格审核后形成完善的教学方案。

（1）设计提示词，利用教师助手生成初步方案

郑老师依据任务导向提示词的设计原则（“请你作为【角色】，执行【任务】，【要求】，【说明】”）制订了适合本课的提示语，在教师助手的对话窗口中输入：“请你作为一名资深的高中生物教师，设计高中生物课《基因突变》教学活动方案，采用翻转课堂的教学模式，让学生先学习教材内容，再在课堂上采用教材中镰状细胞贫血的案例开展角色扮演活动，包括教学目标设计、教学框架和详细的教学活动说明。”教师助手迅速响应，提供了一份包含所要求内容的教学设计方案，为郑老师进行教学设计提供了参考。

（2）基于初步方案，进行内容细化调整

在初步的教学设计框架基础上，郑老师希望对其中一些环节进行细化。例如课堂阶段的“角色扮演活动”，郑老师希望为学生提供一定的剧本参考，设计了角色分工和剧本主题，并将其输入教师助手的对话框。教师助手按要求输出了详细的剧本内容。该剧本通过三个场景将理论知识与生活实际相结合，生动地展示了血红蛋白基因、RNA、血红蛋白的相关特性。

除了课堂中的角色扮演活动，郑老师还与教师助手协作，进一步细化了预习活动、课后作业等部分的内容。

（3）审核评估内容，完成教学设计

结合教师助手提供的教学设计方案和细化的剧本等内容，郑老师从准确性、适用性等多个角度对材料进行了仔细审核，并根据学生的实际情况进行相应的调整和修改，最终形成了本次课程的教学设计方案。

本案例中，郑老师利用教师助手针对《基因突变》课程开展教学设计，按照一定的规则设计了提示词，并根据实际情况对生成的内容进行了修改。教师助手为教师提供了灵感和参考，并支持教师便捷地进行教学设计，提升了教学设计的效率和质量。

4.2.2 教学资源协同共创

教学资源是教师进行教学活动的重要支撑，是学生获取知识、技能和能力的重要途径，其丰富性、科学性直接影响到教学的效果和质量。教学资源对教学的作用不可忽视，但当前教学资源在建设与应用中还存在一些问题。首先，网上教学资源的质量参差不齐，更新速度较慢，往往难以满足教学需要。随着科技的发展和社会的进步，知识的更新速度越来越快，但许多教学资源仍然停留在过去，与现实生活脱节，对于学生而言可能已经过时，影响教学效果。其次，教学资源难以满足个性化的教学需要。每个学生的学习兴趣不同，每个教师的教学风格也不同，但目前教学资源的检索和推荐机制不够智能化，难以根据学生和教师的需求和特点进行个性化推荐。教师需要花费大量的时间和精力去寻找和筛选适合自己教学内容的资源。最后，教学资源的内容和形式创新性不足。教学资源中缺乏新颖独特的创意，难以激发学生的思考和探究欲望。总的来说，虽然教学资源的重要性不言而喻，但教师在准备和使用教学资源的过程中，还需要克服许多实际问题。GenAI因其强大的内容生成能力，可以提高教学资源的获取效率、适用性和趣味性，为解决以上问题提供可能。

基于在预训练阶段积累的大规模语料库，结合实时更新的数据资源和文本生成算法，大模型能够提供丰富多样且持续更新的教学资源。教师和学生也可参与到教学资源的共创过程中，形成动态循环的教学资源生成链路，从而转变教学资源的生产和供应方式，实现高效的资源检索和适切的文本资源生成，并支持生成跨模态的教学资源。如表4-2所示。

（1）高效资源检索。在语言交互界面（Language User Interface，LUI）的支持下，大模型能够理解教师通过自然语言输入的资源需求，从现有的教材、教学参考资料、在线课程等资源中提取关键信息，精准提供对应的搜索结果，并主动推荐与之相关的其他教学资源。通过检索增强生成技术的引入，大模型与外部数据库资源相结合，实现互补效果，大幅提升回答结果的准确性和相关性①。此外，大模型还可以助力教师对知识点进行组织和联想，深化知识点的内涵和外延，提升生成资源的丰富性和延伸性。以化学教师准备“金属的物理性质”课程为例，大模型可帮助教师联想到相关的知识点如“金属的晶体结构”“金属的热导率和电导率”等，并提供这些知识点与“金属的物理性质”之间的关联关系②。

（2）跨模态资源生成。跨模态资源生成主要包括文本到图像、文本到音频、图像到文本、图像到视频等情况。大模型在接到教师输入的文本信息后，抽取其中的关键信息，利用跨模态资源能力在不同类型媒体内容之间建立语义关联，合成新的教学资源。通过以上过程，大模型可以将某一形式的教学资源转换成其他多种模态。例如将文本资料转换为有声读物或视频讲解，或者将静态图表转换为动态的可视化展示，将科学概念转换为动画视频等，使得教学资源更加生动和灵活，促进学生从不同角度理解和掌握知识点，也为存在视力障碍或其他特殊情况的学生提供帮助。

（3）课程知识图谱搭建。在大模型的支持下，知识图谱建设工具可以快速生成课程知识图谱，清晰呈现图谱内不同知识点间的关联关系、知识点属性等，为课程资源建设奠定坚实的基础。利用课程日常教学中的教材、音视频、教学课件等材料，大模型可以提取和分析其中的关键信息并进行比对，在元知识库等的辅助下形成课程知识图谱。

（4）课堂实录资源结构化。大模型能对不同课型的授课内容进行理解分析和提炼总结，生成结构清晰的课堂实录视频和文本，并以图文并茂的形式展示课堂脉络，作为学生课后复习巩固、教师教学反思和教育教学研究的重要资源。在生成课堂实录的过程中，大模型可以从录制的课堂视频内容中提取关键信息，然后结合基于规则库的知识点处理技术对这些信息进行分类，从而保障生成的课堂实录文本中关键信息的完整性和准确性，并基于课程纪

① Lewis P, Perez E, Piktus A, et al. Retrieval-Augmented Generation for Knowledge-Intensive NLP Tasks[EB/OL]. (2020-05-22)[2024-04-18]. http://arxiv.org/abs/2005.11401v1.

② 陈静远，胡丽雅，吴飞. ChatGPT/生成式人工智能促进以知识点为核心的教学模式变革研究[J]. 华东师范大学学报(教育科学版), 2023, 41(07): 177-186.

要生成课程脉络的思维导图。大模型还可以呈现关键环节的切片视图，便于快速浏览实录内容和定位具体知识点，并就教学行为、课堂问答、学生学情等方面给出具体的分析和针对性建议，助力教师发展和教学质量提升。

表4-2　教学资源协同共创典型场景

场景	教师	大模型工具
高效资源检索	教师可根据实际需要采用多种方式进行检索： ①直接输入关键词或提示词。 ②输入网址和提示词。 ③上传一篇文档，并输入针对文档的相关检索问题。 ④在内置了大模型的电子教材、教学课件、浏览器网页等页面中，通过“划词”等便捷操作进行快速检索。	此类工具可结合知识库和联网资源输出检索到的资源，并提供资源的来源，支持对输出内容的每个部分进行索引。
跨模态资源生成	①设计资源内容和形式，输入包含目标资源的主题、内容、形式和具体要求的提示词，也可以加入对教学需要和期望达到的效果的描述，获取不同模态的资源。 ②为了发挥不同工具的优势，可能需要使用多种大模型工具操作。	面向多模态资源需求，多个大模型工具提供了多样化的内容生成服务和便捷化、细致化的操作选项，帮助教师快速生成需要的个性化资源。 例如，“讯飞智作”支持教师围绕某一知识点生成文档，该文档可作为微课的主要内容，同时提供了虚拟人讲师的形象、声音、动作，以及页面排版等多种选择。
课程知识图谱搭建	提供教材、音视频、教学课件等材料，根据需要梳理构建课程知识图谱所需的框架和内容。	知识图谱建设工具可快速生成课程知识图谱，可视化呈现不同知识点之间的关联关系、知识点属性等信息。
课堂实录资源结构化	①教师在上课前打开视频录制按钮和板书采集等相关功能，然后进行教学视频录制。 ②教师将大模型生成的课堂纪要和思维导图等资料分享给学生，供其进行课后巩固复习。	大模型对教师的授课过程进行全面记录和分析，包括声音、文字、屏幕画面等多种数据的捕捉和整合，生成课堂纪要和思维导图。 例如，“星火智慧黑板”可以将云端的视频进行识别和分解，对授课内容进行自主分析，结合教学环节和课程内容生成课程纪要、课程脉络思维导图，并支持教师对其进行查看、编辑、导出、分享等，便于教师进行课堂总结。

在应用大模型进行教学资源生成时，教师需要注意以下事项。①教师应注意检查生成的资源是否符合学科课程标准要求，是否适合学生的学习水平、兴趣，是否体现课程目标。如果资源存在不符合要求或不适用的情况，教师需要向大模型指出问题并输入正确有效的信息补充，使之提供准确、适切的教学资源。②在教学中应用大模型生成的教学资源，应视情况上传分享给学生与其他教师，并注意收集来自学生和同行的评价，结合教学资源应用情况进行意见反馈，促进系统对资源生成持续改进，使其更加符合教学需求。③尊重知识产权，正确引用或使用获得授权的由大模型生成的素材。

案例4-2　GenAI辅助教师生成多样化教学资源*

安徽省合肥市第七中学作为中小学人工智能教育基地，持续开展智慧校园建设，积极探索智能技术与教学的深度融合。本案例以林老师在《林教头风雪山神庙》这一课中的相关应用为例，介绍GenAI在高中语文学科中的应用。《林教头风雪山神庙》选自部编版语文教材高一必修下册，是经典章回体小说《水浒传》中的精彩篇章，情节、人物、环境浑然一体——人物行动构成了情节，社会环境造就了人物，自然环境衬托了人物。教学时教师需要引导学生思考社会环境对人物命运的影响，帮助学生理解看似巧合的情节中现实的逻辑链条，体会小说引人入胜的叙事手法。林老师根据教学需要，将“星火教师助手”运用于生成课件、制作思维导图、生成教学图片、补充拓展知识等多个环节。

（1）生成课件和思维导图

林老师在准备教学资源时，首先利用系统的“单元教学规划”功能生成该单元的教学规划，然后在此基础上一键获取了对应课件。林老师对课件进行了修改和编辑，利用系统丰富的素材库为课件插入配图、视频，生成了思维导图，进行了文本编辑等操作。其中，为了清晰地梳理林冲的生平经历，帮助学生更好地了解故事背景、人物性格特点以及故事情节，林老师利用教师助手将

* 本案例资料由安徽省合肥市第七中学提供。

文字转化为“林冲的遭遇与经历”思维导图。

（2）生成教学图片

为了丰富学生的学习体验，帮助他们理解人物形象，林老师利用教师助手的“提供配图”功能寻找合适的林冲图片。在对话框中输入对图画的描述，系统可以在资料库中已经存在的林冲图片的基础上，利用GenAI技术生成新的图片。根据系统输出的结果，还可以进一步提出更细致的图片要求，如“林冲拿着花枪”。

（3）拓展文本资源

为了帮助学生理解林冲的人物形象随着情节的变化由“忍”变“狠”，林老师希望为学生提供不同历史时期的文学评论家对林冲的评价。他输入提示词“金圣叹如何评价林冲”“鲍鹏山如何评价林冲”，教师助手准确提供了相应的材料。这些材料可以帮助学生更好地把握林冲的性格特点、行为动机，激发学生的思考，促使学生形成自己的见解，培养批判性思维。

大模型工具为教师提供“一站式”教学资源服务，提高备课效率。在它的支持下，林老师高效制作了清晰的思维导图，快速完成了符合需求的教学配图，获得了拓展文本资源。这些资源内容准确且结构清晰，应用到教学中，可以帮助学生更好地理解教学内容，激发学生的高阶思维。

案例4−3 GenAI助力高效制作微课视频*

面对开放远程教育每年300万英语学生群体，国家开放大学做了大规模调查访谈，在前期针对个性化学习需求的多模态教学改革基础上升级迭代，启动人工智能赋能英语智慧教学改革。改革内容包含了多个方面，其中，在课程资源建设方面，依托GenAI技术，利用虚拟教师进行课程微课资源定制，提升微课资源建设成效，丰富教学资源形式。本案例以“国家开放大学学士学位英语”课程的词汇“generate”一讲为例，介绍教师利用GenAI技术进行微课视频制作的过程。

* 本案例资料由国家开放大学外语学院提供。

（1）利用大模型文本生成能力，准备课件等微课素材

为了提升微课素材准备的工作效率，教师采用“讯飞智文”PPT创作模块导入教案。该工具可以深入理解、精准分析教案内容，自动生成与教案对应的课件框架。教师对系统生成的课件框架进行精细调整，并在系统引导下选用合适的课件模板快速生成课件内容。课件不仅包含具体的知识点内容，还生成了“演讲备注”，这些备注可作为讲课稿使用。教师可以通过撰写助手或手动方式修改这些内容，满足个性化教学需求。

（2）利用数字虚拟人，制作微课视频

在微课视频的制作阶段，教师在“讯飞智作”平台上传经过修改的课件。为提升微课吸引力，教师加入该平台预制的虚拟人形象。这些虚拟人是基于语音合成、人脸建模、唇形预测、图像处理等多项人工智能技术生成的，能够模拟生动有趣的讲课场景，可直接点选使用。在这节课上教师精心挑选了一个与课程主题相契合的形象，并选择了与之匹配的声音类型，设置了停顿、换气位置、动作等参数，使虚拟讲师的授课更加流畅自然、富有表现力。

（3）预览微课视频，审核、修订并导出

教师在平台实时预览和试听，仔细审核微课的音视频效果，进行必要的编辑修订，可优化内容包括语音的清晰度、虚拟人动作的自然度、内容的准确性等。经过试听和修订，在确认微课内容无误后，教师可在平台上导出视频。

在讯飞智文、讯飞智作平台的助力下，教师高效完成了《核心词汇：generate》微课制作。国家开放大学将GenAI应用于微课资源建设，创新了教学资源建设模式，提升了微课制作效率，缩短了资源建设周期，节约了资源建设成本，进一步丰富了教学资源形式。

4.2.3 人机协同课堂互动

课堂互动是将参与到课堂教学过程中的各个主要因素都调动起来，以实现教育教学目标为中心，从而产生积极的交互作用[1]。在教学实践中，学生与

① 钟启泉．“课堂互动”研究：意蕴与课题[J]．教育研究，2010，31(10)：73-80.

教师及同伴之间的互动对于提高学习动机、保持专注力和课堂参与度至关重要，因为互动能够激发学生对学习的深度思考，从而促进有效、高效且投入的教学①。但是在传统的课堂教学中，由于时间和空间的限制，课堂互动效果常常不够理想，例如，课堂互动活动往往是师生围绕知识点进行问答，互动内容的丰富性有所欠缺，互动形式单一。此外，由于学生人数众多，教师常常难以兼顾每个学生的问题，无法及时回应。为了解决传统互动模式中的问题，教师可积极探索引入诸如GenAI等前沿技术手段，以实现教学互动的均衡化、高效化和多样化。

大模型在课堂中与师生开展问答互动，利用虚拟数字人等技术助力互动情境创设，并作为AI助教或学伴参与课堂互动，为师生提供更加个性化、更有互动性的教学体验。如表4-3所示。

（1）创设互动情境。大模型支持教师创设个性化的互动情境，通过虚拟数字人技术实现角色扮演和场景模拟互动，从而激发学生的学习兴趣。在创设互动情境时，教师可以选择使用现有的数字人或自行创建数字人。第一，形象定制。教师可以根据教学场景的需求选择或定制数字人的外貌特征，例如在历史课上，选择或定制一位古代人物；在科学课上，选择或定制一位科学家形象。第二，声音定制。教师选择复刻真人音频或生成符合角色特征的声音，例如在历史课上为古代人物配上富有时代感的声音，在科学课上为科学家配上严谨而专业的声音。第三，动作与表情定制。教师可以设置数字人的动作、表情风格及互动方式，从而增强数字人的真实感和互动性，使其更加符合课堂情境。

（2）AI助教或学伴互动。大模型可以在课堂上实现与师生的实时互动，在课堂教学中充当助教或学伴角色，为师生提供教学过程的交互式支持，如解答学生疑问、提供即时反馈等②。以虚拟数字人为例，通过语音识别、语义理解

① Kybartaite A, Nousiainen J, Malmivuo J. Technologies and methods in virtual campus for improving learning process[J]. Computer Applications in Engineering Education, 2013, 21(01): 185-192.

② 张锋，梁伯聪，范桂佳．“生成式人工智能+讲师”双师互动培训模式构建与应用[J]. 教育与装备研究，2024，40(02): 93-96.

技术，数字人能够准确捕捉学生的语音输入，理解学生的意图并作出相应的回应，然后结合过往问答记录和专业知识库知识，基于文本生成能力生成适切且丰富的回答，通过语音合成技术，用自然流畅的语言与学生进行交流。

表4-3 人机协同课堂互动典型场景

场景	教师	大模型工具
创设互动情境	基于教学需求，教师设计具体的互动情境，选择或定制虚拟数字人，设计数字人的外表、声音、动作等特征，以便在互动过程中更好地扮演预设角色。 以创设古诗词教学情境为例，教师可以： ①选择使用李白、苏轼、诸葛亮等虚拟人的形象，这些虚拟形象在与学生互动时，会即兴赋诗。 ②根据需求定制数字人，可以通过拍摄真人视频制作2D数字人，也可按场景定制3D数字人。例如，可选择一个古风人物形象，设定人物风格为自然流畅或诙谐幽默等；可选择一种声音并调节语速、语调，导入文件设计交互内容；还可设计人物的动作和表情，从而使人物更加生动。	大模型工具提供了相关角色形象选择（包括小说人物、古代人物、外籍人物等），或提供虚拟人定制服务（包括形象、语音、内容、情感、风格等，或生成本人的复刻形象和音频，让数字人代替真人发声），并支持对话交互。
AI助教或学伴互动	在课堂上，教师需要引导学生参与互动教学活动，鼓励他们向虚拟人提问，进行讨论和分享，通过实时的问答互动，深化学生对知识点的理解。 例如，学生向虚拟人物李白提问“请写一首与晚霞有关的诗”，通过与李白对话感受古诗词的魅力。	大模型在对话过程中快速识别学生提问中的关键词，并根据对课前老师所提供的相关材料的学习理解，输出贴合互动场景和学生水平的回答。 例如，在学生提问后，虚拟人物李白回答：“晚霞映照天边红，千里江山如画中。金光闪烁似锦绣，醉卧云端沐晚风。”

在应用大模型工具进行课堂互动时，教师需要注意以下事项。①围绕教学内容，机动灵活地使用大模型工具开展课堂互动，使全体学生都能积极参与，保证学生课堂参与的公平性、随机性与真实性。②注意课堂氛围和秩序的把握，做到活跃而不混乱。教师要充分备课，对授课内容特别是具有交互性的内容拟定详细的提纲，提问、讨论、启发的问题应难易适中，时间安排上有计划性。③在使用大模型工具进行互动教学时，教师应严格遵守数据隐私和网络安全的相关规定，确保学生的个人信息和学习数据得到妥善保护，防止数据泄露和滥用。④注意人机互动场景的选择。并不是所有的课堂问题

都适合使用人机互动，当问题的答案不利于机器收集整理或者答案内容过于冗余时，人机互动不仅不会起到促进作用，甚至还可能影响课堂进度、抑制教学效果。

案例4-4　大模型助力开展课堂互动*

为培养学生的自主学习能力、实践创新能力，安徽省合肥市师范附属小学肥东分校开展了《AI与智慧生活》等一系列特色课程，借助搭载大模型的“奇思妙问”课堂工具，为教学注入新的活力。《智慧医疗》是其中的一节课，主要目的是让学生了解智慧医疗如何在生活中解决实际问题，激发学生对智慧医疗的好奇心。虚拟人物“图灵”在该节课中提供即时问答服务，解答学生的各种疑问，并参与课堂延伸讨论，输出相应观点。

（1）创设互动情境，选择数字人角色

“奇思妙问”系统中提供了丰富的数字人形象供教师选择：“爱因斯坦”可以讲解科学知识，“李白”可以与学生吟诗作对，“孔子”可以辅助学习中华传统美德。根据本节课的授课内容，教师选择了虚拟人物“图灵”作为互动形象，用于辅助讲解人工智能相关知识。

（2）学生与虚拟人围绕课程内容互动问答

在课程探究实践环节之后，教师引导学生与虚拟人物“图灵”互动，解决他们对智慧医疗的相关疑问，激发他们对智慧医疗的深入思考和探究。教师首先示范提问方式，比如：“智慧医疗如何帮助医生更好地诊断疾病？”“目前智慧医疗面临的最大挑战是什么？”然后引导学生提问。如图4-2所示，有学生提问：“智慧医疗可以代替传统医院吗？”“图灵”回答道：“智慧医疗像超级助手，使医生看病更快更准。但传统医院也很重要，因为医生、护士能给我们温暖的拥抱和关心，所以智慧医疗和传统医院一起，让我们更健康！”学生通过与虚拟人物“图灵”对话，及时解决了课堂上产生的各种疑问。

* 本案例资料由安徽省合肥市师范附属小学肥东分校提供。

图4-2 学生与虚拟人物图灵的问答交互

（3）围绕学生创新想法开展课堂延伸讨论

在课程最后，教师引导学生将关于智慧医疗的一些创新想法与虚拟人物“图灵”进行讨论。有的学生通过课程的学习，产生了机器代替人类身体的猜想，于是提问道：“机器能够代替人类身体吗？”虚拟人物“图灵”回答：“机器不能代替人类身体。就像玩具车不能变成真车一样，机器是帮助我们做事的工具，但它们没有心跳、感觉或想法。我们的身体很特别，能跑能跳还能感受世界的美好。所以，机器和我们是不同的哦！”其他学生继续追问：“那机器可以帮助瘫痪患者更换一个大脑使其获得健康吗？”“图灵”回答：“身体的其他器官，例如心脏、肾脏这些器官是可以移植的，但是，机器现在还不能帮人换大脑哦，且大脑移植还会涉及伦理问题。科学家们正在努力工作，希望将来能够帮助更多需要帮助的人。这真的很棒，不是吗？”教师适时就“图灵”的回答内容引导学生进行深度思考。有学生对此表达自己的观点：“即使现在没有换脑手术，以后可能有，但就算成功了也不行。因为这样他就不是本来的自己了。”学生通过这样的讨论，加深了对科学技术的认识，明白科技发展要朝着对人类有益的方向进行。

搭载大模型的虚拟人物的实时问答服务，增加了学生提问的机会，使“师—生—机”交互更加频繁。通过虚拟人物的引导和互动，学生们不仅是课堂的参与者，更是知识探索的主动思考者，大模型增强了学生们对课堂知识理解和AI技术的兴趣。

4.2.4 科学实验智能助教

科学实验是广大青少年提升科学素养的“主粮”[①]。在科学实验教学过程中，学生可以亲手操作实验设备，观察现象、分析问题，从而加深对知识的理解和掌握，提高实践操作能力，进而提升创新思维和解决问题的能力。《教育部关于加强和改进中小学实验教学的意见》指出，实验教学是国家课程方案和课程标准规定的重要教学内容，是培养创新人才的重要途径。为构建高质量中小学科学教育体系，我们要重视科学实验、改善实验条件，保障实验教学时间、提高实验教学质量[②]。虽然科学实验教学的重要性已得到广泛认可，但在实践中还存不少难题亟待解决。在实验条件方面，尽管大部分器材能基本满足教材要求，但显然无法满足学生日益增长的创新与探究需求。一些学校的实验设备已显陈旧，设计感不强，且存在老化和损坏的问题。这不仅影响了实验结果的准确性，也降低了教学效果，削弱了学生的兴趣与参与度。在实验内容和时间安排方面，实验活动多局限于课本内容，步骤过于统一，缺乏灵活性和创新性。为节省时间和避免设备损坏，教师往往按照固定步骤指导学生进行实验，这限制了学生独立思考和探究的空间。在教学方法方面，教师往往按照步骤一步步讲解，要求学生记住实验步骤。学生也只是机械模仿和完成任务，对实验的理解不够深入，也并没有探究的动力。这导致大部分学生、甚至教师对物理实验的理解停留在表面，思维受到局限，无法深入[③]。GenAI的快速发展为解决上述问题提供了新的解决方案。

为了提升科学实验教学的效果，我们可以构建专业的科学教育大模型。

---

① 郭传杰. 科学实验也是科学素养教育的“主粮”[N/OL]. 中国科学报，(2021-02-04)[2024-06-20]. https://news.sciencenet.cn/sbhtmlnews/2021/2/360617.shtm.

② 王嘉毅. 开辟新时代中小学科学教育新赛道[J]. 上海教育，2024，(07): 1.

③ 叶雅婧，林枝钦，石红燕，等. 重视实验教学，培养学生的核心素养[J]. 社会科学前沿，2017，6(12): 1527-1531.

专业知识库对于科学教育大模型的建立非常重要。我们可以收集科学教育领域的教材、实验指导、教学视频、学术论文等资源，构建一个包含实验原理、操作步骤、安全规范、实验器材等信息的专业知识库。基于该知识库，经过模型架构设计、训练与优化，建立科学教育大模型，支持实验设计方案生成、实验伴随指导、实验评估建议等场景开展。如表4-4所示。

（1）实验设计方案生成。科学教育大模型能够高效识别和理解教材内容与教师输入的相关信息，在科学教育知识库中检索相关内容，链接与之对应的实验设计方案，有效辅助教师进行实验设计和准备，帮助学生高效掌握相关知识。实验设计方案包含实验目的、实验准备、实验步骤、实验预期结果，以及实验注意事项、实验教学引导、实验观察引导等。

（2）实验伴随指导。科学教育大模型可以在实验过程中作为智能助教，理解并实时回答学生提出的问题，提供操作指导和原理解释等帮助，精准推荐相关学习资源，促进实验的顺利开展，提升学习体验。推荐的学习资源可能包含实验原理解释和实验演示视频等。实验原理解释不仅包括对相关现象科学原理的解释，还包括该现象的价值和意义、在生活生产中的应用、拓展阅读资源等内容。实验演示视频则呈现用品展示、操作演示、注意事项提醒和结果分析等内容，强调实验过程中的关键点和常见问题的解决方案。

（3）实验评估建议。科学教育大模型能够理解学生的实验报告，诊断学生的实验操作情况，并据此输出评价意见和针对性建议，以促进学生实验技能的提升。科学教育大模型在对学生上传的实验报告进行识别和理解后，通过分析学生实验数据中的模式和趋势，判断其实验结果的合理性和准确性，再基于其已有的专业知识和评价规则，对学生的实验过程进行诊断，发现可能的错误或不足之处，并提供专业的指导和改进建议。

表4-4　科学实验教学典型场景

场景	教师	大模型工具 （以科学教学平台为例[①]）
实验设计方案生成	教师根据实验教学需要，自主输入实验名称、化学方程式、物理概念等内容，或者对教材中的相关内容进行划词，获取实验活动相关资源，用于实验设计或实验演示。 以“热对流”这节课为例，在科学教学平台的支持下，教师在电子课本中对实验名称“研究热在空气中的传递”进行划词后，快速获得对应的实验设计方案参考。	基于OCR识别和资源推荐等技术，为师生推荐相关的实验资源和科学知识讲解。 以“热对流”这节课为例，根据教师的划词“研究热在空气中的传递”，科学教学平台生成了针对该内容的实验活动设计方案。
实验伴随指导	教师指导学生在平台上进行虚拟实验，并通过平台监控学生的实验进度，提供实时指导。当学生有疑问时，可以随时向系统提问并获取回答。 例如，教师引导学生思考各个实验仪器的作用，并向科学教学平台的虚拟科学家提问。	①系统可以理解学生在实验过程中提出的问题，并即时解答。例如，有学生问：“研究热在空气中的传递，为什么在这个实验里要用玻璃罩呢？”针对学生的这个疑问，虚拟科学家即时给出指导：“玻璃罩在这个实验中就像一座透明的小温室，它帮我们把实验区域围起来，保护里面的空气不被外面的风和杂乱无章的东西打扰。这样，我们就能清楚地看到热量是怎样在空气中慢慢传播的……” ②系统还推荐了学习该内容所需的可交互的实验演示视频等资源。实验演示视频呈现了在红外热成像仪下每根金属棒不同位置的温度分布情况。
实验评估建议	教师指导学生上传自己的实验报告，参考系统输出的评估意见为学生提供个性化的反馈和建议。	自动分析实验过程，汇总实验过程数据，自动生成评价报告，帮助教师追踪学生的学习进度。科学教学平台针对学生上传针对学生课堂实验情况进行个性化诊断和辅导。 以某学生的实验报告为例，系统评估出该生科学推理能力强、科学论证能力有进步空间等，充分肯定该生能很好地观察水变成气泡的过程，并提出问题启发其思考。

① 科大讯飞智慧教育．AI科学教育解决方案｜AI赋能，让孩子们“AI”上科学[EB/OL]．(2024-08-26)[2024-08-28]．https://mp.weixin.qq.com/s/a32IT7EGHSYU-OyrH6ungg.

在应用大模型开展科学实验教学时，教师需要注意以下事项。①课前对实验设计方案进行充分的审核和验证，确保其能准确反映实验过程和结果。②在实验过程中，教师应提供适时的指导和帮助，确保学生能够正确使用大模型工具顺利开展实验。③避免枯燥地进行实验教学，鼓励学生利用大模型采用多种方式开展实验和探索未知领域，培养学生的创新思维和解决问题的能力。

4.3 学习应用场景

在学习领域中，GenAI正日益展现出其独特优势，作为“智能学伴”给学生学习带来更为高效、精准和个性化的体验，从答疑辅学、阅读陪伴、口语对话、编程学习、心理疏导等方面促进学生的学习和发展。

4.3.1 个性化答疑辅学

学生在课后自主学习过程中，经常遇到知识点困惑和作业疑问，因此答疑辅学就变得尤为重要。随着人工智能技术的发展，基于智能技术的辅导工具能够为学生提供及时高效的练习辅导和问题答疑等服务。目前虽然这些智能辅导工具在答疑辅学方面进行了一定探索，但仍然存在一些问题。一是在练习辅导过程中缺乏对学生的启发和引导，一些智能辅导工具会一次性完整地呈现题目答案和解题步骤，使得学生在理解和掌握题目知识点的过程中缺乏主动思考和探索，这不利于学生牢固地掌握知识点，也不利于学生解决问题能力的提升。还有一些智能辅导工具按照固定步骤引导学生进行思考和解答，但固定的引导步骤往往无法满足不同学生的个性化学习需求。二是无法提供跨领域和个性化的问题答疑服务，存在跨领域知识解答能力弱、理解学生对话意图能力弱和对学生学习困难感知不足等问题[①]。智能辅导工具通常基于预先设定好的查询和答案之间的对应关系，通过关键词匹配和信息检索

① 李康康，卢颖翔，杨现民．大语言模型赋能智能学伴：系统架构与风险防控[J]．现代远程教育研究，2024，36(03)：20-28.

技术来提供解答反馈[①]。当回答学生提出特定领域的问题时,因缺乏足够的上下文理解和推理能力[②],其生成答案的准确性和有效性难以得到保证。GenAI技术的突破和发展为解决这些问题提供了新思路。因此,利用GenAI技术打造相应的智能辅导工具是未来的发展趋势之一。

大模型凭借其强大的言语理解和内容生成能力,结合庞大的知识库信息,可以提高智能辅导工具答疑的适切性和准确性,为学生提供专业准确的个性化答疑服务,还可以通过启发式提问的方式引导学生进行深度思考,有效提升智能辅导工具的答疑辅学效果,进而提升学生的学习效果。如表4-5所示。

(1)个性化问题答疑。问题答疑由学生发起对话。学生在自主学习过程中产生疑问时向大模型提问,大模型可以基于检索增强技术(RAG)从一个庞大的知识库中检索高质量信息,生成相关性更高的和更有意义的回答内容[③],满足学生的个性化学习需求。大模型开展个性化问题答疑的主要环节包括提取问题关键词、信息匹配、生成答案等。第一,在提取问题关键词环节,大模型接收到学生输入的问题后,对问题文本进行关键特征的提取,从而确定问题的关键词。如果问题文本中缺失了部分关键信息,大模型会生成提示问题,引导学生进行关键问题信息的补充。第二,在信息匹配环节,大模型会根据问题关键词匹配问题场景和对应的学科专业知识库。第三,在生成答案环节,大模型凭借其问题推理和文本生成能力,结合学科专业知识库信息生成问题答案。

(2)启发式练习辅导。练习辅导可由大模型发起对话。针对学生在练习中出现的错误,大模型对学生进行启发式提问,并根据学生的回答内容进行多轮引导,启发学生自主思考解决问题,帮助学生完成错题的纠正,并提高思考能力和问题解决能力。大模型开展启发式练习辅导的主要环节包括问题生成和多轮问答等。第一,问题生成。大模型接收到题目信息后,可以凭借

① 姚元杰,龚毅光,刘佳,等. 基于深度学习的智能问答系统综述[J]. 计算机系统应用,2023,32(04):1-15.

② 鲍军威. 基于知识的自动问答与问题生成的研究[D]. 哈尔滨工业大学,2018.

③ 顾小清,刘桐. 大模型时代的智适应学习研究:进展、实例与展望[J]. 中国教育信息化,2024,30(05):55-66.

其学科专业能力将题目信息与试题库信息进行匹配，快速确定答题步骤，再利用文本生成能力生成每个步骤对应的启发式问题，随后对学生进行多轮提问。第二，多轮问答。学生在对问题进行回答后，大模型会利用其语义理解能力对学生的回答进行正误判断和意图识别。当学生犯错时，大模型会即时提供反馈提示和引导性问题，辅助学生进行错误纠正和修正，引导学生按步骤正确回答问题。

表4-5　个性化答疑辅学典型场景

场景	学生	大模型工具
个性化问题答疑	在学习过程中存在疑问时，学生针对自己的疑惑点向学习系统中的AI答疑助手进行提问，根据AI答疑助手的反馈和提示，补充问题信息，并通过多轮对话互动，得到问题的准确答案，同时可以学习AI答疑助手总结的相关知识点及其回答中引用的资源。 例如，高校某专业学生在学习微积分课程时产生了对于“基本初等函数”这个知识点的疑问，于是向AI答疑助手进行提问：“基本初等函数的应用有哪些？”在AI答疑助手完成回答并给出提示引导后，学生根据其提示引导信息进行补充追问：“请提供三个关于基本初等函数在实际生活或科学研究中应用的案例。”	AI答疑助手接收到学生输入的问题后，理解并分析问题信息，提示学生补全信息，与学生开展多轮对话互动，输出针对学生的个性化回答，并总结相关知识点，列出引用资源出处（包括书籍、文献期刊、网络文章等）。 例如，AI答疑助手收到学生提出的关于“基本初等函数”的问题，结合课程内容进行回答：“基本初等函数是指……这些函数在数学中有着广泛应用，例如在统计学、概率论等领域……”并在回答后提供“函数”“初等函数”等关联知识点的讲解，最后列出问题答案和知识点所引用的资源出处。
启发式练习辅导	在自主练习过程中出现错题或对题目存在疑问时，学生唤出AI老师进行辅导讲解，思考和回答AI老师提出的启发式问题。通过多轮问答互动，最终完成对练习题目的正确解答，理解并掌握相应的知识点。 例如，学生在AI学习机中进行英语语法选择题练习，做错一道题后，根据AI老师的提问引导，依次进行题干翻译理解、语法知识点分析、选项分析等步骤，最终找到正确选项。	①AI老师根据步骤依次向学生进行启发式提问，引导学生按逻辑顺序逐步进行思考和回答。 ②在多轮问答互动过程中，AI老师会诊断出学生回答中的错误，并引导学生进行纠错和改正。 ③在学生完成整个练习题目的问答并正确解答后，AI老师进行练习总结，梳理题目知识点和解题方法等，并推荐针对性的学习资源和习题资源。 例如，AI老师首先确定英语语法选择题的答题步骤，包括题干翻译理解、语法知识点分析和选项分析等，按步骤顺序依次生成“这道题的题干你是怎样理解的”“这道题考查了什么语法知识点”“选项A为什么错了”等一系列问题，引导学生得到正确选项，并总结此题考查的动词不定式语法知识点。

在应用基于大模型的智能辅导工具进行个性化答疑辅学过程中，学生需要注意以下事项。①警惕“回音室效应”。大模型可能会产生较为固定的标准答案，限制学习者接触不同观点和替代观点，导致“回音室效应”，妨碍学习者独立思考。②培养批判性思维。中小学生要学会批判性地分析大模型提供的知识信息，避免过度依赖大模型辅导，并注意在教师或家长的指导下使用。

案例 4–5 AI老师进行一对一答疑辅学*

郭同学目前是一位小学五年级的学生，之前在课后进行自主学习时，难以独立评估自己的学习薄弱点，对已掌握的知识点理解不够深刻，缺乏针对知识点的巩固练习，面对错题也不知道如何去总结，只能死记硬背，导致重复犯错。为了解决上述问题，郭同学在家长的指导下，借助AI学习机的答疑辅学功能来学习。AI学习机搭载了语言大模型，可以像真人老师一样实时进行专业的对话式答疑辅导，还采用启发互动式的学习方式，一步步引导学生通过自主探究和主动思考来寻求解答。

（1）启发式提问引导

如图4–3所示，郭同学在做选择题时做错了一道题，看了答案解析后还是存在疑惑，需要更详细的答疑辅导，他请教了AI老师。进入AI答疑辅学界面后，AI老师以提问的方式发起会话：“先让我们理解题目和选项的含义，你看过题目和选项了吗？理解得怎么样？”郭同学根据自己的实际情况回答：“题目我看懂了，但选项我不太明白。”随后AI老师对选项进行了详细讲解，进一步提出问题，通过提问的方式进一步引导郭同学自主思考得出答案。

* 本案例根据湖北省武汉市江岸区堤角小学提供的相关材料整理。

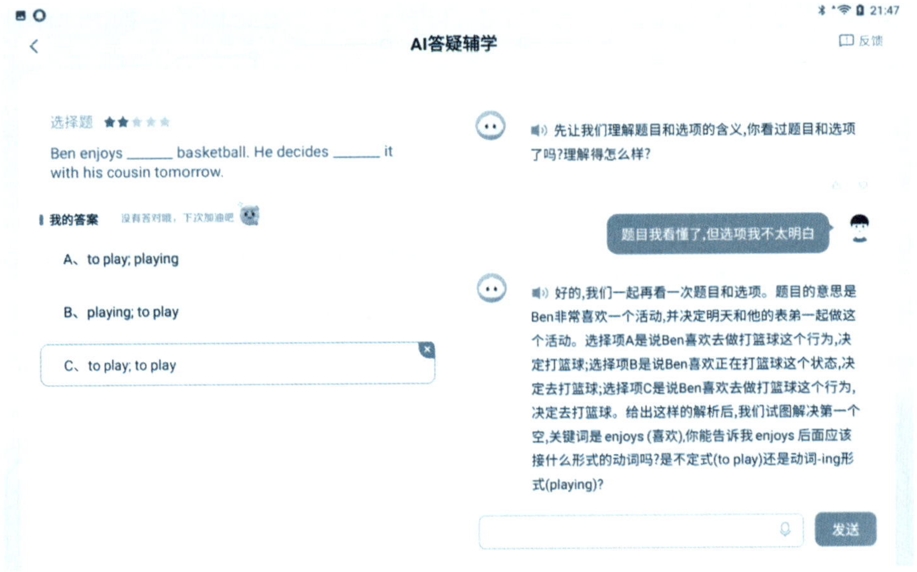

图4-3　AI老师进行引导提问

（2）错误识别与纠正

当郭同学做错一道阅读理解题目时，AI老师通过多轮对话，引导郭同学对每个步骤进行充分思考，并在过程中精准识别出他出错的原因，再进行针对性讲解。

（3）解题方法指导

郭同学在做阅读题过程中，不清楚文章主旨类题目的解答方法，于是主动向AI老师提问：“如何找到文章主旨呢？”AI老师给出了具有针对性的解题方法。随后郭同学运用刚学到的解题方法完成了题目的解答。AI老师在帮助学生解决困惑的同时，还给出了该类题的答题方法和技巧，帮助学生做到触类旁通。

（4）总结知识点

郭同学完成一道题目的相关学习后，AI老师会对题目考查的知识点进行全面总结，通过归纳题目中的知识点，巩固强化学生的记忆。

通过上述环节，郭同学在AI老师的辅助下，通过对话互动的方式主动思考，并掌握了题目背后的知识点。这一过程中，基于大模型能力的AI老师展现出其独特的优势：首先，AI老师通过启发式提问，以一问一答的方式，引导学生主动思考，串联知识点；其次，AI老师可以及时对学生主动提出的个性化问题进行专业的解答，还能给出有针对性的答题方法和答题技巧；再次，AI老师可以识别出学生在题目中具体的错误点和错误原因，帮助学生进行纠错；最后，AI老师可以自动总结题目背后的知识点，帮助学生巩固记忆，促进学生做到举一反三。

4.3.2 启发式阅读助手

培养学生的阅读能力是实现学生核心素养培养的重要途径，有助于促进学生的个体成长和学习能力发展，增强其社会适应能力。但学生在自主阅读过程中，会面临缺乏有效的启发引导和个性化辅助等问题。一是学生在阅读过程中缺乏深度思考，并且无法得到有效的启发和引导，没有掌握正确的阅读方法和技巧，导致对阅读材料的理解和掌握程度不够深。二是学生在阅读过程中可能会产生字词含义不清楚、文本中心主旨不明确、人物性格剖析不准确等个性化问题，若无法获取精确且全面的解答，可能会影响阅读学习的效果。在阅读场景中引入GenAI技术是未来的发展趋势之一。

大模型可以在辅助学生阅读过程中发挥文本理解、情感分析和问题生成等优势，通过生成启发式问题，引导学生对阅读文本进行深度思考。当学生在阅读过程中产生关于字词解释和内容理解的个性化问题时，大模型还能够进行及时解答。如表4-6所示。

（1）启发式引导。启发式引导即通过提问的方式来引导学生对阅读文本进行思考。大模型首先可以利用其问题生成能力生成基于阅读目标的问题，对学生进行多轮启发式提问，引导学生深入思考阅读内容，并利用其教育专业能力对学生的回答进行评估和分析，提供个性化反馈，深化学生对文本的理解，提升他们的阅读质量。大模型开展阅读引导的主要环节包括问题提出、回答评估、引导思考等。第一，问题提出。学生在阅读过程中或阅读完成后，大模型利用其问题生成能力，生成针对文本的思考问题，促进学生深度思考。第二，回答评估。大模型利用其教育专业能力判断学生的答复内容是否正确和完整。第三，引导思考。当学生答复内容不正确或不够全面时，大模型会与学生展开问答对话，启发学生进行深度思考，引导学生改正或补全答复内容。

（2）过程式伴读。过程式伴读即构建开放自由的问答环境，在阅读过程中对学生产生的问题和困惑进行解答，帮助学生便捷地解决阅读中的问题，提升阅读效率和阅读体验。大模型基于RAG技术，结合接入的字词和阅读等专业知识库，精准识别并检索学生提出的字词及理解等问题，随后运用其文本生成能力给出解答。解答内容主要涵盖字词解析和阅读理解两个方面。在字词解析方面，当学生对阅读文本中的字词产生疑问时，大模型利用RAG技术和接入的专业字词知识库，生成目标字词的含义、出处和用法示例等信息。在阅读理解方面，当学生在理解阅读材料遇到困难时，大模型提取阅读文本中的关键信息，与知识库链接，构建全面的知识体系，并据此提供精准的回答。

表4-6　启发式阅读典型场景

场景	学生	大模型工具
启发式引导	学生回答AI伴读助手提出的启发式问题，根据AI伴读助手的反馈进行多轮问答，在问题思考和对话互动中加深对文本的理解。 例如，学生读完《丑小鸭》的故事后，进入阅读引导对话窗口，针对AI伴读助手提出的“丑小鸭为什么一直想要到更广阔的世界去”这一问题展开了多轮回答和讨论。在AI伴读助手的引导下，通过自主思考认识到了“丑小鸭向往外面的世界，向往自由”这一深层次原因。	AI伴读助手识别学生的阅读进度，向学生提出启发式问题，当学生的回答不正确或不完整时，再提出用于引导学生思考和正确回答的问题，直到学生能正确回答所有问题。 例如，在学生读完《丑小鸭》的故事后，AI伴读助手生成问题：“小朋友，你觉得丑小鸭为什么一直想要到更广阔的世界去呢？”学生未正确回答，AI伴读助手进行启发式引导提问：“没关系，我们可以一起思考一下。你记得丑小鸭小时候在什么地方生活吗？那里的环境对它有什么影响呢？”当学生完成正确回答后，AI伴读助手对答案进行总结和升华。
过程式伴读	学生对文中字词或文本理解产生疑问时，可随时向AI伴读助手进行提问。 例如，学生在阅读过程中不理解“见贤思齐”这个成语的意思和用法，选中词语唤起AI伴读助手进行解析。 再如，学生读完一篇文章后，想学习一下文章中使用的格言，可向AI伴读助手输入问题，如：“这篇文章中有哪些值得深思的格言？”	AI伴读助手在收到学生请求解释字词的指令后，从含义和用法等多个维度对字词进行解释。在接收到学生关于文本理解的问题时，根据文本内容生成准确全面的答案。 例如，AI伴读助手收到学生请求解释“见贤思齐”这一成语的指令后，生成此成语的解释，包括拼音、释义、例句和出处等，帮助学生全面、深入地了解这个成语的含义和用法。 再如，AI伴读助手分析学生提出的文章中使用格言的问题，生成回答：“这篇文章中有许多值得深思的格言，以下是一些例子……”

在应用大模型工具进行启发式阅读过程中，学生需要注意以下事项。①保持阅读主体性。虽然大模型可以辅助阅读，但学生应该保持自己的阅读主体性，主动思考和消化阅读材料，而不是被动接受大模型的引导。②辨别信息准确性。大模型可能会产生带有偏差的阅读材料信息，学生需要学会甄别大模型生成的内容，避免接受错误或误导性的内容，中小学生须在家长或教师指导下使用。

4.3.3 情境化口语语伴

口语听说能力是语言综合运用的重要能力，也是语言学习的重点和难点。当前，英语口语学习越来越受重视。许多学生不仅在课堂上练习，还通过各种课外教育资源提升口语听说能力。但口语学习中依然存在许多问题。一是语言情境缺失。受时间、空间、辅导资源等多方面限制，学生在自主学习过程中难以获得真实的口语对话情境。语言环境对于学生口语听说能力的培养非常重要。长期缺失语言环境，学生往往孤立地记忆语音、语法、词汇和句型等，无法将碎片化的知识应用于口语表达，从而导致了“哑巴英语”。二是缺乏及时的口语练习反馈。学生在进行口语练习时，出现表达错误后不能得到即时反馈，影响练习效果。三是缺少专业评估和针对性指导。学生在完成口语练习后，并不能独立完成评估，且缺乏有针对性的口语学习指导和优化提升建议。随着GenAI技术的迅猛发展，基于GenAI技术的口语语伴应运而生，为解决上述问题提供了可能。

基于大模型能力的口语语伴不仅可以无障碍地与学生进行英语对话交流，还能通过虚拟数字人构件创设出贴近现实的对话情境。另外，口语语伴凭借大模型的语法检查能力，再结合口语测评技术，可以辅助学生完成口语语法纠错并为其提供全面的个性化练习报告。如表4-7所示。

（1）情境对话。当学生进行口语对话练习时，大模型凭借其对话和翻译能力，结合语音识别、语音生成和虚拟数字人等技术，为学生提供场景化的交互对话环境。根据学生的口语信息，提供个性化实时口语反馈，与学生完成多轮口语对话。基于大模型的情境对话可以增加对话环境的真实感，提高学生口语练习的沉浸感。大模型与学生开展情境对话的环节包括主题和角色设定、情境创设和针对性反馈等。第一，主题和角色设定。当学生选择了某个对话主题场景时，大模型会围绕主题场景，以其扮演的角色身份来展开对话，当学生偏离话题时还会及时提醒学生回归主题。第二，情境创设。大模型根据对话的主题场景和角色，生成与对话内容匹配的虚拟人形象和背景图像，并将虚拟人形象和背景图像合成为视频进行播放，控制虚拟人的动作和表情，使其与其口语输出内容保持一致，为学生提供身临其境的沉浸式口语对话感受。第三，针对性反馈。大模型对学生的对话回复内容进行意图识别，并有针对性地反馈。当学生不知道如何继续推进对话时，大模型还可以通过启发式提问的方式引导学生继续话题讨论。此外，大模型还能够识别和理解学生上传的图片，并根据图片内容与学生开展对话，为学生提供个性化的对话互动体验。

（2）对话纠错。学生在口语对话过程中，大模型利用语法分析和检错能力，对学生的英语口语内容进行语法分析和错误检查，并实时反馈错误点和修改建议，帮助学生有针对性地巩固语法薄弱点，提高语言学习效率。大模型开展口语对话纠错的环节包括语法分析、语法检错和提出修改建议等。第一，语法分析。大模型利用其语法分析能力，结合接入的英文语法知识库，可以针对学生回复的口语内容生成词汇和语法解析。第二，语法检错。大模型利用其语法检错能力，对学生回复内容的语法进行检查，并自动生成诊断结果。第三，提出修改建议。针对诊断出的语法错误，大模型可以生成修改和优化建议。

（3）对话翻译。学生在口语对话过程中，当不理解大模型回复的英文句子或不知道如何用英文表达时，可以利用大模型进行翻译。相较于传统机器翻译，基于大模型的翻译技术在语境理解、翻译效率、适用范围等方面都具有优势，降低了学生口语学习中跨语言交流的难度。在语境理解方面，大模型基于对大量文本数据的学习，能够更好地理解文本的上下文语境和语义，减少翻译中的歧义和不确定性问题，提高准确性、流畅性和地道性[①]。在翻译效率方面，大模型可以从源语言直接翻译到目标语言，不需要依赖于预先定义的翻译规则或模式，提高了翻译效率，降低了翻译成本[②]。在适用范围方面，大模型通过大规模多领域的语料库训练，可以具备更广泛领域的语言翻译能力，也可以根据用户的个性化需求进行调整，提高了专业领域翻译的准确性和通用性。

（4）对话练习报告。学生在完成口语对话练习后，结合口语评价标准，大模型可以从发音标准性、语法准确性与多样性、词汇丰富性、流利性与连贯性等多维度生成评语，并给出个性化提升建议，还能根据本次对话主题推荐相关口语学习资源，形成个性化的口语练习报告，帮助学生有针对性地提升口语能力。大模型生成的对话练习报告内容包括练习评语和口语学习资源等。在练习评语部分，学生完成口语对话练习后，大模型根据学生的对话内容数据和诊断结果，生成多维度且具有针对性的指导评语，并给出学生目前口语学习的薄弱点和未来学习建议。在口语学习资源部分，大模型能够根据本次对话主题推荐高质量的口语学习资源，为学生提供口语学习和模仿练习的参考。

表4-7　情境化口语对话典型场景

场景	学生	大模型工具
情境对话	学生根据自身需求选择感兴趣的情景和角色，与AI虚拟语伴进行对话。对话类型包括自由对话、话题讨论、角色扮演和图片对话等。 ①自由对话中，学生选择具有不同人设的AI虚拟语伴，自由地开展各个领域的对话。 ②话题讨论中，学生选择感兴趣的主题与AI虚拟语伴展开对话，如讨论“健身”这个话题。	基于大模型的AI虚拟语伴根据学生的对话类型，生成对话内容。如“星火语伴”提供了自由对话、话题讨论、角色扮演和图片对话等供学生选择。 ①在自由对话任务中，通过主动跟学生打招呼的方式开启对话，基于设置的人设回复学生。如语伴Catherine的人设是“一个礼貌、主动的在线好友”。

① 张文煜，赵璧．生成式人工智能开创机器翻译的新纪元了吗？——一项质量对比研究及对翻译教育的思考[J]. 北京第二外国语学院学报，2024，46(01)：83–98.

② 晁忠涛，叶传奇，韩雪磊，等．基于Transformer的中英机器翻译系统的研究与开发[J]. 电脑知识与技术，2022，18(27)：16–17+20.

续表

场景	学生	大模型工具
情境对话	③角色扮演中，学生选择感兴趣的情景和角色，根据对话目标与AI虚拟语伴进行对话。如在图书馆场景中扮演借书的学生，完成向图书管理员借一本书的对话任务。 ④图片对话中，学生拍照或上传图片，并围绕图片内容与AI虚拟语伴展开问答对话。	②在话题讨论任务中，围绕学生选择的对话主题生成对话内容，以朋友的身份与学生进行深入讨论。 ③在角色扮演任务中，扮演选中场景中的角色，配合学生扮演的角色进行互动对话。如在“图书馆借书”的场景中，扮演图书管理员的角色，配合学生完成图书查找等对话任务。 ④在图片对话任务中，分析学生上传的图片内容信息，提出与图片内容相关的问题，判断学生的回复正确与否，并根据判断结果来继续提问。
对话纠错	学生在对话过程中想了解对话句子中的语法知识以及自己输出的内容是否存在语法错误，向AI虚拟语伴发起句子语法分析和语法纠错的请求。 ①学生点击AI虚拟语伴输出内容下面的句子分析选项，学习其中包含的语法知识。 ②学生点击自己输出内容下面的语法纠错选项，查看出错点和修改建议。	AI虚拟语伴接到语法分析和语法纠错的指令，对指定句子进行解析。 ①分析句子的语法结构，生成相关语法知识。 ②用红色标记出句子中的语法错误，给出相关语法知识点的讲解以及修改建议。
对话翻译	学生在对话过程中遇到翻译问题时，可以利用AI虚拟语伴的翻译功能进行双语翻译。 ①当学生看不懂AI虚拟语伴的回复时，可以点击翻译选项。 ②当学生不知道如何用英文表达自己的回复内容时，可以直接用中文表达，并在AI虚拟语伴完成翻译后，对其英文表达进行学习。	AI虚拟语伴接收到学生的翻译指令后，进行中英互译。 ①当学生看不懂大模型的回复时，将输出的英文内容翻译为中文内容。 ②当学生在对话过程中直接讲中文时，实时将中文内容翻译成英文。
对话练习报告	学生在对话完成后查看口语练习报告，了解自己的学习情况，参考报告中的练习评语和口语学习资源，进一步提高和巩固口语对话能力。	AI虚拟语伴根据学生在对话中的表现情况生成多维度的评语（包括语法、词汇、发音、流利性和连贯性等），针对性地指出学生口语中的薄弱环节和未来学习建议等，形成练习报告。报告还能根据主题推荐相关口语学习资源，帮助学生进一步巩固和提高。

在应用大模型工具进行英语口语对话过程中，学生需要注意以下事项。①重视现实实践。大模型可以模拟真实情境，但无法取代现实世界的口语交流，口语能力提高不能脱离现实世界的实践，不能过度依赖与大模型的交

流。②保护个人隐私。确保个人信息安全，不要向大模型透露敏感信息，如家庭地址、电话号码等。③认识技术局限。了解大模型技术存在语言理解错误、回答不准确等问题，并在必要时寻求老师和家长的帮助。

案例 4–6　学生与口语语伴开展对话练习*

越来越多的学生借助智能学习终端和应用，在大模型的赋能下开展英语口语对话练习。以梁同学为例，梁同学目前是一位小学四年级的学生，她在自主学习口语的过程中存在发音不标准、词汇量匮乏、不知如何表达和表达不流畅等问题，而且梁同学的家长也没有办法从专业角度帮助孩子纠错和改进，因此她的口语成绩总是得不到提升。为了解决上述问题，梁同学在家长的指导下利用AI学习机的口语语伴“Talk Talk”来辅助自己练习口语。“Talk Talk”是一款搭载了语言大模型的英语口语对话应用，可以作为学生的口语语伴提供随时畅聊的沉浸式口语学习环境，让学生在自由对话中练发音、学单词、学语法。梁同学的详细应用情况如下。

（1）选择对话主题、难度和语伴口音

Talk Talk提供了165个聊天儿话题，包含生活、学习、身心健康、人际交往和艺术文化等主题，遵循中小学英语课程标准相关要求，并且覆盖了小初高三个学段。某次练习中，根据学习需要，梁同学选择了“在餐厅点餐”话题并点击视频对话，开启视频面对面沉浸式口语练习。梁同学根据自己的口语水平，选择中等难度等级，然后选择英式发音的虚拟语伴Linna进行对话练习，难度等级和口音的选择满足了梁同学的个性化学习需求。

（2）开展口语对话互动

进入口语对话互动阶段，如图4–4所示，虚拟语伴Linna以提问的方式发起会话：“Welcome! Is this your first time here?”梁同学根据问题进行回答：“Yes，it is. What dishes do you recommend?”随后展开了多轮互动对话，对话过

* 本案例根据广东省东莞市厚街镇新塘小学提供的相关材料整理。

程中梁同学通过点击陌生单词来查看释义，还通过翻译和句子分析功能学习语法知识。虚拟语伴表现出了与真人近乎一致的自然流畅交流能力，对话的内容也具有针对性和实用性，为梁同学带来了沉浸式的口语对话体验。在整个对话过程中，梁同学还得到了实时语音测评、语法纠错讲解和对话提示指导等帮助。

图4-4　口语对话互动

①实时语音测评

梁同学每说完一句话后，AI语伴都会实时展示其发音得分情况。例如，当她说“Yes，it is. I am excited to try something new. What do you recommend?”时，AI语伴利用语音评估技术给出这句话的口语得分为78分，并指出其存在的发音问题（如图4–5所示）。梁同学点击查看详情，发现“recommend”一词的发音有误，点击示范音按钮听取标准发音，然后纠正发音后重新表述，第二次获得了84分（如图4–6所示）。

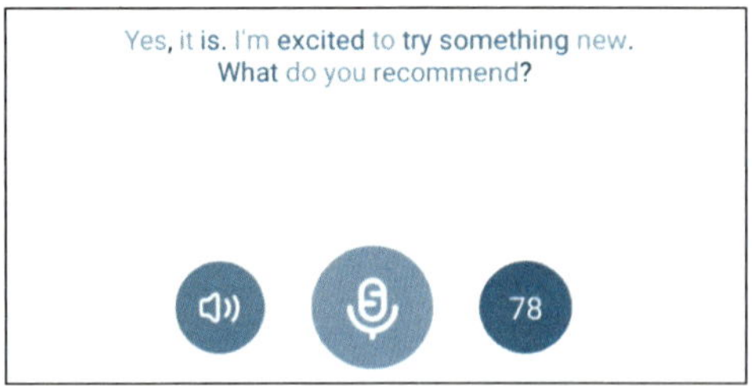

图4-5　初次发音得分

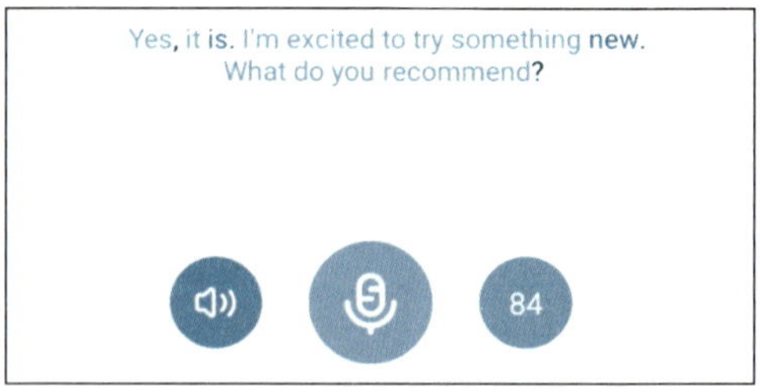

图4-6　纠正后发音得分

②语法纠错讲解

AI语伴还会对梁同学说的每一句话进行语法评估。例如，当梁同学说“I want to buy vegetables dumplings”时，AI语伴识别出这句话的语法存在问题。梁同学点击查看详情，如图4-7所示，发现是“vegetables”的单复数形式使用错误。AI语伴建议将其修改为单数形式“vegetable”，因为当名词作定语修饰另一个名词时，一般需要使用单数形式。梁同学掌握了这个语法知识点，并根据建议对这个句子进行了改正。

图4-7　语法错误解析和修改建议

③对话提示指导

当梁同学不知如何回答AI语伴时，还能获得系统的翻译和提示等帮助。例如，AI语伴提出问题：“Do you have questions about ordering at our restaurant?”，梁同学不确定如何继续对话，于是使用了提示功能。AI语伴随即为梁同学提供了参考对话语句：“Sure，I will try the non-spicy one too. How long will it take?”并附有中文翻译。梁同学点击句子左边的语音按钮进行跟读，随后与AI语伴根据之前的互动内容展开下一轮对话。

又如，梁同学想表达“我想吃比较甜的东西”这句话时，发现自己不知道如何用英文表达，便直接用中文进行回答。AI语伴识别到她说的中文后，将其翻译成英文“I want to eat something sweet”。梁同学点击语音按钮进行跟读，随后使用

“句子分析”功能对这个句子的语法结构进行学习，掌握了该句的口语表达。

（3）结合系统生成的对话报告进行总结反思

某次主题对话结束后，梁同学查看AI语伴生成的总结报告，如图4-8所示，此次对话时长为3分31秒，总共开口8次，使用单词42个，86%的词汇是小学词汇。发音维度上，总分为86分，准确度为86分，流畅度为88分。梁同学认为本次练习效果总体较好，但个别单词发音不准，还有部分句子存在语法错误，比如说名词作形容词时需要转换成单数形式，这些都需要在今后的口语练习中注意。

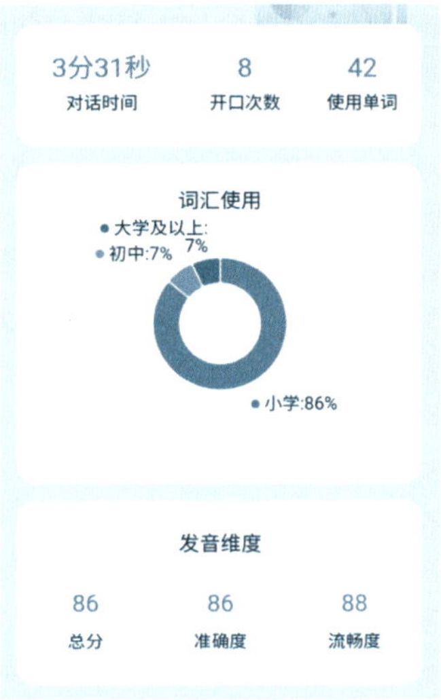

图4-8　系统生成的口语练习总结报告

在上述环节中，梁同学在AI口语语伴的辅助下，通过情境化的口语对话练习锻炼自己的口语能力。这一过程中，基于大模型能力的AI口语语伴通过启发式提问，引导学生开口进行英语口语交流，并能根据学生的输出内容生成个性化的回复，为学生提供沉浸式的口语对话环境，还可以在对话过程中对学生输出的句子进行实时翻译和语法纠错，并提供必要的引导性提示。最后，AI语伴可以根据和学生的对话记录生成总结报告，帮助学生梳理和巩固口语知识点。梁同学在访谈中表示，在AI语伴的帮助下，现在说英语的时候发音变得更准了，语速更快了，说得也更加流利了。她还学到了好多新单词，跟以前比起来，说英语的时候犯的错误也少多了，现在敢于用英语和别人对话，口语成绩也得到了提升。

4.3.4　自助式编程学习

编程就是让计算机为解决某个问题而使用某种程序设计语言编写程序代码，并最终得到相应结果的过程。人工智能时代，编程教育作为新时代数字人才培养的新方式至关重要①。国务院发布的《新一代人工智能发展规划》中明确提到了编程教育的重要性，特别是要在中小学阶段设置人工智能相关课

① 梁云真，高思圆，刘瑞星，等.小学生编程学习意愿影响因素的链式中介作用机制研究[J]. 现代远距离教育，2021，(06)：29-37.

程，逐步推广编程教育，以培养复合型人才。尽管大家对编程教育的关注度与日俱增，但对于学生来说，学习编程仍然是一个具有挑战性的复杂过程。要学好计算机程序设计课程，学生需要投入大量的精力去编写和调试程序，很多时候学生会对烦琐的语法规则望而生畏，并因为程序无法运行而对编程失去信心。在程序编写的过程中，学生难以自主识别所编写程序中的所有错误，需要一定的支持和指导[①]。GenAI的兴起为促进学生编程学习提供了契机。

大模型在编程学习中应用广泛，不仅在代码编写、代码调试方面表现出色，还在代码解释和代码翻译等方面展示了强大的功能。这些应用使得编程学习更加高效和智能化，为学习者提供了有力支持。如表4-8所示。

（1）代码编写。大模型在学生编写代码的过程中，能够提供丰富的代码知识问答服务，如自动生成代码片段、代码补全，以及提供代码参考示例，从而提高学生的学习效率和编程技能。第一，大模型能够根据学生提供的问题描述或功能需求，自动生成代码段、函数或模块。当学生遇到代码编写方面的问题时，可以用自然语言向大模型描述他们想要实现的功能。大模型可以将这些描述转换为具体的代码，作为学生的编程学习材料。第二，大模型能够从语料库学习已有代码特征，根据待补全位置的上下文代码特征在语料库中检索最相似的匹配项进行推荐和预测[②]，实现代码补全。第三，大模型还可以通过提供代码参考示例来帮助初学者理解复杂的编程概念和代码结构。它能够从互联网和海量源材料中查找并整理信息，提供大量的参考资料和案例分析，使学生更好地理解和应用这些概念。通过这些参考示例，学生可以快速学习如何编写和优化代码，提升编程技能。

（2）代码调试。基于大模型的代码调试不仅包括自动纠错和智能修改，还涵盖了生成测试用例和自动化测试等。一方面，大模型能够自动检测代码中的潜在问题，如语法和逻辑错误，并提供相应的提示和建议。这不仅提高

① 孙立会，胡琳琳．编程真的能促进儿童的个体发展吗？——基于28项实验和准实验研究的元分析[J]．华东师范大学学报（教育科学版），2021，39(11)：45-58.

② 胡星，李戈，刘芳，等．基于深度学习的程序生成与补全技术研究进展[J]．软件学报，2019，30(05)：1206-1223.

了错误检测的准确性和效率，还帮助学生更加快速地定位和修复问题。另一方面，大模型技术的应用为软件测试带来了许多便利。大模型可以根据学生提供的场景描述和预期性能要求，自动生成相应的性能测试用例，有效解决传统用例生成中存在的耗时耗力、缺乏精度、历史数据利用率低等问题，提升测试效率，便于知识积累和共享。此外，大模型还可以自动生成相应的测试脚本代码，以提高自动化测试的效率和准确性。

（3）代码解释。大模型具有理解和推理能力，能够提供深入的代码解释功能，从而帮助学生更好地理解代码逻辑和功能，分解复杂的概念，降低学习难度。常见的代码解释功能有两种方式。第一，当学生遇到复杂的代码片段时，大模型可以提供即时的解释，帮助他们理解每一行代码的作用以及代码之间的相互作用。这种解释功能不仅适用于单个代码片段，还能在多文件项目中基于上下文提供更准确的解释。第二，大模型赋能的代码工具可以提升代码自动添加注释的效率，帮助学生理解整个代码片段的执行过程。这种方式侧重于在代码中嵌入简明的注释，提供概览性的信息，便于学生快速理解代码的整体功能。

（4）代码翻译。大模型具备代码翻译能力，即将代码从一种编程语言翻译成另一种，帮助学生在不同的平台或环境中复用代码。通过专业知识库中的大量代码样本，大模型能够理解不同编程语言之间的结构和语义差异，分析输入的代码并转换为目标语言的翻译输出。传统的代码翻译工具往往是针对特定的编程语言或代码库而设计的，而大模型可以实现将一种语言转换为任意一种其他语言，并能够处理代码中的语法和语义细节，确保在转换过程中尽可能少地丢失信息，具备更高的精确性和可靠性。

表4-8　自助式编程学习典型场景

场景	学生	大模型工具
代码编写	在代码编写的场景中，学生可以通过描述功能需求或问题来与大模型互动。	大模型可以提供实时的编程问题解答和解决方案。在获取学生的编程请求后，输出对应的编程辅导信息，包括程序代码、代码示例、视频学习资源等。

续表

场景	学生	大模型工具
代码编写	①学生需要通过自然语言描述功能需求或问题。例如，学生可以输入:“如何编写一个计算两个数之和的函数?” ②学生在编写代码时遇到需要补全的部分，可以通过触发自动补全功能来实现。 ③学生需要查找和理解复杂的编程概念或代码结构时，可以询问大模型相关问题。	①大模型接收描述后，根据从大型代码数据集中学习到的知识，自动生成相应的代码片段。 ②大模型根据源代码上下文进行分析，提供代码补全建议。 例如，学生输入“for i in range(”。大模型可能会建议补全为“for i in range(len(list))”，学生可以直接采用这个补全建议继续编写代码。 ③大模型从互联网和海量源材料中检索相关信息，整理并提供参考示例和详细解释。 例如，学生提问:“如何实现一个二叉树的中序遍历?”大模型工具会提供一个二叉树中序遍历的代码示例，并附上解释。
代码调试	编写完代码后，学生可以利用大模型工具进行修改和调整，以确保代码的正确性和稳定性。首先，大模型工具会帮助学生检查语法错误、逻辑错误以及性能问题等，并自动生成针对性的测试用例，通过模拟各种使用场景全面测试代码。当测试失败时，学生可以借助大模型工具分析失败的原因，并获得具体的调试建议，从而高效地进行代码修复。 例如，学生将一段有错误的Java代码输入大模型工具中，要求指出错误并提供修复建议。	大模型通过深度学习和模式识别技术，分析输入的代码，识别潜在的语法和逻辑错误，并提供具体的修复建议。此外，大模型还可以生成测试用例，根据软件的行为模式自动生成并执行测试用例，以确保代码的正确性。 例如，大模型工具检测到学生的Java代码有未初始化的变量问题，并生成相应的测试用例来验证修复后的代码是否正确。
代码解释	①学生将不理解的代码输入到大模型工具中，并请求对代码进行解释。 例如，学生可以将片段的Python代码粘贴到iFlyCode中，并请求解释。 ②当学生希望更全面地理解代码的执行逻辑时，可以利用大模型的自动注释功能。 例如，学生将一段JavaScript代码输入CodeGeeX中，获得整段代码注释。	①大模型工具可以对代码进行解释。 例如，大模型工具会即时分析Python代码，逐行解释这段代码的作用，解释如循环、条件判断等具体实现。 ②大模型工具还可以自动为代码添加注释，进一步帮助学生理解代码的执行流程。 例如，学生将一段JavaScript代码输入CodeGeeX中，大模型不仅会生成代码的解释，还会在代码中自动添加注释，详细说明每个函数的作用和关键逻辑。这样，学生能够更全面地理解代码的执行过程。
代码翻译	当学生需要将一段代码从一种编程语言翻译成另一种编程语言时，可以将原始代码输入大模型工具中，并指定目标语言。 例如，学生可以将一段Python代码粘贴到AI Code Translator中，并选择将其翻译成JavaScript。	大模型工具接收到学生输入的代码后，会分析代码的结构和语法，并根据目标语言的特点生成等效的代码。利用其强大的语义理解和翻译能力，大模型确保翻译后的代码尽可能保持原始代码的功能和逻辑。 例如，AI Code Translator会通过理解Python代码的逻辑，将其准确地翻译成功能等同的JavaScript代码。

在应用大模型工具进行编程学习时，学生需要注意以下事项。①理解基础概念。大模型工具虽然能够生成代码，但学生仍需掌握编程的基本概念和原理。理解算法、数据结构和编程范式等对于有效使用大模型工具至关重要。②避免依赖。虽然大模型工具可以为编程学习提供帮助，但编程技能的培养仍离不开学生的实践和思考，学生应通过自主编写代码、调试和解决问题来提升自己的编程能力。③大中小学生需在教师或家长的指导下使用。

案例 4–7　GenAI助力地铁线路查询系统开发的实践*

2023年秋季学期，南京特殊教育师范学院计算机科学技术专业在“Web应用开发”课程中开展相关实践，引导学生运用GenAI工具提高学习效率。以王同学的实践为例，他的选题为“地铁线路查询系统”，该系统需要模拟真实世界中的城市地铁网络，为用户提供一套友好的地铁线路查询系统，允许乘客输入起点和终点站名，快速准确地规划出最佳换乘方案。王同学借助星火大模型和iFlyCode，进行需求分析阶段的资源检索和思路启发、设计阶段的系统架构参考、代码编写阶段的算法实例代码生成等，最终顺利完成地铁线路查询系统的开发。

（1）借助大模型查阅资料，完成需求分析

首先，王同学对地铁线路查询系统开展需求分析，明确课题的研究内容，拟订实施方案及进度。他借助大模型查阅相关文献，了解国内外研究现状，确定系统的核心功能，如地图展示、线路查询、站点查询、换乘查询等。在这个过程中，生成式人工智能可以提供资源检索功能，帮助他快速得到问题的解答。例如，王同学输入提示词“地铁线路查询系统国内外研究现状”，大模型立刻生成了经过归纳的结论。

学生还可以继续与大模型交互，得到更多的思路启发。王同学输入提示词

* 本案例由南京特殊教育师范学院提供。

“请提供地铁线路查询系统的思维导图”，大模型从用户界面、出行规划、票价和时刻表等方面给出了系统设计的关键要点。

（2）大模型辅助开展地铁线路查询系统设计

王同学在进行地铁线路查询系统的详细设计过程中，iFlyCode从系统架构、功能模块、技术实现等方面都给出了框架结构，对系统的设计阶段有辅助作用。例如，王同学输入提示词“请给出地铁线路查询系统功能结构图”，iFlyCode能够迅速给出答案，为地铁线路查询系统的功能结构设计提供了明确的指导。当需求更加具体、涉及更为复杂的技术实现层面时，王同学输入提示词“请提供基于MVC开发模式换乘查询的时序图绘制方法”，大模型快速提供了相应的技术方案。

（3）大模型辅助代码编写与优化

当王同学在编程过程中遇到问题时，iFlyCode能够进行代码纠错，并根据上下文自动推荐和生成相关的代码片段，帮助他快速找到解决方案，提升编程效率。iFlyCode还提供了代码解释功能，这有助于更好地理解和阅读现有的代码。例如，当王同学在编写线路管理模块中的添加线路功能时，iFlyCode可以针对代码进行纠错，并给出优化后的代码块，助力完善代码逻辑，提高代码性能。然后，借助iFlyCode文档注释功能，能够自动生成注释，为代码添加必要的说明和解释，提高代码的可阅读性。

此外，iFlyCode还可提供代码示例，这些示例涵盖了各种编程语言和框架。例如，王同学输入提示词“请给出基于Java的Dijkstra算法案例”，iFlyCode自动生成算法示例。他通过练习该代码，掌握Dijkstra算法。王同学还可以通过输入提示词，在不同算法之间进行比对，选择最优运用。

（4）大模型辅助进行系统的代码自动化测试

在开发完成后，王同学对系统进行全面测试，确保系统的稳定性和可靠性。利用大模型工具进行自动化测试，如自动化单元测试、集成测试等，可以提高测试效率和覆盖率。例如，王同学借助iFlyCode提供的单元测试功能，进行代码单元测试。测试通过后，将系统部署到生产环境，供用户使用。

在上述的系统开发和编程学习过程中，王同学在教师指导下合理借助iFlyCode等工具，获得代码示例、自动推荐和生成代码片段、解释代码逻辑、纠正代码错误并给出优化建议等帮助，有效提升了代码的编写效率，缩短了开发周期，还增强了系统的智能性。对于王同学而言，借助大模型工具辅助代码开发，不仅能够帮助他快速掌握编程技能，还能够在实际操作中提升解决问题的能力。

4.3.5 陪伴式心理疏导

近年来，青少年已成为各种心理问题的高发人群。青少年心理健康问题充满挑战，如何缓解和疏导青少年的负面情绪已成为社会各界广泛关注的现实问题①。根据我国青少年研究中心和共青团中央国际联络部发布的《中国青年发展报告》，我国17岁以下儿童青少年中约有3 000万人受到各种心理健康问题的困扰。不少学校缺乏专业的心理健康教育教师和心理咨询室，学生心理疏导工作难以有效开展。另外，当代青少年的社交观念和亲密关系观念正在发生深刻变化。青少年在线社交圈子不断扩大，但碎片化的交友模式流于表面，难以建立深度连接，造成一种“群体性孤独”的状态，线下或者线上有效的情感支持日益成为稀缺性资源②。为满足学生心理疏导和陪伴的需求，不少学校开始尝试利用GenAI技术，为学生提供有效、便利的心理疏导服务，普及心理健康知识，帮助学生提高自我情绪调节的意识和能力。

为了向青少年提供更加专业的心理疏导服务，我们可以通过整合心理类数据和文献、脱敏心理对话、心理评估数据、解析心理学理论及案例，构建基于因果关系的认知图谱和策略驱动的心理大模型③。心理大模型可以在青少

① 潘雅欣. 基于情绪调节理论的青少年心理疏导APP界面设计研究[D]. 济南大学，2023.
② 林滨，江虹. “群体性孤独”的审思：我们在一起的“独处[J]. 中国青年研究 2019，(04): 40-45.
③ 殷亦超，陈亮亮，杜渂. 运用深度学习技术驱动青少年心理健康服务[J]. 中国卫生信息管理杂志，2023，20(06): 881-887+911.

年心理状态评估、情感对话生成、心理指导与建议等场景中发挥重要作用。如表4-9所示。

（1）心理状态评估。心理大模型可以通过视频、语音、文字等多模态方式的交互式对话，收集学生的必要信息数据，包括基本情况、表情、语速、语调和交流内容等。经过对这些数据的深入分析，心理大模型可以准确地评估学生的心理状态。例如，EmoGPT就是国内首款专门用于心理健康领域的AI大模型，它通过多模态技术筛查抑郁和焦虑等情绪问题，准确率高达90%①。

（2）情感对话生成。心理大模型能够感知并表达共情，生成具有共情能力的对话内容，为学生提供更好的陪伴和心理支持。情绪感知对话生成模型（Emotion-aware Chat Machine，EACM）识别和理解用户的情绪，并据此生成带有特定情感的对话回复②，这使得心理大模型在对话中更加贴近学生情感需求，有效提升心理疏导效果。同时，根据学生的回答和反应，心理大模型能够动态调整对话策略。例如，当学生表现出焦虑或抑郁的情绪时，心理大模型会适当增加安抚和支持的话题。

（3）心理指导与建议。心理大模型具有丰富的心理学知识，可以实现简单的心理咨询，并能够根据用户的个人背景、心理状况和需求，结合专业知识库中的心理学知识，提供个性化的心理指导与建议。如果心理大模型检测到学生出现严重的情绪问题或心理危机，会及时转介给专业心理辅导师或心理健康机构进一步干预。例如，心理大模型检测到学生所述当前语义内容中存在危机敏感词，则输出用于人工干预的热线电话，以及与所述危机敏感词对应的心理辅导话术。

---

① 镜象科技．EmoGPT国内首款心理健康领域的AI大模型垂直应用发布[EB/OL].(2023-06-30)[2024-05-20]. https://mp.weixin.qq.com/s/2xbq6EuYFs-OMD4gKeXYSA.

② 刘家邑.基于深度学习的情感对话生成关键技术研究[D]. 华中科技大学，2021.

表4-9 陪伴式心理疏导典型场景

场景	学生	大模型工具
心理状态评估	学生需要通过与心理大模型进行交互式对话或参与心理测评，来分享自己的情感、情绪状态和相关经历。 例如，一个高三学生感觉自己最近情绪低落，难以集中注意力。为了进行自我心理状态的初步诊断，他打开了EmoGPT应用，在语音交谈过程中，描述自己的日常情绪和遇到的困难；填写文字问卷，详细记录最近一段时间的情感变化和心理感受。	心理大模型通过交互式对话或心理测评来搜集学生的必要信息，包括基本情况、表情、语速、动作等，分析并评估学生的心理状态。 例如，EmoGPT应用通过分析学生的语音和文字输入，发现学生可能存在抑郁倾向，建议他进一步寻求专业心理咨询师的帮助。
情感对话生成	①学生与心理大模型对话，表达他们的情感困扰或心理问题。 ②学生需要对心理大模型的回应给出反馈，包括情感上的共鸣、理解程度、对话内容的满意度等，帮助大模型更好地调整对话策略，提供更贴合学生需求的心理支持。 例如，一名中学生因考试压力导致焦虑情绪后，与心理大模型聊天儿。在对话中，学生分享了自己最近的学习压力和情绪状态。	①基于对青少年情绪情感状态的识别，心理大模型使用具有同理心的语言，表达对青少年当前情绪和困扰的充分理解和接纳。 ②根据学生的回答和情感反应，心理大模型实时调整对话策略，增加安抚和支持等内容，帮助学生缓解负面情绪并提供心理支持。 例如，心理大模型通过多模态情感识别技术，判断出学生的焦虑情绪，并使用情感偏差注意力机制生成安抚和支持的话语，如“听起来你最近真的很辛苦，放松一下，休息也是很重要的”。由于学生在对话中表现出更多的焦虑，心理大模型会提供更多安抚和支持的内容，如“请尝试深呼吸，让自己放松一下。每次完成一个小目标，都是向前迈进的一大步”。
心理指导与建议	①学生需要在咨询过程中坦诚地表达自己的心理需求、困惑和感受，以便大模型能够准确地理解并提供相应的支持。 ②学生应根据大模型提供的建议，尝试实施个性化的行动计划，并在需要时寻求进一步帮助。 例如，一名高中生因学习压力和人际关系问题感到焦虑，使用心理助手“小星”进行心理咨询。在交流过程中，学生详细描述了自己的学习负担和与同学的矛盾。学生按照建议尝试调整自己的日常安排，并定期向心理助手反馈效果。	心理大模型通过主动提问，帮助青少年洞察自己的负面情绪及其成因，并提供个性化的认知调整及行动改进建议。如果检测到学生存在严重的情绪问题或心理危机，大模型会及时转介给专业心理辅导师或心理健康机构，并提供相应的危机干预话术和热线电话。 例如，“小星”通过寻因式提问，了解学生的背景和具体问题，提供了个性化的建议，如安排学习时间表、进行放松练习和改善沟通技巧，并持续根据学生的反馈提供进一步优化建议。

在应用大模型工具进行心理疏导陪伴时，学生需要注意以下事项。①保护个人隐私。学生应确保所使用的工具具备隐私保护功能，并且在使用过程

中注意保护自己的隐私信息，避免泄露给第三方。②保持理性思考。智能工具可能无法完全理解人类的情感、经历和复杂性。因此，智能工具不应被视为解决所有心理问题的万能药。在接受工具提供的建议和信息时，要保持谨慎和批判性思维。③建立支持网络。虽然大模型工具可以提供心理疏导和陪伴，但人际关系的支持仍然是心理健康的重要组成部分，我们应尝试多种方法和途径来解决心理问题，鼓励学生与家人、朋友、老师建立支持网络。④大中小学生应当在教师或家长的指导下使用相关工具。

案例 4–8　AI心理伙伴助力学生心理健康成长*

青岛市西海岸新区双语小学作为中小学人工智能教育基地，自2023年11月起，引入“智慧心育”AI心理伙伴作为课后延时服务和课后家庭教育的重点内容。作为一款基于GenAI技术的心理疏导工具，学生们可以通过这个平台进行“自我测试”，了解自己的情绪状态和心理需求；通过“情境演练”，模拟各种生活场景下的心理反应，并学会如何正确应对；在遇到情绪困扰时，还可以通过“情绪疏导”功能，获得即时的支持和帮助。这样的设计，实现了从“自我认知”到“实践演练”，再到“情绪释放”的完整闭环，为提升学生的心理素质和情绪管理能力提供了有力支持，提高了学校积极心理健康环境建设水平。

（1）基于专业量表，精准心理测评

学生在心理老师引导下使用个人账号登录“减压星球”平台，选择一个主题，进行自我测试。例如选择人际交往心理主题，学生按照提示完成相关问题的回答，提交后系统会自动生成相关内容。学生可得到本人在人际沟通能力方面的详细解读，包括沟通能力的水平、控制情绪的水平、耐心倾听的水平、应对分歧的水平以及肢体语言方面的水平。通过通俗易懂的解释与建议，学生可以快速了解自己在人际沟通方面的优点和不足。

* 本案例资料由山东省青岛市西海岸新区双语小学提供。

（2）推荐适切资源，助力心理素质提升

在学生了解了自己在人际沟通方面的客观水平后，大模型根据学生当前的情绪状态和专业咨询的阶段，生成资源推荐的标签。例如，系统在知识讲堂部分推荐“如何有效沟通”视频资源。学生进一步学习人际交往方面的专业知识。经过学习，学生了解到当与人交往沟通时，经常会出现彼此的反应或想法不相容的情况，会让双方产生紧张状态，这主要是沟通双方在生活背景、教育水平、年龄和文化等方面的差异所造成的。

（3）生成式对话演练，进行情境化实战

学习了专业知识后，学生跟随大模型工具的引导，进一步通过情境演练，掌握沟通的艺术。学生将自己代入假设的情境中，一边与“小星”讨论不同的沟通方式会给双方带来不同的感受，一边探索发生沟通困难时可以使用的“秘诀”。如“小星”告诉学生因为“乔哈里视窗效应”导致沟通盲区的出现，阻碍了双方的有效沟通。深度交互激发了学生的学习动机，增强了学生对本主题的理解，最重要的是为学生提供了切实可行的实用技巧。

（4）实时对话，开展心理疏导

在日常生活中，AI心理伙伴在识别到学生情绪变化时，会及时给予引导和帮助，提供日常的情绪疏导。学生A与同桌发生了一些不愉快，双方无法继续沟通。课间休息时，学生A将自己的情况向AI心理伙伴“小星”进行诉说，“小星”识别到学生A低落的情绪后，先是安抚其情绪，再询问争吵的原因，然后进一步询问：“你能说说具体是怎么回事吗？”在全面了解事情发生的经过后，为学生A提供及时的心理援助和建议，提出解决方案——“真诚地与同学沟通，语气温和”，帮助学生A应对生活中的压力和困扰，从而保持良好的心理状态。

自从向学生开放使用AI心理伙伴以来，AI心理伙伴实现了常态化的日常心理陪伴与心理辅导等功能，给学生提供了情绪疏导的通道，提升了心理辅导效率，为学生心理健康水平的提升提供了可靠支撑。这一过程中，AI心理伙伴通过智能测评系统，向学生揭示其心理特点和需求，并根据测评结果为学生提供了针对性学习资源，有助于学生更系统地掌握心理健康知识和技能，提高自我调适能力。此外，大模型的对话功能为学生提供了一个随时倾诉的平台。通过与AI心理伙伴的实时交流，学生可以获得针对自己实际情况的专业建议，从而更好地应对日常生活中的情绪挑战。根据安徽、山东、上海等省市学校试点应用数据，使用AI心理伙伴的学生群体孤独倾向下降比例比未使用的群体提升了2.26%。

4.4 评价应用场景

随着技术的不断进步，GenAI在教育评价领域的应用将越来越广泛，为传统教育评价带来革命性的变革。当前，GenAI可以在试题生成、作业批改、口语能力测评、学生核心素养评价和课堂教学分析等场景中有效赋能教育评价，提升教育评价的效率和质量，促进教育教学评价的客观性、科学性和个性化发展。

4.4.1 多样化试题生成

在教育测试中，试题是一个测量单元，编制客观题和主观题有不同的基本要求。客观题的编制包括题干、选项设置以及选项数，主观题的编制包括情景材料的选择、设问、赋分和评分标准①。试题可以通过变式训练的方式，加深学生对知识的理解和记忆，巩固所学知识与技能，是检测教学效果、诊断学习质量的重要手段。教师在试题编制中经常存在试题素材多样性缺乏、试题编制效率低等问题。大部分自动化试题主要利用模板法和规则法编制，编制的试题大都根据固定逻辑表述且只展现单一知识点②。具体到客观多选题，其编制通常依赖于编制试题者的直觉或从其他测试中提取答案来构建干

① 雷新勇，周群．试题命制的理论和技术（一）[J]．考试研究，2008，(01)：84-97.
② KURDI G, LEO J, PARSIA B, et al. A systematic review of automatic question generation for educational purposes[J]. International Journal of Artificial Intelligence in Education, 2020, 30:121-204.

扰项，缺乏系统性和科学性；主观试题，通常存在背景信息以及素材丰富度缺乏的问题，或者素材内容脱离实际生活应用和真实情景。除此之外，题型创新以及题库积累往往依赖高级教师和专家的经验和创造力，导致编制效率低下，而且优质题目的沉淀与应用具有区域性，使试题利用率低①。引入GenAI技术可以帮助教师和教育工作者快速生成大量测试题目素材，加强试题编制的系统性并节省教师编制试题的时间。

大模型可以基于各学科知识库以及专业试题库生成符合不同教育评测要求，各类型、各难度级别的试题素材，并促进大规模自动化、多样化试题生成，有效赋能试题素材生成以及自动试题生成场景。如表4-10所示。

（1）试题素材生成。试题素材是试题组成的重要部分。大模型可以根据试题评价目标和需求生成相应的试题素材，包括辅助多选题干扰项、阅读题问题以及主观题情景材料的生成，有效提高试题素材的质量和评估的科学准确性。具体素材生成形式如下：①生成多选题干扰项。大模型根据多选题的题干背景文本、题目问题以及正确选项，结合专业试题知识库和特征丰富的学习排序模型，有效创建干扰项候选集②。生成的干扰项在语法、语言流畅性、与问题的相关性以及干扰正确选项的能力方面均表现出较高质量。②生成阅读理解题目的问题。大模型可以有效提取和理解大量阅读文本数据中的语义信息，生成句法流畅、符合阅读文章主题或情景、有正确答案的交互式阅读理解问题,并自动对学生答案进行评分③。③生成主观题情景材料。经过微调创建包含课本、报纸、论文和各种参考素材语料的教育大模型，在提示工程的支持下可以帮助教师生成在概念、原理以及解决问题方法上相似、形式与内容主题上创新，且具有教育意义的主观题情景材料。

（2）自动试题生成。基于大模型的试题助手可以根据选定试题学科、类

① 王蕾．基于大规模考试的教育质量评价[J]．教育科学研究，2010，(11)：37-41+49.

② Bitew S K, Deleu J, Develder C, et al. Distractor generation for multiple-choice questions with predictive prompting and large language models[J]. arXiv preprint arXiv:2307.16338, 2023.

③ Dijkstra R, Genç Z, Kayal S, et al. Reading Comprehension Quiz Generation using Generative Pre-trained Transformers[C]//iTextbooks@ AIED. 2022: 4-17.

型、考查知识点、难度等级等信息来批量生成试题，或者是输入试题来生成相似解题技巧、内容范围的新试题。这样不仅可以简化试题的编制流程，节省教师编制试题的时间，而且还可以为学生提供更为灵活多样的学习练习方式。大模型可以对教师或学生上传的试题素材进行解析，识别上传的试题内容、公式、图片等，然后生成对应难度等级和考查相同知识点的试题。同时，教师也可以通过提示工程用复杂的句子结构、高级词汇或者深入的知识点生成更具挑战性的试题，帮助学生进行进阶学习与练习[①]。

表4-10　试题生成典型场景

场景	教师	大模型工具
试题素材生成	教师可以选择通用大模型、教育大模型或者定制相关助手，根据试题素材的类型、内容、用途，输入合适的文本、语音、图片来获取系统生成的试题素材。 以多选题干扰项生成为例：教师可以使用模板从题目内容、学科领域、目标学生层次、正确答案以及所需干扰项数量等方面输入提示词： 【题目内容】对植物根尖细胞中某细胞器的组成成分进行分析，发现A、T、C、G、U五种碱基的相对含量分别约为25%、10%、30%、20%、15%，则下列关于细胞器叙述正确的是？ 【学科领域】生物学 【目标学生层次】高中 【正确答案】该细胞器能产生水 【干扰项数量】3 教师对大模型生成的干扰项质量进行评估选择，根据需要进一步修改完善。	①根据教师输入的提示文本，大模型或者助手生成符合类型、内容要求的试题素材。 ②在多选题干扰项生成例子中，系统根据教师输入的提示词，生成题目考查知识点的解析、干扰选项以及每个干扰选项设置的理由。生成的样例如下： 干扰项1：该细胞器参与蛋白质合成。 理由：线粒体不直接参与蛋白质合成，这是核糖体的功能。 干扰项2：该细胞器能固定CO_2。 理由：固定CO_2是光合作用的一部分，通常发生在叶绿体中，而不是线粒体。 干扰项3：该细胞器负责细胞的有丝分裂。 理由：虽然线粒体提供能量，但它们不直接参与细胞分裂的控制。 干扰项4：该细胞器通过内质网与细胞核相连。 理由：线粒体与内质网之间的联系不是结构上的直接连接，而是一种功能上的相互作用。 干扰项5：该细胞器是细胞内最大的。 理由：虽然线粒体在细胞内占有重要地位，但通常不是最大的细胞器，细胞核通常更大。
自动试题生成	教师根据需要选择通用教育大模型，也可以定制学科化助手，提供试题模板或者样题，获得系统生成的针对性试题。	根据教师的样例试题，解析题目知识点生成符合标准的试题与替代选项。 ①根据教师的指令解析试题，并生成类似题目和对应解答过程。

① 褚乐阳，潘香霖，陈向东. AI大模型在教育应用中的伦理风险与应对[J]. 苏州大学学报（教育科学版），2024，12(01): 87-96.

续表

场景	教师	大模型工具
自动试题生成	①教师选择图片形式输入样例试题，使用提示语“请你作为【学科】+【年级】试题命制教师，根据输入的试题样例，解析样例试题知识点，并生成考查相似知识点和解题思路的题目”向大模型提问。例如，“请你作为初中数学试题命制教师，根据输入的试题样例，解析样例试题知识点，并生成考查相似知识点和解题思路的题目”。然后，教师根据需要对智能生成的试题进行审查修改。 ②教师可以使用提示语设计公式“请你设计【数字类型】+【运算法则】+【作答对象】”向口算试题生成助手提问。例如：“请为我设计一些关于分数加减法的口算题目，适用于四年级学生。”	②根据教师提供的提示模板，生成系列符合要求的试题以及解析。 例如，“题目1：1/4 + 1/4 = ? 解析：两个相同的分数相加，只需要把分子相加，分母保持不变。所以，1/4 + 1/4 = 2/4，然后我们可以简化这个分数，因为2和4都可以被2整除，所以2/4 = 1/2。 题目2：3/5 − 1/5 = ? 解析：两个相同分母的分数相减，只需要把分子相减，分母保持不变。所以，3/5 − 1/5 = 2/5。”

在应用大模型工具进行试题生成时，教师需要注意以下事项。①必须结合教育领域专家的指导和人工干预。教师需要对生成的试题进行审核和评估，避免出现错误、歧义、偏差或不合适的内容，同时考虑试题的教育目的和效果，以确保命题的合理性、公平性和教育价值[①]。②正确地提问至关重要。教师可以利用交流模板或标准提问流程更清晰地表达自己的命题目的和内容要求，使大模型工具更准确地生成符合教师需求的试题素材。

案例 4–9　GenAI 辅助教师生成试题素材命制试题*

大模型或试题生成助手可以通过生成式对话的交互方式，为教师提供教学设计启发、课件内容生成能力、项目式教学灵感，同时在备授课阶段为教师提供海量的试题资源。该系统的试题资源是对全学科、全学段教育资源进行整合

① 汪张龙. 认知智能大模型加速教育考试数字化转型[J]. 中国考试，2023，(08)：11-18.
* 本案例根据星火教师助手的相关资料整理。

的成果。依托大数据支撑，教师可以切换对应教材版本、学段，通过题型、难度筛选，选择所需试题。不同学科教师可以依据班级学情、知识内容和使用场景，借助星火教师助手生成符合教学内容的试题。教师可以输入提示语通过多轮对话生成试题，或调用大模型助手生成试题并插入课件。

目前，各地中小学教师在积极探索体验GenAI辅助试题生成，以下是不同教师的示例。

（1）A老师是一名高中信息技术老师。为了进一步加深学生对结构体和C++的sort函数的理解和掌握，提高试题的趣味性和灵活性，该老师期望在试题生成助手的帮助下，将学生生活实际、已有知识经验与目标教学内容连接起来，精准生成基于真实情境的相关试题，让学生能够在学习的过程中理解和运用数据组织、处理的基本原则，为进一步学习和实际应用打下坚实基础。教师可以基于已有知识点或试题，与试题生成助手进行多轮对话，以精准生成符合真实生活情境的编程试题。

与传统的试题相比，试题生成助手辅助下的情境创设与知识点联系密切，内容更加丰富，互动性更强，能够有效检验学生对知识的掌握程度并激发学生的思考和探索。学生在互动问答的过程中进一步掌握了结构体和C++中sort函数的基本概念，并能够将该代码逻辑与生活实际问题相结合。A老师认为试题生成助手生成的试题素材符合班级学生已有认知水平，契合课程材料，能有效调动课堂氛围，促进师生互动，在一定程度上发展了学生的逻辑思维能力。

（2）B老师是一名初中英语老师。在教学过程中，该教师发现学生理解文章核心和提炼关键信息能力较弱，无法准确识别文章主旨。针对这一问题，教师计划自编英语阅读理解题目，使学生通过练习主旨题提高辨析能力。基于特定文章和正确答案，B老师期望通过多轮人机交互使试题生成助手生成干扰选项，辅助生成试题。第一轮输入内容包括输入模板、角色设定、目标任务、需求说明和风格设定。第二轮对话中，教师输入已有的文章内容，明确目标学生学段，给定正确答案和所需干扰选项数量。系统依据要求生成干扰项并说明了理由。

试题生成助手在教师明确的指令下，生成了三个与文章内容相关但与主旨不符的干扰选项。可见，试题生成助手是一个有效的教学辅助工具，它能够根据特定的指令快速生成符合题目要求、语法准确且语义连贯的干扰选项。

（3）C老师是一名高中化学老师。在高中化学必修一“铁及其化合物”的教学过程中，教师期望试题生成助手能够帮助生成与“铁及其化合物”相关的化学试题，并且符合高中化学课程标准要求。生成的试题需要能够帮助学生掌握铁及其重要化合物的主要性质，了解这些物质在生产、生活中的应用。

该教师在课堂教学阶段使用GenAI辅助生成试题，使学生切实掌握了铁作为金属单质的基本物理性质，如导电性、导热性和延展性，了解了铁及其化合物在工业和日常生活中的应用。C教师认为在试题生成助手支持下进行试题生成，内容准确，题型丰富，符合课程标准，降低了人工编制题目的时间成本。

4.4.2 智能化作业批改

作业批改可以发现学生的知识点短板，帮助他们练习和巩固知识[①]，同时也是评估教师教学效果和学生学习能力的重要手段之一。作业批改需要对个性化内容进行反馈，然而教师在多重负担下，难以有足够的时间和精力给出充足的反馈。特别是主观类作业，很容易仅根据标准答案“踩点”给分，忽视学生对题目理解和思考模式的个体差异和特殊需求。原先的智能批改能够对题目的对错进行自动判读和自动评分，实现学生作业的自动批改[②]。引入GenAI的智能批改，可以利用文本理解和生成功能丰富针对学生作业的个性化内容反馈，帮助教师提高作业批改效率的同时，实现对学生个体差异的关注。

引入GenAI的智能批改系统，可以利用OCR技术精准识别学生手写作业，对数学、英语学科的选择、判断、填空以及解答题进行智能批改，并生

① 安雪慧，张琨．信息技术增效作业育人改革的困顿与突破[J]．中国教育学刊，2024，(01)：18-24.

② 姜皓文．人工智能技术在教育领域中的应用[J]．电子技术与软件工程，2018，(05)：255.

成学生的个性化报告手册以及教师的班级学情手册。针对上机的语言类作业，不仅可以实时进行词汇、句法、格式错误等低阶维度的错误识别，反馈修改建议，还可以提供高阶的内容性反馈，推荐提升相关知识点理解或者表达能力所需要的学习练习资源[①]。如表4-11所示。

（1）智能评分。基于预设的评分标准，特别是在语言类作业的批阅中，批改系统能够保持评估的一致性与客观性，减少由于人为因素导致的评分偏差，确保每位学生的作业都能得到标准化评分。例如，智能批改系统可以从作文中提取词汇丰富度、句子结构复杂度、语法错误率等特征，通过已评分作文数据训练的大模型得到评分结果。

（2）高阶反馈。基于大量同题作业大数据、高分作答以及作业评分标准数据训练的大模型，可以结合学生错误或者不准确的作答内容特征生成高阶反馈。以语言类作业为例，高阶反馈从篇章结构、文章立意和构思、内容连贯性等方面给出针对性建议[②]。同时，在班级层面生成学情报告，包括班级学生在此次作业中展现的学科知识图谱以及核心素养能力特征的可视化图表。

（3）智能资源推荐。通过教育专用的调优大模型解析作业，识别学生在特定知识点上的掌握程度以及可能存在的学习障碍，根据学生的学习进度、偏好以及认知风格等特征，推荐个性化学习资源，包括习题练习、阅读材料或模拟测试等，帮助学生进行薄弱知识点专项练习，积累素材提升对应能力[③]。针对班级共性问题，智能批改系统给教师推荐知识讲解和能力拓展习题，巩固提升学生对知识点的掌握程度，并提供相应的综合练习讲评讲义。

① 李锋，袁雨欣，顾小清．智能时代编程教育如何培养学生的创新能力——基于编程项目活动联通“学编程”与“用编程创新”[J]．现代远程教育研究，2023，35(06)：11-18.

② 汪靖，米尔外提·卡马勒江，杨玉芹．人机共生的复合脑：基于生成式人工智能辅助写作教学的应用发展及模式创新[J]．远程教育杂志，2023，41(04)：37-44.

③ Naseer F, Khalid M U, Ayub N, et al. Automated Assessment and Feedback in Higher Education Using Generative AI[M]//Transforming Education With Generative AI: Prompt Engineering and Synthetic Content Creation. IGI Global, 2024: 433-461.

表4-11　作业批改典型场景

场景	教师	大模型工具
智能评分	教师可以利用教师助手、学科助手或者搭载智能批改功能的大模型工具，完成对单个学生或全班作业的批改评注。	接收学生提交的作业，根据教师操作，自动分析单份或全班作业内容，检测拼写错误、语法错误等基础内容，并提供标准化评分反馈。
高阶反馈	教师获得大模型批改工具初步生成的个性化报告以及班级学情报告。教师可以：①参考报告内容对总评和写作建议修改编辑，为学生提供针对性的教学指导；②查看班级学情分析报告，从学科知识图谱以及学科核心素养角度了解班级存在的共性问题。	教育专用大模型可以从篇章结构、论证逻辑、文章立意等特征维度分析，提供针对语言作业具有深度和质量的高阶反馈；识别并指出语言作业中的创新点和潜在的改进空间。 例如，在语文作文智能批改反馈中，教育专用大模型会分析文章的结构，评估论点连贯性和文章立意构思，提供高维度的反馈评价以及全文润色。比如在表达调整维度方面提供建议："本段心理描写过多，建议加上人物动作、语言等，表现自己无助的状态。"
智能资源推荐	教师获得智能批改系统推荐的知识巩固以及变式拓展类习题，选择打印分发给对应学生。	教育大模型针对学生答题情况，推荐不同的学习练习资源。 ①针对学生作文，推荐定制化基础素材（练习题）、情节素材以及描写素材。 ②针对初中数学知识点，推荐个性化变式训练习题，并提供习题讲解视频。

在应用大模型工具进行智能批改时，教师需要注意以下事项。①作业数据隐私保护。教师应确保智能批改工具符合相关的数据保护法规，确保学生作业数据的安全性，这包括采取必要措施来保护学生的个人信息，防止任何可能的数据泄露。②作业评价标准的一致性。教师应确保大模型批改工具的评价标准与课程标准保持一致，定期更新和校准工具，以跟进教学大纲的变化和学生的学习进展。③教师的监督与调整。对于部分略有偏差的答案、复杂的主观题、论述题或需要判断创造性或价值选择的问题，大模型批改工具可能无法提供完全准确的评价，因此教师需要对评估结果进一步核实[①]。

① 杨晓哲，王晴晴，王若昕．生成式人工智能的有限能力与教育变革[J]．全球教育展望，2023，52(06)：3-12.

案例 4-10　智能批改系统助力高中生英文写作能力评估与提升*

滁州市全椒中学是首批安徽省示范性普通高中。自2023年6月起，该校探索利用GenAI赋能英语作文批改，帮助学生获得作文个性化反馈，辅助教师提高作文批改效率。全椒中学高二英语组夏老师为了提高学生的读后续写能力，在本学期以双周频进行读后续写练习。读后续写作文题型不仅对学生的基本写作技能提出要求，还对学生的综合语言运用能力和创新表达提出挑战。夏老师在智能批改系统的帮助下隔天就完成了班级所有学生作文的批改，并参考系统生成的对学生读后续写内容的深入分析和优化，从词汇运用、语法结构、句子描写等维度进一步提升学生写作质量。教师在后台导出班级的批改报告和每个学生的个性化学习手册，供教学和学习使用。

（1）思路解构与范文

智能批改系统能够依据提供的读后续写试题进行作文思路解构和参考范文的生成。此次读后续写的内容是关于“坚持不懈”的故事，教师和学生可以在段落续写、线索续写、词汇激活和高分句型等内容的帮助下，加深对题目的理解和反思。例如，在段落续写方面，依据“Three times during that day we encountered rather dangerous situations”，智能批改系统给出了“该段落可描写遇险时的环境以及船长如何利用毅力和勇气扭转局面”的建议，提供了撰写内容指导；在线索分析方面，可以看到完整的故事脉络，辅助理解读后续写撰写思路，积累写作经验；在词汇和句型方面，可获取高级词汇、短语和句型，有效帮助学生积累写作素材。

此外，智能批改系统提供优秀范文以供参考，有助于学生提升写作技巧、开拓思维以及提高写作兴趣。在课堂上，夏老师和学生一起讨论范文，在学习词汇和短语、模仿句型和语法结构、扩展思维和应用等方面进行具体探究，增强了学生的批判性思维能力。

* 本案例资料由安徽省滁州市全椒中学提供。

（2）词汇诊断

智能批改系统可以对学生作文中简单的名词、动词和形容词进行识别和归纳，并生成词义接近的高级词汇供学生积累。夏老师备课时，参考智能批改系统推荐的变式表达和词汇替换，帮助学生积累同义词，为内容撰写打下坚实的词汇基础。例如，系统针对大部分学生使用的“people”推荐多个同义词“person”“individual”“public citizen”进行替换；针对使用频率较高的“poor”推荐同义词“poverty-stricken”和“needy”进行替换。

（3）语法诊断

智能批改系统生成的报告分析了学生在写作中存在的语法问题，教师和学生能够在个性化学习手册中获得经过分类的典型语法错句，包括时态错误、介词错误、词性错误等。夏老师在课堂上呈现有典型语法错误的句子“This moment was a pair of old friend met again”，并让学生依据已有知识尝试找出错误并修改。在共同探讨语句问题后，教师展示生成式人工智能分析的语法错误和修改意见：“此处应该使用过去完成时来表示在过去某个时刻之前已经发生的动作，因此将一般过去时的‘met’改为过去完成时的‘had met’。”由于大部分同学对过去完成时和一般过去时的语法理解不全面，无法准确理解修改建议，因此教师对相关时态结构和用法进行了补充讲解。

同时，在个性化学习手册中系统对每个学生的作文进行了逐句批改，矫正作文中的时态错误、表达冗余和句子结构混乱等语法问题。例如，A同学的个性化学习手册中，部分语句存在多处语法错误。学生通过系统的逐句批改反馈，明确句子中存在的语病和类型，获得更加个性化的指导。

（4）描写诊断

智能批改系统根据学生的作文优秀句子总结生成班级英语作文描写诊断。在写作教学课堂中，夏老师对描写诊断中的描写环境、心理、动作和人物等学生优秀例句进行分析和讲解，帮助学生完善文章内容，使续写情节更加丰富且具有感染力，如图4-9所示。

描写诊断

经AI大数据统计，以下描写为学生们的优秀表达。供老师教学参考。

环境描写

1. After seemingly a century of fighting, with the dark clouds fading away and the storm dying down the sky eventually cleared up and the sea was calm again.
2. With the sun rising little by little, the tension in the air began to melt.
3. In the meanwhile, the terrible storm gave way to sunshine and the water that was in the ship was threw out through the efforts of everyone.

心理描写

1. The weight of fear settled upon my heart like an anchor, dragging me into the depth of despair.
2. Seized by a sense of disappointment, I thought everyone on the ship had no hope of living.
3. Stunned and moved, I began to search for the people who had impressed me deeply.

动作描写

1. I collected him into my arms and patted his strong shoulder, conveying the deepest thanks and wishes.
2. Staring at the tall captain, I nodded in approval and patted him on the shoulder.
3. He nodded, curving into a gentle smile.

人物描写

With brave and smart, the captain successfully ordered every man to his position.

图4-9　主要情节分析

利用大模型智能批改系统进行英语作文的批阅，不仅可以减轻教师作文批改负担，帮助教师了解班级整体及每个学生的写作水平，从而制订更加精准的教学计划和策略，而且可以为学生提供及时的个性化评价内容反馈，帮助学生了解自己在写作上的强项和待改进之处，从而更有针对性地进行练习和提升，并通过系统提供的多样化写作样例和创意提示，开拓写作思路，丰富写作内容。

案例4-11　大模型编程助手赋能Python作业智能批改*

为了培养学生的创新实践能力、提升人工智能素养，南京市雨花台中学联合科大讯飞共同建立人工智能实验室，引入各种新技术、新课程，开展形式多

* 本案例资料由江苏省南京市雨花台中学提供。

样的科技创新活动。2023年10月，学校开设了面向高一年级的Python编程课程，利用大模型编程助手实现对编程作业的智能批改，精准诊断其中的错误并生成反馈建议，输出可视化的批改报告。

（1）大模型助力教师进行单份程序作业批改，实现精准诊断与及时反馈

针对学生提交的单份程序作业，教师利用大模型编程助手进行批改，快捷准确地诊断出程序中的多类型错误，并逐行给出详细批注与优化建议。具体以信息技术必修1中的程序设计实践活动中的题目为例，该题要求编写一个完整的体重指数计算小程序，实现对多名学生体重指数的等级判断。如图4-10所示，张同学提交编好的代码后，大模型编程助手检查出了语法性错误和逻辑性错误，并给出了print语句中“应该使用变量名而不是字符串”等针对性建议。在此基础上，教师针对大模型的批改结果进行校对与编辑，确保批改和反馈内容准确。

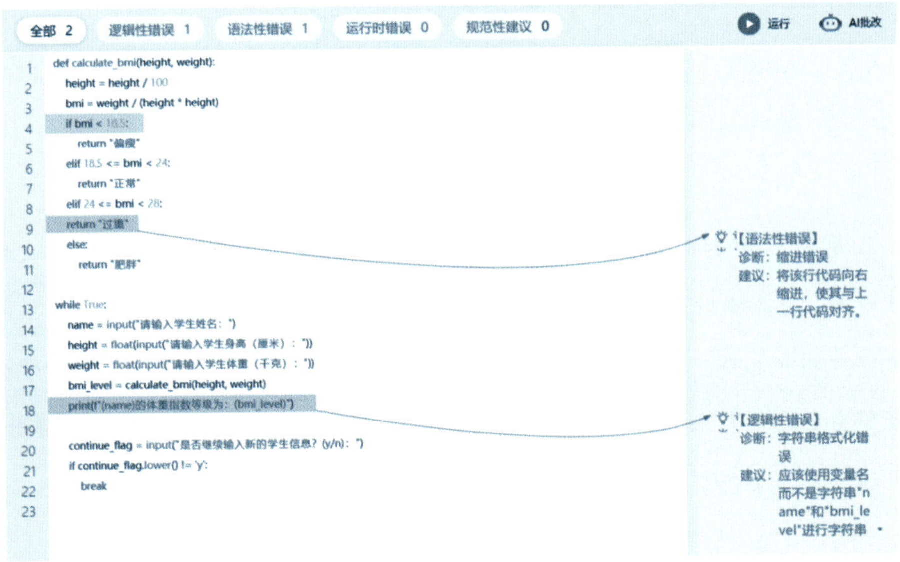

图4-10　对张同学程序作业的诊断结果与优化建议

根据程序批改结果，大模型编程助手从语法性、逻辑性、稳定性以及规范性四大维度评估学生程序作业的综合表现，并生成综合性的评级以及鼓励性的评语，指导和激励学生查缺补漏。如图4-11所示，系统针对张同学的代码质量，从四个关键维度进行了评分。其中，张同学在“语法性”和“逻辑性”维

度上均获得了4.3分，说明在这两个维度存在改进空间。综合四个维度的评估，系统对张同学这次程序作业的整体评价等级为A，并在生成的评语中指出代码缩进不规范以及字符串格式化输出时变量插入错误等问题，精准反馈程序作业中的不足。

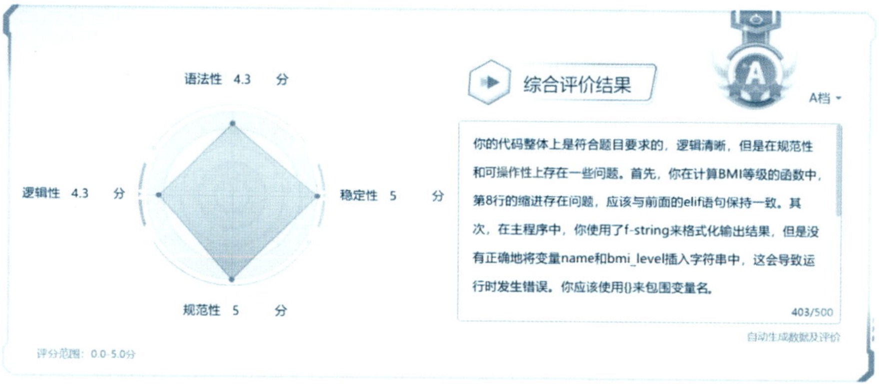

图4-11　张同学程序作业的综合评价结果

（2）大模型助力教师进行班级程序作业评估，实现批量批改与智能分析

针对班级的程序作业，教师可使用大模型编程助手实现对全班编程作业的一键批改和智能分析。大模型编程助手可以助力教师快速完成对全班作业的批量批改，以及对批改结果的自动统计和分析，并生成班级程序作业批改报告。报告对批改结果进行可视化展示，方便教师快速了解班级作业情况，还对学生作业进行了典型错误的分类统计，帮助教师精准把握学生学习薄弱点，以便开展针对性作业讲评。

南京市雨花台中学积极利用现代技术手段，为信息科技学科的作业批改赋能。学校采用了专为中小学信息科技学科设计的Python编程教学辅助系统——大模型编程助手，自动批改学生提交的Python程序，解决了教师在程序批改过程中遇到的批改难度大、耗时长、统计难等问题。该工具不仅显著减轻了教师的批改负担，还为学生提供了及时、精准的程序作业反馈，增强了批改结果的针对性和指导性，有助于提高学生的编程能力，培育其数字素养。

4.4.3 拟真化口语测评

口语能力测评是一种评估个体在特定语言活动中理解和表达能力的测评类型，通常包括对语言知识、非语言知识以及实际交际能力的评估①，在语言教学中具有重要意义。传统的口语能力测评中，由于技术限制，普通机考难以模拟真实的语言交互场景，导致语言交互能力的测评难以实施，缺乏口语交际能力评价②。人工评估需要教师或者语言测评者投入大量时间和精力来准备口语测评材料、评估学生口语交际能力并填写能力评测报告，人力成本相对较高。特别是现代口语能力测评正朝着更加多元化和个性化的方向发展，强调真实语境的模拟、交际能力的考查，更加关注学习者个体的差异，对学生真实口语能力进行科学评测的要求逐步提高③。引入GenAI和虚拟数字人技术来进行口语能力评测为解决这些问题提供了新思路，学生可以不受时间地点限制，随时随地与智能系统互动，获得实时反馈与评估报告，提高口语能力和综合素质。

在各类口语测试评价标准的基础上，引入虚拟数字人考官辅助创设拟真考试对话环境，增强英语口语测评的互动真实性；调用大模型基础能力生成评价维度丰富的反馈报告，有效帮助学生实现个性化提升。如表4-12所示。

（1）虚拟数字人模考。利用多模态口语对话大模型和虚拟数字人技术创建具有多轮口语对话、情景对话、评分测试功能的虚拟数字人考官，可满足口语能力评测模考场景的应用需求。具体赋能作用体现在：①实时对话。虚拟数字人考官能够基于自然语言识别、合成技术和上下文理解技术，依据具体的口语考试流程和考生进行多轮对话测试。多轮对话要求虚拟数字人考官拥有历史对话信息记忆能力，并依据历史对话解析进行下一轮问题的合理输出，且问题与人类真实对话对齐，以更好地评估考生的口语交际能力。②沉

---

① 中华人民共和国教育部国家语言文字工作委员会．中国英语能力等级量表：GF 0018—2018[S]．北京：高等教育出版社，2018：1.

② 李宝贵，马瑞祾，徐娟，等．“ChatGPT来了：国际中文教育的新机遇与新挑战”大家谈(下)[J]．语言教学与研究，2023，(04)：1-12.

③ 顾小清．基于场景的测评：内涵特征、实践应用与未来展望[J]．上海教育，2024，(08)：30-33.

浸式交互体验。虚拟数字人考官能够呈现出丰富的表情、神态、手势等非语言信息，增强与考生的互动性体验，模拟真实机考场景中考生与考官的交互，以帮助考生熟悉口语考试场景。③模拟考试全流程。虚拟数字人考官结合口语评测技术，参考考试真题编制情景对话、话题讨论等试题，还原考试全流程，帮助考生熟悉口语评测环节。

（2）生成模考报告。基于自动化评分、数据分析和文本生成技术，大模型可以根据考生与虚拟数字人考官的多轮口语对话文本，从发音标准性、语法多样性与准确性、词汇丰富性、流利性与连贯性四个维度生成包括评分、作答解析以及改进建议的模考报告，科学全面地对考生的口语能力进行评估。具体报告生成内容包括：①自动化评分。考生回答中的发音、流畅度以及词汇、语法等语言信息，可采用发音检错、语法检错等AI技术对各维度进行自动化评分，并生成可视化能力分布图，从而帮助考生更加直观地了解自身口语各项能力维度的标准化得分分布情况。②口语各能力维度解析。根据不同口语能力测试评估标准，综合分析考生回答的所有语音数据，对考生的口语能力进行评估分析。口语评测大模型在词汇维度，生成各等级词汇使用频率环形图；在语法维度，生成从句类型数量统计，并进行冠词错误、动词时态错误、句型结构错误、句子成分残缺等语法错误原因分析；在发音维度，生成高低得分回答的数量统计并支持回放回答录音；在流畅度层面，生成对语速、沟通意愿、停顿以及连接词短语的分析，有效帮助考生依据口语测评标准全面了解自身各维度口语能力。③生成口语能力提升建议。口语评测大模型从多个维度生成具体的口语回答优化建议。在词汇层面，根据考生使用词汇推荐相应的高级词汇；在语法层面，生成与错误语法回答相对应的正确回答模板；在发音层面，针对考生不标准发音生成标准发音版本。

表4-12 口语测评典型场景

场景	考生	大模型工具
虚拟数字人模考	考生根据GenAI系统的引导问题，遵循考试流程语音输入作答。 以雅思口语考试Part 3交互为例：根据系统的问题，回答“To be honest，I don't think that all of the people need to have a day to day plan because it may be influenced by some emergent task. For example，as a staff，you need to handle the company's task with higher priority”。	视觉层面，虚拟数字人经过渲染持续呈现动态动作和表情。语言层面，系统记录每轮考生回答，并根据相关口语测评专业的流程，结合上下问答情况，回应回答并生成下一个引导问题。 以雅思口语考试Part 3 交互为例，系统首先提出问题：“To start，do you think people need to have a day-to-day plan?” 然后根据考生的回答做出回应，润色考生表达，并进一步推进讨论细节和深度，生成下一个问题：“I see what you're saying. That being said，it is beneficial to have a general sense of time management. This can help you stay organized and prioritize tasks effectively. Are there any specific Apps or tools that you find helpful for managing time?”
模考报告生成	考生根据系统指引，利用语音输入功能回答问题，完成模考所有环节。	系统分析考生模考的全部语音数据，从发音标准性、语法多样性与准确性、词汇丰富性、流利性与连贯性四个维度评分并进行作答情况分析，给出改进建议。以雅思口语测试词汇项为例，系统分析得出学生在该维度得分6.5，并根据考生回答内容推荐相应单词的高级词汇： some→several; necessary→indispensable; end→terminate.

在应用口语评测大模型工具进行口语能力测评时，教师和学生需要注意以下事项。①确保评测的公平性和透明性。教师需确保虚拟考官的评测标准与人类考官保持一致，避免任何偏见或不公正现象。评测过程应向所有考生公开，确保透明度，让考生了解评测的流程和标准。②处理技术问题和异常情况。对考试过程中可能出现的技术故障或其他异常情况准备应对方案，如备用设备、技术支持团队等，确保考试流程的连续性，及时解决任何可能影响考试正常进行的问题。③提供人工干预的可能性。在虚拟考官的评测过程

中保留人工干预的选项，以便在处理争议或复杂个案时进行人工复核。确保考生和教师都清楚在何种情况下可以请求人工干预，并了解相关的流程和步骤。④保护考生隐私和数据安全。采取必要的措施保护考生的个人信息和口语测试数据，防止未经授权的访问和使用。遵守相关的数据保护法规，确保所有数据的收集、存储和处理活动都符合隐私保护的要求。定期对数据处理和存储系统进行安全审查，以防数据泄露或被滥用。

案例 4–12　虚拟数字人考官助力个性化口语测评*

GenAI赋能越来越多的学习测评场景。以口语测评为例，对于英语作为第二语言的学习者来说，AI语伴提供的及时性反馈评价给学习者带来更多英文口语交流机会和兴趣式引导拓展。耿同学是一名高校硕士研究生，在备考雅思考试的过程中使用AI语伴进行英语口语练习并通过模考熟悉考试流程。她在课堂上与外籍教师进行英语口语对话练习时，会过度关注语言中的用词、语法、句子结构以及时态问题等，产生紧张焦虑情绪，负面情绪干扰了语言组织表达。除此之外，由于文化差异，外籍教师并不能有效识别学生由于语言逻辑差异导致的表达问题，并帮助学生即时纠正。GenAI口语测评不仅能提供口语表达即时反馈，纠正用词和语法错误，还能模拟包括KET、PET、大学四六级口语讨论模块、雅思口语、托福独立口语考试等口语测试进行沉浸式模拟备考，并形成标准化的口语报告，帮助学习者找到口语表达中的薄弱点。耿同学的详细应用情况如下。

（1）全真雅思模考，熟悉考试流程

耿同学可以与虚拟考官模拟雅思口语考试过程。虚拟考官按照雅思口语考试流程进入第一部分询问基本问题：“Welcome to the oral test. Are you a creative person?” 耿同学答：“Yes, I do think I am a creative person that I would like to create in many ways like drawing and writing.” 系统根据回答生成下一个引导问题：

* 本案例根据香港中文大学提供的相关资料整理。

“That’s great to hear! What did you learn about creativity at school?”有效模拟真人考官的互动问答内容模式。

进入第二部分，操作界面呈现一张任务答题卡“Describe your favourite part of the day...”，内容有话题主旨描述和要点提示，与雅思机考形式一致。一分钟倒计时结束后，系统会录制全部回答并实时转录翻译。第三部分承接第二部分日程安排的话题进行更加深入的讨论和交流，模拟考官就时间安排话题以及人们对于日程管理的态度，通过询问考查学习者的逻辑思维能力和深入探讨问题的能力。

（2）生成模考报告，了解口语水平

耿同学完成雅思模拟考试之后，GenAI语伴会从流利度和连贯度（FC）、词汇资源（LR）、语法范围及准确性（GRA）、发音（PRON）四个维度打分，并生成口语能力分布图，帮助学生在每一次模考之后都可以清晰直观地看到自己各项能力的强弱，从而有针对性地提高薄弱板块。口语模考报告还会提供词汇使用的分析与提升建议。耿同学了解到自己A1、A2级别的单词使用占比超过75%，已经可以理解和使用日常表达中的简单句子并回应简单口头提问；B1、B2级别的单词总占比不足10%，能就熟悉的主题清晰表达自己的观点并解释原因，但在社交、学术和工作场合中使用到的词汇仍然需要积累。针对单词表达的升级，GenAI会列举出耿同学在模考中使用单词的高级替换版本，帮助学生直观并即时地提升自己的词汇量，从而在后续学习中灵活运用这些词语提升口语表达的流利度和准确性。

（3）生成作答详情，逐句提升表达

在“作答详情”界面中点击“你的作答”，可以查看所有作答记录的录音，并支持学生回放录音。勾选“字幕”可将语音实时翻译转换为文本模式，方便学生快速浏览答案内容。在“优秀作答”界面，系统根据学生回答内容，逐句修正并生成提升版语音。以第一部分作答为例，系统根据学生回答生成提升版回答音频，帮助学生快速掌握该问题的高阶词汇和句法回答，实现有效积累。

通过雅思模考、模考报告以及作答详情查看功能，学生可以熟悉实际考试的氛围，缓解紧张情绪，并了解个人口语的针对性强化训练方向。与虚拟数字人考官交流，不受时间地点限制，且可以随时暂停或重播虚拟考官的提问。话题讨论部分，大模型在聚焦话题下可以与学生进行更加深入的讨论，并提供不同话题下丰富的词汇，提高学生的表达质量。虚拟考官以2D动态形象出现，可提高学生沟通表达的兴趣，延长知识点的记忆时间。总之，大模型支持的虚拟数字人模考有助于学生熟悉实际考试的流程和氛围，获得具有针对性的强化训练，且与传统面对面辅导相比，虚拟数字人模考节省了学生的费用成本和时间成本。

4.4.4 伴随式学生核心素养评价

学生发展核心素养指学生应具备的，能够适应终身发展和社会发展需要的必备品格和关键能力，是关于学生知识、技能、情感、态度、价值观等多方面要求的综合表现[①]。经过十多年的课程改革，核心素养评价基本形成多元评价主体取代教师对学生单一评价，形成性评价为主、结果性评价为辅，评价内容丰富、评价方法多元、评价主体多层次参与的体系结构[②]。但是学校和教师在实践核心素养评价过程中仍然存在以下问题：一是学生核心素养评价的表现性评价方案缺乏，导致教师难以全面把握核心素养评价，造成评价实施困难；二是系统科学的评价工具和技术操作程序缺乏，需要现代技术、工具、平台的支持来实现评价数据的同步[③]；三是教师对核心素养评价理解和经验缺乏，教师评价内容流于表面，出现评价标准虚化、泛化等现象[④]。在学生核心素养评价场景中，引入GenAI技术可以有效助力智能评价系

①《中国学生发展核心素养》发布[EB/OL]. (2016-09-14)[2024-08-26]. http://edu.people.com.cn/n1/2016/0914/c1053-28714231.html.

② 尚力沛. 核心素养背景下体育学习评价的若干问题讨论[J].天津师范大学学报(基础教育版)，2019，20(01): 56-60.

③ 顾小清，王欣苗，李世瑾.数字教育资源发展水平如何？——基于国家中小学智慧教育平台资源的证据回应[J]. 远程教育杂志，2024，42(01): 61-73.

④ 吴砥，李环，杨洒，等. 教育数字化转型背景下中小学生数字素养评价指标体系研究[J]. 中国教育学刊，2023，(07): 28-33.

统优化升级，并促进核心素养评价实施落地[①]。

智能评价系统通过调用API接入大模型，在学生核心素养评价中的评价方案设计、评价数据采集和评价结果生成这三大关键场景中发挥重要作用。系统不仅能够自动化和优化评价过程，还能根据实时数据提供更加精准和个性化的评价反馈，进一步促进学生核心素养全面发展[②]。如表4-13所示。

（1）评价方案设计。设计评价方案是核心素养评价的重要环节，教育专用大模型可以辅助教师根据《义务教育课程方案和课程标准（2022年版）》中的要求，设计包括学科知识、思维能力、学习品质、社会责任等方面的学生核心素养评价标准、指标、工具和计划，建立更具科学性的评价方案。具体环节包括：①制定评价标准和指标。大模型可以基于大量校本核心素养目标及对应的评价指标，根据教师设定的具体学科、学段以及评价目标信息，智能生成多级评价指标。②选择评价工具。基于确定的评价标准和指标，大模型可以推荐学科活动群和点评项目等评价工具，支持写实计分、主观评价、表现性评价等。

（2）伴随式评价数据采集。在学生核心素养评价实施过程中，特别是动态的、复杂性高的学习活动中，智能评价系统可以高效获取评价文本、语音样本、学生图片作品等数据，并进行智能化数据汇聚。评价形式包括电子徽章评价、写实评分评价和作品智能评语等，它们可以伴随式记录学生学习表现,从而有效推动全面的评价数据采集[③]。具体采集内容包括：①电子徽章采集。智能评价系统根据教师的语言指令，调用大模型来推荐与教师评价内容相似的电子徽章，并记录相应电子徽章，实现数据采集。②作品评语采集。大模型生成针对学生作品的个性化评语，包括图片内容描述、作品改进意见以及情感鼓励，并记录评语数据。在此基础上，智能评价系统汇聚整合实时

---

① 吴砥，郭庆，吴龙凯，等．智能技术赋能教育评价改革[J]．开放教育研究，2023，29(04)：4-10.

② 蔡清田．“核心素养”：新课改的目标来源[N].中国社会科学报，2012-10-10.

③ Kusam V A. Generative-AI Assisted Feedback Provisioning for Project-based Learning in CS Education[D]. University of Michigan-Dearborn，2024.

数据并对接各平台，确保核心素养过程性评价数据的完整性、实时性以及交互同步[①]。

（3）评价结果生成。智能评价系统根据积累的学生徽章评价、计分评价以及作品评价等活动数据，通过内容分析技术融合分析，可以依据教师设定的标签数据或者文本、语音交互生成智能评语。具体形式如下：①过程性评价数据生成评语。大模型对不同种类数据，从文本、语音、图像等方面分析学习者特征要素的准确表征，结合学生核心素养标准从知识基础掌握与基本技能运用、思维能力和情感态度价值观等层面，自动生成智能评语。②教师定制评语。大模型可以根据教师设定的人设、数据、字数等基础信息标签，生成定制的评语评价。同时支持教师文本、语音输入补充信息，生成更加贴近教师实际认知、情感表达需求的评语评价。此外，接入大模型的智能评价系统支持教师使用提示工程与系统进行文本或者语音的交互进而生成评语。教师可以根据提示框架，从情景问题和目标、重要性描述、模型角色定位和输出样式四个方面与系统进行高质量提示交互，生成学生的个性化评语[②]。

表4-13　学生核心素养评价典型场景示例

场景	教师	大模型工具
评价方案设计	基于教学活动需求，教师定义评价目标和评价内容，选择具体评价指标和数据收集方式，更加准确地设定核心素养评价标准。 以劳育活动中对学生的核心素养评价为例，教师需要： ①设计劳育活动评价标准和指标。如明确劳育习惯和品质，包括形成良好的劳动习惯、塑造基本的劳动品质，其对应的指标是学生参与劳育活动的表现性数据。 ②确定相应的评价工具。如劳育活动表现性评价量表。 ③基于评价内容，确定评价计划。如每次劳育活动后采用表现性评价，学期末采用增值性评价。	大模型评价系统基于国家政策、综合素质评价标准，结合教师设定的评价标准和指标，生成适合学生核心素养评价的评价指标和评价工具。 例如，劳育活动评价系统自动生成劳育观念、劳育能力、劳育习惯和品质以及劳育精神四个维度的相关标准，并据此推荐生成相应的日常生活劳动、生产劳动、服务性劳动等活动群和点评项目。

① 程希来．多数据库系统数据整合平台设计[D]．电子科技大学，2008.

② 罗恒，廖小芳，茹琦琦，等．生成式人工智能支持的教师评语研究：基于初中数学课堂的实践探索[J]．电化教育研究，2024，45(05)：58-66.

续表

场景	教师	大模型工具
评价数据采集	教师根据不同评价活动的要求实施评价并智能填报多模态活动类和测评类评价数据，包括分数、评语、数字徽章、电子作品等。 例如，在劳育活动评价中，教师语音输入“A同学认真整理学习环境，给他发一个徽章”，并根据系统推荐确认颁发“清洁达人”徽章。	大模型评价系统智能识别、采集多终端数据并同步汇聚各平台多模态评价数据。 ①系统根据教师或学生上传内容进行自动评分。例如，对学生上传的“做饭”照片完成真实性审核并进行评分。或根据教师评语智能推荐电子徽章。 例如，系统根据教师语音内容中“认真整理学习环境”推荐“清洁达人”“自理达人”“尊重劳动”三个徽章供教师选择。 ②各平台数据汇聚。汇聚贯穿学生课前、课中、课后全过程的数据，汇聚多终端包括智慧课堂、智慧作业系统、学生终端、校信平台、五育评价系统的数据。
评价结果生成	教师根据评价需要选择智能评语的数据标签、人设标签，设定基础信息以及字数等，获得系统自动生成的学生评语后，对生成的评价内容进行修改完善。 例如，教师选择高分指标、徽章获得、活动参与、行为评价等数据标签以及“鼓励的”“关心的”人设标签，帮助系统准确生成对C同学的评语。	大模型评价系统根据累积的学生徽章、评分、评语数据以及教师设定的评价实施数据（包括声音、文字、图片等数据的汇总整合），初步为学生生成个性化评语，并提供支持教师编辑修改数据的交互窗口。根据教师文字编辑或者语音录入补充的信息，系统重新生成更加符合教师评价需求的评语。最终生成的评语示例如下：“C同学本学期表现良好，获得12枚表扬徽章，其中最多的是“自强不息”徽章，这是对你努力学习、积极向上的肯定。你在本学期参加了8次活动，表现出对学校活动积极参与的态度。总体来说，你的表现是值得肯定的。但是，我也要提醒你，在行为评价方面还有待提高。希望你能够更加注意自己的言行举止，遵守校规校纪，做一个遵纪守法的好学生。同时，也要注意自己的安全和健康，保持良好的生活习惯。我相信你会在未来的日子里更加努力，成为一名优秀的学生。如果你有任何问题或困难，都可以随时找我哦！”

在利用大模型协作进行学生核心素养评价过程中，教师应当始终以学生为主体，并注意以下事项。①数据安全及伦理问题。教师应当向学生以及家长明确智能评价系统采集的数据类型、数据用途，并解释可能存在的数据安

全隐患。②大模型协同中的任务分配。教师应该主导与大模型工具人机协同生成综合评语的过程，充分利用大模型依据学生个体学习和活动数据提炼内容、生成综合性评语的文本提炼能力，批判性补充创造性、情感性表达，并确认最终评价结果，提高评价的准确性和深度[①]。③注重师生互动。在学生素养评价中，教师需要关注学生的学习过程和认知状态，增加对学生的发展性关注以及和学生的情感联结，提升学生学习动机和学习兴趣[②]。

案例 4-13　大模型推动学生核心素养评价活动落地[*]

东莞市茶山镇第三小学（以下简称“三小”）地处有800多年历史的明清古村落南社村。学校依托GenAI技术辅助构建基于“双循环”的“一轴四维五育生态”评价体系，在深化教育评价改革进程中探索科学培养、有效评价学生核心素养的新模式。在2024年上半年指标体系建设中，三小以“培养学生成为德智体美劳全面发展的人”这一目标为轴作指引，从“教师”“自我”“同学”“家长”4个维度，融合学校的“礼慧”教育特质，打造多元化评价体系。三小在德智体美劳5个一级指标下设置了30个二级指标，并配套了70个活动，在劳育和美育中实施对学生核心素养的评价。

（1）生成美育作品评价，培育审美创作能力

三小从“艺”“绎”“异”“怡”“宜”“义”6个方面制订了13项美育评价标准。学校引入GenAI技术辅助教师进行美术作品评价，学生在系统中上传个人美术作品，即可实时获得大模型用鼓励式语气从色彩、线条、图案等方面给予的个性化评语反馈。例如，美术教师在课堂上结合当地历史资源和文化背景，设置“绘制你印象中的青铜器”作品设计活动。A学生上传自己创作的青铜器艺术作品，大模型从色彩运用、绘画技巧、情感鼓励等多方面生成对作品的针

① 王晴，贺玮，胡小勇．人工智能助力教师教学提质增效[J]．中小学信息技术教育，2023，(05)：14-16.
② 黎加厚．ChatGPT对教师的含义[J]．中小学信息技术教育，2023，(05)：5-7.
* 本案例资料由广东省东莞市茶山镇第三小学提供。

对性反馈，帮助学生理解创作需要关注的维度。此外，学生还可与大模型进行语音交互，进一步了解青铜器的用途、纹饰含义以及制作工艺，拓展对青铜器的了解，深化对中华传统文化的认识。

（2）智能识别劳动计分，奖章激励劳动实践

三小在劳育课程中设置了包括生活、生产、安全等方面的技术应用、问题解决及劳动技能等评价内容。教师以具体的劳动项目为载体，以学生经历劳动过程为基本要求，为二年级学生设置为期一个月的“帮助家长拖地清洁”的劳动活动以及对应的计分评价标准。学生上传劳动照片后智能评价系统可以准确分析其劳动行为，判断结果并进行计分，从而记录学生劳动的过程性表现数据。此外，在实践劳育活动过程中，教师还可以根据学生在校劳动的表现，利用自然语言交互即时进行奖章评价，发放“热爱劳动”“坚持不懈”“劳动能手”等奖章，实现伴随式过程评价，简化教师的劳育评价流程。

4.4.5 智能化课堂教学分析

课堂教学是学校教育的重要环节，课堂教学分析通过对一节课中师生的行为和互动产生的大量数据进行分析，揭示数据背后反映出的诸多教学特征和规律。以往的课堂教学分析无论是质性分析还是量化分析，在当前数智化环境下都具有一定的局限性，主要表现为：一是主要依靠人工进行，多采用观评课的质性分析方法，对分析者专业水平要求较高且容易出现主观性偏强的问题①；二是近年来的各种“智慧教室”“智能学习空间”，大多利用智能手段监控课堂上学生的学习状态，鲜少聚焦于课堂教学中的教师和学生在语言、行为、情感上的类别、形式与频次，较少探究其深层的内涵、生成原因以及背后的教育意义和价值②。2023年5月9日，教育部办公厅印发《基础教育课程教学改革深化行动方案》，强调推动数字化在拓展教学时空、共享

① 孙众，吕恺悦，施智平，等．TESTII框架：人工智能支持课堂教学分析的发展走向[J]．电化教育研究，2021，42(02)：33-39+77.

② 吴立宝，曹雅楠，曹一鸣．人工智能赋能课堂教学评价改革与技术实现的框架构建[J]．中国电化教育，2021，(05)：94-101.

优质资源、优化课程内容与教学过程、优化学生学习方式、精准开展教学评价等方面的广泛应用，促进教学更好地适应知识创新、素养形成发展等新要求，构建数字化背景下的新型教与学模式，助力提高教学效率和质量。因此，借助以GenAI为代表的智能技术开展课堂教学分析非常必要，可以为实现大规模、及时且精准的课堂教学评价提供有效手段。

基于GenAI的课堂教学分析系统可以集成多种数据来源，包括教师的课前教学设计方案和课后教学反思记录，以及利用智能设备获得包括教师全景、教师跟踪、学生全景、学生跟踪、板书特写、多媒体信号等课堂实录视频画面①②。在此基础上，系统能够通过教师、学生的全景和跟踪视频，评估教师的授课方式、板书情况、与学生的互动频率等，提供关于教学方法改进的建议；分析学生的课堂参与度、注意力分布和互助学习情况，帮助识别学习困难的学生并提供个性化辅导方案；从多个角度综合评估课堂教学效果，生成多维度的评价报告和改进建议。如表4-14所示。

（1）多模态数据识别。基于GenAI的课堂教学分析系统能够集成教师、学生的多模态数据，通过语音识别、姿态识别、表情识别和脑数据识别等技术，采集师生行为、师生言语、教学设计和教学特征等数据，将其转化为结构化数据以便进行智能分析，为教师改进教学方法、学生优化学习方式提供可靠依据③④。同时在教室可安装实时反馈评价数据与结果的电子显示屏或客户端，以便教师在课堂上实时获得系统的反馈数据，了解全体学生的听课情况，从而及时调整教学内容与方法，并对走神儿的学生加以提醒，提高其专注度和参与度。学生也可以在课下及时看到整堂课中自己的学习表现，自我审视并做出改进⑤。

---

① 宋宇，许昌良，朱佳，等．面向思维培养：基于精准标注技术的智能化课堂教学分析及应用[J]．华东师范大学学报（教育科学版），2023，41(08)：79-89.

② 魏宁．课堂智能分析赋能教研的路径与思考[J]．中小学信息技术教育，2024，(06)：8-10.

③ 方海光，洪心，舒丽丽，等．基于课堂智能分析大模型的教师教学能力分析框架及其应用研究[J]．现代教育技术，2024，34(02)：43-52.

④ 王运武，李雪婷，王藤藤，等．人工智能助推教师队伍建设：新诉求、潜能与应用场域[J]．数字教育，2022，8(06)：13-20.

⑤ 吴立宝，曹雅楠，曹一鸣．人工智能赋能课堂教学评价改革与技术实现的框架构建[J]．中国电化教育，2021，(05)：94-101.

（2）课堂智能分析。基于多模态数据分析大模型和专家评课垂直大模型，可实现对课堂教学的量化和质性分析。多模态数据分析大模型负责对输入的多模态数据进行分类和识别，建立起针对教师、学生、课程三大主体映射关系的训练模型，并训练大量的数据集和测试集，同时引入人工标注进行矫正，提升模型的精度和可靠性，实现对课堂教学的智能解析。比如，专家评课垂直大模型集成众多教育专家的评课经验和标准，通过“大规模预训练+下游任务微调”方式训练专家评课语料库，实现模拟专家评课内容的生成应用①。二者相结合，能够实现对课堂教学全面、多维度、科学的分析，为课堂教学质量提升提供坚实基础。

（3）AI分析助手。在大模型已预设的分析维度和框架之外，教师或管理者可以根据自身的需求输入具体的指令，让AI分析助手提供关于课堂教学内容、教师教学、学生学习情况的针对性分析和数据统计。基于GenAI的AI分析助手可以提供数据挖掘和预测分析功能，通过建模和算法优化，帮助教师或管理者发现隐藏在数据中的模式、趋势和关联性，为教学决策提供预测性支持。同时，AI分析助手还支持实时指令输入和分析，能够快速生成反馈和建议。

表4-14　课堂教学分析典型场景

典型场景	教师	大模型工具
多模态数据识别	教师通过在教室内安装摄像头、眼动仪等工具，可以实时采集课堂图像与声音信号。同时，也可以在系统上传课堂教学的相关材料，进一步丰富和完善课堂教学数据。 例如，教师在教育管理平台上传教师教学设计、教学反思的文档，系统识别后自动录入信息。	在教育管理平台上，课堂教学分析系统能够对课堂教学前教师的教学设计、课堂教学过程中的师生表现性数据、课堂教学后的教学反思等进行自动识别和分析（包括文字、语音、图像、视频等多种形式的数据识别和分析），帮助管理者更全面地了解课堂教学过程中师生的表现。 例如，系统可以通过文字识别教师的教学设计，通过语音识别教师的讲课内容和师生互动情况，通过图像识别学生的姿势和表情，通过视频识别教师的教学方式和学生的反应等，继而将识别的数据生成表单内容。

① 方海光，洪心，舒丽丽，等．基于课堂智能分析大模型的教师教学能力分析框架及其应用研究[J]. 现代教育技术，2024，34(02)：43-52.

续表

典型场景	教师	大模型工具
课堂智能分析	教师可以利用课堂教学分析系统提供的数据和报告，监控、评估教学质量，识别教学过程中存在的问题和瓶颈，进行教学资源的合理分配和课程规划，做出教学管理方面的决策。 例如，教师可以查看课堂分析报告中的教学关键指标和师生课堂表现数据，评估课堂的教学效果和学生的学习情况。	首先，课堂教学分析系统对收集的数据进行数据清洗、特征提取等预处理操作，进而将不同形式的数据进行融合，形成多模态数据集。 其次，系统利用训练好的多模态数据分析大模型和专家评课垂直大模型对课堂数据进行分析，识别不同的教学模式、学生反应和教师表现等。 最后，系统将分析结果通过可视化形式呈现给教师和管理者，提供教学指导、改进建议和教学评估报告等内容，帮助优化教学管理和提高教学效果。 例如，系统在接收到一节课的完整课堂教学信息后，能够智能生成该节课的课堂分析报告（包括对该节课的基本信息、教学内容、教师教学行为、学生学习行为等内容的全面、准确分析），并为教师提供个性化的改进指导。
AI分析助手	教师可以以问答的方式输入关于课堂教学相关问题的具体指令，要求AI分析助手输出有针对性的统计和分析结果。 例如，教师可在课堂教学分析系统中输入“看一下本堂课教师的课堂行为分布情况”。	AI分析助手在接到具体指令后，能够准确识别指令中的核心内容，实时将分析结果生成相应的可视化图表或具有高度可解释性的分析报告，帮助管理者快速了解分析的核心信息。 例如，系统在接到“看一下本堂课教师的课堂行为分布情况”的指令后，会生成对教师课堂行为的统计分析、教学轨迹分析、教学注意力分析的可视化图表。系统也会综合分析这些数据，生成对教师课堂教学行为情况的文字总结报告，提出相应的改进建议，如提高互动频率、优化讲解方式、增加学生参与度等。

在进行基于GenAI的课堂教学分析时，教师需要注意以下事项。①确保采集课堂教学的多模态数据，综合考虑多方面因素对课堂教学的影响，从教师教学、学生学习、课程内容等多个方面的数据进行分析，从而做出更全面的评估。同时，制订完善的数据保护机制，定期进行数据备份，确保数据的安全和隐私保护。②应将分析结果与实际教学情况相结合，及时收集教师和学生的反馈，不断改进大模型的准确性和实用性。③教师需要结合自身专业知识进行科学、客观决策，应认识到AI分析助手仅起到辅助作用，知晓其不可取代教师的决策能力。

案例4–14 教育评价大模型“知新”开创人机协同教育评价新格局*

近年来，吉林大学大力推进人工智能大模型在教育中的创新应用。学校研究团队与科大讯飞共同研发了教育评价大模型——“知新”，并于2024年4月在第61届中国高等教育博览会上正式发布。“知新”是全国首个教育评价垂类大模型，致力于解决大规模课堂教学中的质量评价、教师教学发展和学生个性化指导等问题。它能够对课堂教学内容进行智能分析，自动生成学生、教师和课程等多主体、多维度的评价报告，评价结果以数字人播报的形式反馈，并支持围绕评价内容的智能问答功能。

（1）个性化学生感知

吉林大学建设“数质吉大”教学质量管理平台，研发搭载“知新”教育评价大模型的AI课堂教学评价系统，从教师教情和学生学情两个角度分析师生行为，帮助教师关注每一位学生，感知学生的学习状态、学习成效和学习体验，并及时给予干预和支持。从教师教情角度，分析教师的轨迹分布、教学注意力分布、课堂行为、课堂轨迹、课堂话语和情感状态；从学生学情角度，分析学生的课堂抬头率、课堂参与度、课堂行为和被重点关注学生的情况。其中，该系统将情绪感染理论与情绪识别技术相结合，利用教室内物联网设备实时感知学生的学业情绪状态，及时发现并干预消极情绪感染源，从而阻断课堂消极情绪的传播。同时，利用自研的BERT–CNN模型有效识别学生的学习困惑情绪，提高学生的投入程度。

系统可自动生成AI课堂教学分析报告，并通过数字助手进行播报。教师可以快速发现教学内容、教学方法、教学行为和语言表达等方面需要关注或提升的地方。例如，数字助手播报：“徐老师，本堂课中以上几位同学异常行为较多，建议尝试更频繁地在学生区域活动，增加对学生的关注，采用提问互动等方式，引导学生逐步强化学习动机……”这种方式使课堂教学分析更具交

* 本案例资料由吉林大学提供。

互性，方便教师更加全面地感知每一名学生的课堂学习行为、学业表现和情绪体验。

（2）多模态理解与分析

“知新”大模型针对学生（学习行为、学习体验、学习成效）、教师（教学内容、教学行为、教学方法、情感分析、人工评教分析）、课程（课程目标、课程内容、课程资源、人工评教分析）三大主体，分别从12个维度和28项指标进行多模态理解与分析，涵盖从行为到情绪和体验，再到心理和动机等多个方面。“知新”重点感知学生的课堂参与度、学习情绪和学习动机，以及教师的教学互动和教学情绪等，通过智能评价生成可视化图表，并提供个性化建议。例如，向数字助手发出指令“查看课堂教师的行为分布和学生行为”，数字助手即可通过可视化图表的方式，尽可能详尽地反馈相应的教学建议以及需要重点关注的学生异常行为。

（3）人工评教的“智能总结”

吉林大学以常态化直播、录播与数字教学资源建设为基础，实现全校“6 000+课程”的线下线上融合式教学评价，建立领导、督导、同行等多主体评价机制，解决了人工评教中存在的效率低、成本高、标准不统一、个人情感强等问题，克服了评价问卷设计复杂、可操作性差或设计简单、针对性不强等缺陷。“知新”在实现“60 000+学生”的线上评教的同时，还支持自动汇总评教数据，进行分级反馈。大模型的总结归纳打破了传统问卷的“打分式”评价模式，实现人工评教的“智能总结”，并通过虚拟人播报和可视化报告的方式，将建议及时触达教师。

融合教育学、心理学等大量领域知识、专家经验和人工智能技术构建的“知新”教育评价大模型，能够实现对教育主体的精准感知和智能干预，从而形成“感知—分析—反馈—改进”的质量管理闭环，实现全员、全过程、多维度的教育评价。“知新”大模型作为学校强大的人工智能助手，为学生提供最优质的“知识服务”和“情绪价值”，为教师提供最专业的“教学指导”和“教学支持”。“知新”大模型不仅为教育评价提供了智能化工具，同时促进了教育评价范式的变革，为人工智能赋能教育教学评价的数字化转型提供了一个完整的解决方案。

4.5 管理服务应用场景

GenAI在管理服务应用中展现出广阔前景，推动了智能管理和科学决策。在管理应用创建、智能问答服务、行政办公、数据分析和决策支持等方面，GenAI优化了管理流程，丰富了管理服务形式，使决策过程更加高效、精准，且智能化程度显著增强，在一定程度上提升了管理服务的效率。

4.5.1 管理应用对话生成

随着行政事务、教务安排等日常管理的数字化应用不断深入，区域和学校（以下简称为“区校”）教育管理业务的自动化和流程化程度也在不断提高。但是，不同地区或学校的信息化服务建设现状和发展需求存在差异，直接采购标准化的智能管理平台无法满足所有地区和学校的个性化需求，可能出现系统流程设计不符合实际需要、缺失个性化微小功能点、操作步骤烦琐等问题。因此，需要根据管理现状和需求定制化开发应用系统。然而，定制化开发周期长、费用高，区校难以承担或持续投入，同时管理需求不断更新也增加了应用开发和维护的难度。在此背景下，基于低代码平台构建应用创建智能体成为低成本、精准化满足区校个性化管理需求的有效解决方案，有助于区校管理平台建设与发展。

在区校教育管理业务系统建设中，低代码平台可以有效解决专属应用开发困难、系统建设成本高等问题①，而搭载了智能体的低代码平台不仅保留了灵活、稳定、高效、易操作的特点，还进一步提高了应用创建和编辑的效率，为教育管理者或教师提供了强大的管理工具开发支持。如表4-15所示。

① 钟杨，刘慧芬，徐斌.运用低代码平台创生学校数字化应用场景的实践探索[J].教育传播与技术，2023，(03)：80-84.

（1）应用创建。当管理者或教师需要创建管理应用时，可以与搭载在低代码平台上的智能体展开自然语言交流，完成目标应用的搭建。这种简单直接的操作过程简化了应用管理流程，进一步降低了应用开发的门槛，让更多了解区校实际业务需求的管理者或教师参与到应用创建过程中，使开发的应用更贴近实际应用场景[①]。在应用创建过程中，智能体首先可以深度理解管理者的言语意图，解析复杂的任务要求；然后，通过其代码生成能力将应用开发需求转化为标准协议的可执行代码指令，并根据智能映射机制，将标准协议的可执行代码转换为目标协议的可执行代码；最后，通过低代码平台渲染目标协议的可执行代码，得到搭建好的管理应用。

（2）应用编辑。当管理者或教师想要对创建的管理应用进行修改和微调时，可以直接对智能体提出修改或优化的需求，完成应用的编辑优化。这种操作方式降低了应用维护和更新的成本与难度，使得低代码开发具有更快的迭代速度和更高的灵活性。具体来说，智能体可以参考意图清单识别编辑需求中的编辑意图（包括新增、删除、修改或替换表单页、统计页、流程页等功能页面或功能页面中的某个内容或组件），然后基于编辑意图对应用进行编辑，得到编辑后的目标应用。

表4-15　管理应用创建典型场景

场景	管理者	大模型工具
应用创建	管理者根据具体场景的管理需求，描述应用创建类型及具体流程或要求，包括功能要求、流程步骤、数据处理需求等。 例如，管理者输入“请帮我搭建一个学生离校管理应用，家长可以帮学生申请离校，离校信息需要经过班主任审批”。	应用开发助手等智能体获取管理者输入的管理应用创建需求后，自动进行需求分析、建立数据模型、生成应用页面、建构业务流程以及配置权限等，创建出符合管理者需求的管理应用。

① 裴太强，夏伟，张晓晓.基于低代码平台的学生综合素质评价系统建设与应用研究[J]. 中国信息技术教育，2022，(01)：90-93.

续表

场景	管理者	大模型工具
应用编辑	当管理者确认已经创建的管理应用不符合预期时，可以进一步输入修改需求，对已创建的应用进行再次编辑。例如，管理者想要在创建好的学生离校管理应用中为教务处老师角色增加统计分析页面，可以输入“我想增加一个教务处老师角色并为其创建一个统计分析页，呈现离校超过7天的请假人次和各年级请假超过7天的统计数据及明细”。	应用开发助手等智能体首先获取管理者输入的编辑需求，并基于编辑需求识别管理者的编辑意图，将其区分为操作类型和操作对象。其中操作类型包括新增、删除或修改，操作对象包括功能页面及其内容或组件。然后基于应用创建的逻辑，完成应用的编辑修改。例如，应用开发助手针对管理者输入的学生离校管理应用编辑需求，将其识别为创建教务处教师角色、创建统计分析页及增加统计图表三个意图，然后完成对学生离校管理应用的编辑和修改。

在利用智能体创建管理应用时，管理者需要注意以下事项。①在向智能体描述管理应用创建需求时，应尽可能提供详细而准确的描述，以确保生成的应用符合实际需求并能够有效运行。②随着管理需求和场景的变化，有必要建立一套持续性的优化机制，及时对创建的应用进行更新和完善。③在创建管理应用时，管理者需要特别关注数据安全和隐私保护，采取必要的措施确保用户数据的保密性，避免未经授权的访问和超范围收集个人信息。④管理者应对智能体的能力和局限性有清晰的认识，不应期望其完全替代专业开发人员，而应将其视为辅助工具，合理评估其能力范围和效果。

案例4-15　创新教育应用开发新模式，助力学校管理数字化转型*

浙江省杭州市第二中学作为一所具有百年历史的传统名校，近年来正在积极探索和推进教育数字化转型。2024年3月底，学校引入教育数字基座应用开发助手，帮助教师基于大模型通过快速对话实现业务应用、信息收集、调查问卷以及自定义的应用开发。通过这一工具，教师可以“自己动手”开发出满足

* 本案例资料由浙江省杭州市第二中学提供。

不同需求的教育应用，学校可以更好地满足个性化的教学需求，提高教学效率和管理水平，推进管理数字化转型。

（1）自定义应用创建

在教育数字基座应用开发助手中，教师只需要输入自己的应用开发需求，系统就能够自动完成需求分析、数据模型生成、应用页面设计、业务流程规划以及权限配置等应用创建工作，大大简化了教师们开发教育应用的过程。这种快速创建应用的方式，能够让教师更加专注于教育内容和教学方法的创新，而不必过多关注应用开发的技术细节。通过大模型创建的教育应用主要分为两类：一类是信息收集应用，包括学生留校登记、家访情况记录、运动会投稿等；另一类是轻管理类应用，包括校园安全、教师管理、学生管理、后勤、办公、内控、资产、教学、德育管理等场景。

以创建学生住校情况收集应用为例，朱老师想要收集5月11日申请临时住校的学生信息，在平台输入“5月11日晚上申请临时住校登记：班级、姓名、寝室号”后，即可完成临时住校登记应用的创建，如图4-12所示。学生可通过输入指定格式的信息完成临时住校登记表填报，教师无须手动填写表格、整理数据，节省了大量的时间和精力，同时也减少了错误，确保信息的准确性和完整性。这种技术手段的应用为教师提供了帮助，简化了学生信息收集和管理的过程。

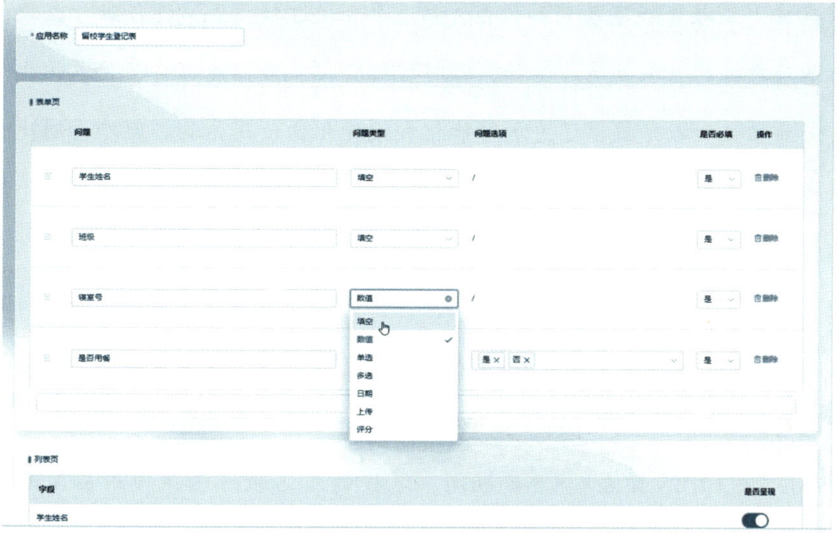

图4-12　创建临时住校登记表

（2）个性化应用修改

应用创建完成后，教师可以根据实际使用场景和反馈，通过对话方式对应用程序进行试用、调整和重新搭建，以满足学校的个性化需求和特定的教学场景要求。这种操作方式节省了教师的时间和精力，有助于提高教师的工作效率。同时，这种交互式的调整和优化方式也为应用程序的不断改进提供了便捷的途径，确保应用程序始终能够与教育需求相匹配，持续提高应用程序的适用性。

以临时住校登记表的修改为例，朱老师在创建应用之后，希望能够让应用自动根据学生账号获取学生的年级和班级等信息，减少学生重复填写信息的烦琐步骤。为了实现这一需求，他通过系统内置的“学生组件”来实现与基座数据的互联互通，使得应用能够根据学生的账号自动获取个人信息，并展示对应的数据。在填写登记表时，学生只需输入自己的账号，系统就能自动获取该学生的年级和班级等个人信息，并展示在表格中。修改后的应用不仅简化了学生填写表格的流程，还减少了信息录入错误的可能性。

（3）多场景应用适配

应用创建完成后，可以满足多设备、多形态、多群体使用，覆盖学校各类应用场景，让学校的教学管理和学生的学习更加便捷和高效。创建好的应用可以直接上架教育数字基座和校信App，学生通过校信App进行账号登录，实现与基座数据的互联互通。例如，临时住校登记表应用能够自动获取学生个人信息，为学生和教师提供了更加智能化和便捷化的使用体验。此外，创建的应用还支持使用微信、浏览器等进行扫码访问，满足了学生、家长、教师、班主任、校管等多重群体在不同场景下的实际应用需求。例如，创建预招生信息收集应用后，生成公开的链接与二维码，有意向的家长可以直接通过微信、浏览器扫码填写。这种方式简化了信息采集和提交的流程，提高了数据的准确性和更新速度，实现了更高效的信息沟通和管理。

2024年3月29日至4月8日期间，学校的三名教师尝试使用应用开发助手，共同创作了17个应用。大模型简单直接的操作过程，使教师可以轻松地开发符合实际教育管理需求的应用程序，降低了应用开发门槛，助力教师实现“人人能开发、人人能应用”。这种教育应用开发的新模式，使教师能够更好地适应数字化教育管理的趋势，为学校提供更加智能、高效的管理工具。同时，应用的功能调整和优化也变得更加灵活便捷，教育管理者能够及时响应管理需求变化，持续改进和提升应用的质量和适用性，为教育管理带来更多便利。

4.5.2 问答咨询智能高效

为了提供快速、准确的信息查询与业务咨询服务，区校行政部门普遍部署了智能问答系统。这些智能问答系统能够接收用户以自然语言形式描述的提问，并能从大量的异构数据中查找或推断用户问题的回答①，常见的有基于知识库的问答系统、搜索引擎式问答系统等。其中，基于知识库的问答系统回复准确率较高，被认为更适合校园场景，便于高效的校园管理工作②，但是受限于事先设定的问题范围和回答模式，灵活性较差，无法涵盖所有用户可能遇到的问题③。此外，有些用户希望能够根据自身的需求和偏好获取定制化的搜索结果和回答，但是早期的答案生成方式多采用人造模板，即根据提问内容选择合适的答案模板。这种方法合成的回答虽然合乎基本语法和逻辑，但是人工干预太多且无法应对所有语言表达模式④，导致用户体验不佳。因此，引入GenAI为解决传统问答咨询场景中的问题提供了新的可能，有助于提升用户问题解答效率和服务体验。

在学校各职能部门的信息资源和常见问题生成的专属知识库基础上，基于大模型构建的智能问答系统能够大幅提升语义理解准确率，为用户提供多轮交互、精准引导、政策溯源、智慧导办、咨询投诉等功能，有效提高

① 宗成庆. 统计自然语言处理[M]. 2版. 北京:清华大学出版社，2013: 13-19.
② 郭京津. 高校智能问答系统的构建与应用[J]. 信息与电脑(理论版)，2023，35(03): 243-246.
③ 王东升，王卫民，王石，等. 面向限定领域问答系统的自然语言理解方法综述[J]. 计算机科学，2017，44(08): 1-8+41.
④ 姚元杰，龚毅光，刘佳，等. 基于深度学习的智能问答系统综述[J]. 计算机系统应用，2023，32(04): 1-15.

咨询问答类事务的解决率，全面助力学校服务和管理的智能化。如表4-16所示。

（1）业务咨询。大模型可以快速提供准确的信息和个性化的咨询服务，高效解答用户在业务办理要求或流程方面的疑问，提升用户咨询体验。具体来说，大模型能够准确把握用户意图，提高搜索结果和回答的匹配度和针对性。通过将检索到的知识条目链接到源文件，大模型还能够提供文字、文档、链接、音频等多模态答复，确保用户可以直接查看原始信息，提高信息的准确性和可信度。此外，数字人技术与大模型的结合可以打造出更具情感色彩和个性化特点的虚拟数字人。这些虚拟数字人能够模拟人类的表情和语调，使用户感受到如同与真人互动般的亲切和自然，从而创新服务体验，有效提升用户满意度和咨询质量。

（2）业务指引。当用户遇到不熟悉或操作复杂的业务流程时，大模型可以提供清晰的步骤引导，帮助用户高效完成业务办理。具体来说，大模型可以结合用户的搜索历史和已有提问，预测用户可能感兴趣的问题，并引导用户提问，从而提供更加贴近用户需求的回答。此外，它还能智能唤醒对应的业务应用或推送业务应用入口，引导用户完成相应的线上业务办理。这种智能化的指引方式提高了用户查找应用的效率，让复杂的业务办理变得更加便捷和直观。

（3）业务办理。当前大量的业务需要填写表单信息，大模型能够根据用户提供的信息自动生成表单，从而提高业务办理效率。具体而言，大模型可以从与用户的对话中提取关键信息，或借助OCR技术从用户上传的图片或文档中提取文本，并将其转化为结构化的表单信息。最终，通过预定义的表单模板，大模型将提取的信息自动填入相应的表单字段，从而简化操作流程，自动引导用户完成业务办理。

表4-16 智能问答咨询典型场景

场景	区校用户	大模型工具
业务咨询	用户通过语音或文本在交互窗口输入待解决问题，对于复杂的问题可以提供详细的背景信息。 例如，为了了解学校的招生信息，考生或家长在招生助手中输入“中外合作办学专业的学费是多少”等问题。	大模型基于知识库，理解并处理用户输入的问题和信息，提供文字响应，必要时还可以提供文档、链接、音视频等多种形式的信息反馈，为用户提供全面的业务问题解答。 例如，针对具体的招生咨询需求，招生助手除了提供文字介绍外，还可以提供图片或视频链接等，帮助考生或家长快速了解学校与专业情况。
业务指引	用户根据大模型的指引选择感兴趣的提示词或问题。用户还可以直接点击大模型根据用户问题推送的应用入口，实现应用的便捷访问。 例如，学生通过语音或文本表达充值校园卡的需求后，直接点击问答助手推送的校园卡充值应用链接进入充值界面。	在涉及特定应用的业务场景咨询中，大模型在回答生成阶段可推送相关问题或提示词，同时智能唤醒相关应用，自动定位并推送应用入口。 例如，针对学生充值校园卡的需求，问答助手可识别出需求相关的业务场景，自动定位到校园卡充值的应用入口，并推送给学生。
业务办理	对于高频业务办理，用户可以按照大模型的引导回答对应问题，自动完成相关应用表单信息的填写。 例如，用户通过语音或文本输入“我需要充值校园卡”，系统随即引导用户输入充值金额和支付方式，用户依次回答，最后确认系统自动填写的支付信息，完成支付操作。	大模型逐步引导用户回答问题，通过多轮对话，逐步获取所有必要信息，并自动为用户生成和填写各种应用表单内容。 例如，大模型接到用户充值校园卡的需求后，智能唤醒并定位到校园卡充值的应用入口，将其推送给用户。随后，引导用户输入充值金额和支付方式，自动生成充值信息。

在应用大模型进行智能问答咨询时，区校用户需要注意以下事项。①用户应清晰明确地表达需求，提供尽可能详细的背景信息和要求等，确保大模型准确理解问题意图。②用户可以尝试不同的提问方式，以验证大模型的稳健性和可靠性。如果用户在使用过程中遇到问题或发现不足之处，应及时向大模型反馈，以帮助其改进和优化，提升回答的质量和用户体验。

案例4-16 AI招生助手“小天马”提供智能招生咨询服务*

南京航空航天大学（以下简称“南航”）为了更好地宣传学校品牌，助

* 本案例资料由南京航空航天大学提供。

力高质量的招生宣传工作，于2024年6月19日正式推出了AI招生助手“小天马”。该助手依托南航高性能平台的计算能力，采用自动化爬虫技术高效抓取海量文档与网站的信息，通过机器学习算法对数据进行预处理、特征提取与模型训练，同时借助大模型的知识问答、推理及多模态等能力，提供24小时无间断的咨询服务，协助学生、家长或教师等用户更全面地了解南航及其招生政策，有效解决传统招生咨询中遇到的难题。

（1）招录小向导——招生资讯全了解

作为“招录小向导”，“小天马”可以提供各地区招生政策、招生计划、招生组信息、大类招生、转专业政策、历年分数线及排名等信息。若用户想了解南航“长空创新班”的相关介绍，只需在“小天马”的交互对话窗口中输入“长空创新班”，招生助手将自动搜索与“长空创新班”相关的材料，并从中提取关键信息，以简洁明了的方式回答查询。此外，招生助手还会提供文档、图片、网页链接等信息参考来源，用户点击即可查看源文件，确保信息来源的可靠性。

（2）校园百事通——校园生活全知道

“小天马”AI招生助手还是“校园百事通”，可以解答关于南航基本概况的咨询，包括学院、学科、专业、就业信息以及各个校区的食堂、住宿、交通等情况。例如，用户想要了解南航的基本情况，可以在招生助手中输入“南航怎么样”，系统将自动搜索介绍南航的相关材料，将其作为参考来源推送给用户，并从中提取关键信息，帮助用户从整体上了解南航建校历史、学科布局、就业概况及校园生活等。此外，招生助手还会根据用户的提问推送关联问题，例如“一分钟认识南航”“历年分数”等，引导用户快速获取感兴趣的信息。

“小天马”AI招生助手是南京航空航天大学在大模型支持下创新招生模式的典型实践，它通过灵活接入“南京航空航天大学”微信公众号、南航招生办官方网站、“i南航”App等多终端，使得师生、家长可以便捷开启互动问答，随时随地享受智能服务。“小天马”不仅为师生、家长等用户提供了实时、准确的信息服务，还显著提高了招生工作的自动化和智能化水平，这对于提高南航的知名度和影响力、吸引更多优秀学生报考具有重要意义。

4.5.3 行政办公效率提升

办公自动化是一种现代化的人机协同办公方式，作为利用信息技术和办公设备构成的人机信息处理系统，可辅助学校管理者和教师进行各种办公活动。尽管学校日常行政办公广泛采用了自动化方式，但是其智能化水平仍有较大提升空间。一方面，学校日常办公中涉及的大量公文撰写工作，如通知、公告等，仍主要依赖人工完成，需要耗费大量时间和精力确保格式和语言表达规范。另一方面，会议管理也是一个重要挑战，它涵盖会议策划、记录和决议整理等多个环节，人工处理这些任务不仅耗时，还容易遗漏重要信息，影响决策的时效性。此外，学校管理者和教师还需要处理大量耗时、重复性高且流程相对复杂的任务，如学生信息录入、课程安排和考试管理等，这些任务需要在不同系统间切换，手工操作不仅效率低且易出错。总之，在日常行政办公中，烦琐的文案工作、会议管理以及复杂任务流程等方面的效率和准确性难以保障。引入基于GenAI的自动化和智能化解决方案，有助于提高学校“办文、办会、办事”业务效率，提升学校行政管理服务水平。

基于大模型的各类办公助手通过自动化处理高重复性、耗时的任务，如自动生成和审核文档、记录会议内容以及生成会议纪要等，能为学校管理者或教师提供全面、精准的辅助，显著提升公文撰写、会议管理以及流程自动化等工作的效率。如表4-17所示。

（1）公文撰写。基于大模型的公文助手能够通过处理相关人群提供或生成的数据和信息，自动生成内容规范、质量高的各类公文①，包括通知、决定、报告和批复等。此外，它还支持对内容的润色、扩写和续写，能够自动提取历史模板或根据预设的格式模板进行格式校验，提高公文撰写的规范性。公文助手还具备智能化的文档审核功能，能够自动检查文档中的错误和不规范之处，识别敏感词汇，减少人工审核的时间和精力。

（2）智能会议。会议策划阶段，大模型可以根据会议的主题和提示词生

① 魏顺平，范学健，王向旭，等．高等教育应用ChatGPT的潜能与风险——来自美国高校的经验与启示[J]．现代远距离教育，2024，(03)：18-27.

成完整的策划方案，包括会议环节、时间安排等。会议进行时，基于大模型的会议助手可提供同声传译服务，确保与会人员能够跨语言交流。此外，会议助手还能生成结构清晰、要点明确的会议记录，支持全文摘要、章节速览、说话人总结、多语种翻译、关键信息提取和会议智能问答等功能，有效提升会后信息回顾和决策效率①。

（3）数字职工。数字职工指利用人工智能、机器学习、大数据等技术，通过机器人流程自动化（Robotic Process Automation，RPA）等方式实现特定业务流程自动化处理的虚拟助手或系统。数字职工可以自动执行较为简单的业务流程，而融合RPA、低代码、大模型等技术打造的数字职工则具有处理复杂工作任务的能力，可广泛应用于招生、出勤、教务、采购及财务等各个环节。例如，在学生信息管理、课程安排、考试安排等日常事务中，数字职工可以模拟人工操作，进行数据录入、更新和处理等，显著提升工作效率和准确性。同时，它还能实现教育管理系统间的数据联动与集成，打通多种信息化系统，如学生管理系统、学习管理系统、财务管理系统间的数据壁垒，实现无缝数据交互，减少人工录入数据中的错误。此外，基于大模型，它还支持通过自然语言对话来生成业务流程或RPA脚本，从而降低流程创建的难度和维护成本。

表4-17　行政办公典型场景

场景	区校用户	大模型工具
公文撰写	区校用户可以通过输入关键词，要求大模型或公文助手生成“金句”，也可以通过输入背景信息，要求生成特定样式的公文；还可以输入已有公文，要求大模型进行优化。 例如，区校用户可以根据公文助手中的提示，填写讲话稿标题、发言场合、发言内容提要等信息，从而生成一篇讲话稿。	大模型或公文助手可以根据区校用户输入的关键词生成对应形式的“金句”，或者根据背景信息生成公文范文。此外，它还能对用户上传的公文内容进行润色、扩写或续写，并提供多种备选方案。 例如，公文助手可以根据区校用户填写的讲话稿标题、发言场合、发言内容以及讲话稿格式等，自动生成一篇讲话稿。

① 蔺欣．生成式人工智能的应用与治理[J]．数字经济，2024，(05)：20-24.

续表

场景	区校用户	大模型工具
智能会议	区校用户可以在大模型中输入会议主题等相关背景信息，要求生成所需文档。区校用户还可以上传会议录制视频或进行云录制，然后通过会议助手的对话窗口发布一系列指令。 例如，区校用户将会议录制视频上传会议助手后，在对话框中输入“总结会议内容”。	大模型可以根据区校用户输入的相关信息自动生成会议策划方案或会议通知等。对于上传的会议录制视频或云录制视频，会议助手能够自动转写会议内容，并智能优化转写结果；同时支持视频内容的章节速览，可快速定位到相关视频位置；此外，会议助手还能根据会议转写内容回答用户的提问。
数字职工	区校用户可以在基于大模型的流程助手中通过自然语言描述生成各类需求。例如，区校用户想要给教职工批量发送信息，可以在流程助手中输入“帮我打开通讯录，发送信息给所有教职工”。	基于大模型的流程助手可以接收并理解区校用户用自然语言描述的需求，生成业务流程、功能清单以及可执行的RPA脚本，并支持区校用户进行调试和修改。

在利用基于大模型的各类办公助手进行智能办公时，区校用户需要注意以下事项。①区校用户需要遵守相关法律法规和隐私政策，确保数据的隐私和安全性，同时避免透露详细的计划和未公开的信息，对敏感信息进行脱敏处理，防止敏感信息泄露。②区校用户应持续优化生成的业务流程，使其更符合具体需求。③对生成的重要文件或内容进行人工审核，确保内容的准确性和适用性。

案例 4-17　西南交通大学图书馆借助AI数字馆员打造未来学习中心*

西南交通大学图书馆致力于向学术信息服务方向发展，打造未来学习中心。为此，图书馆引入AI数字馆员，运用大语言模型和人工智能技术来提高服务效率，优化资源配置，增强知识服务的多样性。

西南交通大学图书馆的AI数字馆员广泛应用于多个场景，不仅能全天候提供服务，还能跨设备无缝切换，适应多种使用环境，确保读者能够随时随地享受到连贯且一致的服务。同时，AI数字馆员拥有逼真的外观，能够理解并回

* 本案例根据西南交通大学图书馆AI数字馆员的相关资料整理。

应人类的语言，实现包括语音和视觉反馈在内的多模态交流，极大地提升读者体验的直观性和个性化程度。此外，AI数字馆员还能通过不断学习响应策略和完善知识库，持续提升图书馆的服务质量和效率。

具体而言，AI数字馆员与图书馆的多个业务系统实现了无缝对接，使读者能够通过提问的方式检索馆藏资源和数字资源，覆盖了电子书、有声书、期刊等常用资源类型，并且能够展示视频、图片、图文以及网页等多种资源格式，满足读者全方位资源检索需求。读者还能通过AI数字馆员自助完成办理读者证、续借图书等业务。同时，AI数字馆员还整合了人脸识别、图书业务系统、统一用户认证系统等多维度数据，在与读者交互时能够自动匹配读者的历史行为，智能推荐相关图书资源。在智能导览方面，AI数字馆员通过与导览系统的深度整合，为读者提供导航服务。读者可以使用手机扫码查看图书馆内部布局，并根据楼层和区域导航快速找到所需的书籍或设施。此外，AI数字馆员还可以协助图书馆工作人员组织活动、提供虚拟讲解、安排培训课程、管理在线报名和提醒签到等，极大地减轻了工作人员的负担。

西南交通大学图书馆通过引入AI数字馆员，运用人工智能、大语言模型和互联网技术建立了智能服务中枢。AI数字馆员为读者提供智能推荐、虚拟解说和智能导航等服务，极大地优化了科研学习资源的获取流程，改善了读者体验。同时，这一系统还协助工作人员完成公文撰写、对外宣传、书籍采购和线上直播等工作，显著提升了工作效率。此外，它还能利用大模型技术处理和提炼现有资源，形成知识图谱，并通过与大数据平台的整合，为管理层提供数据支持和决策依据。总之，AI数字馆员不仅提升了图书馆的服务质量和体验，还为打造未来学习中心注入了新动力，推动学术信息服务向更高层次发展。

4.5.4　管理数据智能分析

数字化时代，数据分析是区校管理者洞察校园运营情况、预测趋势和制订决策的重要手段。当前，区校管理者在数据分析和科学决策过程中仍面临不少挑战。一是数据来源方面的问题。随着教育数字化转型的推进，区校管理者需要处理的数据量急剧增加。如何从多个渠道的海量数据中提炼出有价值的信息，成为区校管理者面临的一大难题。二是数据分析方面的问题。教育教学数据涉及学生档案、教育统计、课程安排等多种类型，如何有效整合和分析这些多样而复杂的数据，对管理者的数据分析能力和技术提出了一定的要求。三是数据安全方面的问题。如何既能保障数据的安全性和隐私性，同时又能充分释放数据价值，是当前区校教育管理中面临的又一个重要挑战。基于GenAI的数据分析工具能够在区校管理场景中提供更高效、准确和安全的数据分析解决方案，助力区校管理者实现数据驱动的科学管理和决策。

基于大模型的数据分析助手可以利用数据分析和可视化工具，并结合专业知识库，将管理者的查询和分析请求转化为实际操作，实现数据分析和可视化呈现以及报告生成的自动化。此外，通过API与教育管理平台数据库无缝对接，它还能实现多源数据的实时访问和整合。这种集成模式充分发挥了大模型的优势，提升了数据采集、分析与挖掘、可视化和解释应用的效率，为科学决策提供了有力支持。如表4-18所示。

（1）数据采集与汇聚。搭载在校园管理平台上的数据分析助手可以自动完成数据的汇聚和整理，减少人工操作的时间和错误，为后续的数据分析和决策提供可靠的数据基础。具体来说，数据分析助手可以自动提取智能设备采集的数据或者管理者上传的表格、视频、音频、图片、文本等材料，然后通过智能识别和解析技术，将其中的非结构化数据转化为结构化数据，便于进一步的处理和使用。

（2）数据分析与挖掘。当管理者遇到数据分析方面的困难时，数据分析助手可以根据管理者输入的数据分析请求，采用合适的数据分析方法，生成相应的数据分析结果。此外，它还能够挖掘数据背后的深层信息，识别数据间的潜在模式和复杂关联，揭示传统方法难以觉察的信息，为管理者提供更为精准的数据洞察和决策支持。

（3）数据可视化与解释应用。当管理者遇到难以解读的数据结果时，数据分析助手可以通过调用多种可视化工具，将数据分析结果转化为易于理解的图表，并进一步生成包含特征提取与分析结论的解读报告，帮助管理者迅速获取有价值的信息。此外，管理者还可以通过自然语言对话方式获取个性化、有针对性的解读和建议，辅助管理决策。对于需要专业解读的数据分析结果，可以通过以下方法保证数据分析助手解读的专业性：首先，在大规模的数据集上对大模型进行预训练，学习通用的数据解读模式；然后，在特定领域的专家解读语料库的基础上对大模型进行微调，使其具备专业的数据解读能力，从而生成高质量的数据解读报告。

表4-18　管理数据分析典型场景

场景	管理者	大模型工具
数据采集与汇聚	管理者可以通过上传相关材料和对话的方式，要求数据分析助手自动生成表单信息，完成数据的采集和汇总。 例如，管理者在教师管理平台上传教师获奖证书图片，要求数据分析助手录入获奖信息。	在教育管理平台上，数据分析助手可以自动完成数据提取、整合和表单生成，辅助信息录入和管理。 例如，数据分析助手接收到教师获奖证书图片后，使用OCR技术从图片中提取获奖名称、日期等重要信息，生成初步的表单内容。
数据分析与挖掘	管理者可以根据需要上传指定格式的数据（如音视频、图片、文本、电子表格等），也可以直接在搭载了数据分析助手的管理平台上，通过问答方式要求输出相关数据分析结果。 例如，管理者在考勤管理平台的数据分析助手中输入“请帮我分析最近一个月的学生考勤变化趋势”。	数据分析助手可以对上传的数据进行格式转换和数据清洗等预处理，然后根据管理者的分析需求，选择适当的分析模型和算法，调用相关工具进行数据分析并输出分析结果。搭载于管理平台上的数据分析助手则可以直接汇聚相关数据，完成相应数据分析任务。 例如，对于“分析学生考勤变化趋势”的需求，数据分析助手会自动提取相关数据，选择适当的分析方法，调用相关分析工具，最终输出相关统计数据。
数据可视化与解释应用	管理者可以根据具体的数据分析结果，通过问答的方式要求数据分析助手生成图表或者对结果进行针对性解释。 例如，管理者在考勤管理平台的数据分析助手中输入“请生成最近一个月学生考勤变化趋势的折线图并解释变化原因”。	数据分析助手接到管理者的问题后，识别出其中的核心内容和要求，然后调用数据可视化工具生成图表，并将分析结果转化为可理解的文字报告或回答。对于需要专业解读的数据分析结果，数据分析助手可以通过RAG技术或者调用专业知识库来生成可解释性强的分析报告或建议，为管理者提供决策参考。 例如，对于管理者的需求，数据分析助手会根据分析结果自动生成学生考勤变化折线图，并根据现有数据分析可能的原因，如特定事件影响、假期等因素。

在利用数据分析助手进行管理数据分析时，管理者需要注意以下事项。①确保数据是完整和准确的，避免基于不准确或不完整的数据作出错误的决策。同时遵守相关法律法规和隐私政策，通过数据加密、权限控制等措施，防止数据泄露和非法访问，保障敏感数据的隐私安全。②管理者应了解数据分析助手所采用方法的前提假设，以确保生成的报告符合实际情况，能够满足特定管理场景的需求。③管理者应持续关注和评估数据分析助手进行数据分析和报告生成的质量，不断改进分析流程和结果输出，实现数据分析与管理决策的良性循环。

4.6 教育研究应用场景

GenAI凭借其文本生成、数据处理等能力在教育研究领域展现出巨大的应用价值和广阔的应用前景。随着GenAI在专业知识问答、文献研读和写作辅助方面的深入应用，其作用逐步扩展到教育研究的各个环节。这不仅能释放教育研究者的生产力，还能推动人工智能驱动的教育科学研究范式的形成，发挥GenAI在知识创新领域的引领作用[①]。

4.6.1 专业知识智能问答

在开展学术研究过程中，研究者通过专业知识检索、筛选、组织和整合来获取专业领域的概念定义和跨学科领域的知识。这些信息有助于研究者澄清概念、拓展研究思路，从而更精确地定位研究领域和切入视角。在该场景中，研究者常常面临诸多挑战。一方面，在检索专业知识过程中，研究者需要从海量信息中快速筛选出有用的信息，同时还要整合不同来源的异构数据；另一方面，专业知识检索对研究者的识别能力和知识储备要求较高。这是因为现代科学的重大进展常常需要多个学科交流与协作，跨学科研究可以

① 刘三女牙，郝晓晗，李卿．教育科研新范式：人工智能驱动的教育科学研究[J]．教育研究，2024，45(03)：147-159.

使研究者不断接近新的科学前沿并可能带来重大科学突破①。然而传统的“检索—筛选”模式对研究者的跨学科知识储备和表达能力有一定要求，通常只能在已知知识的边界寻求新知②。在应对传统知识检索的难题和挑战方面，GenAI可以发挥重要作用，助力专业知识答疑和推荐方面效率的提升。

大模型在促进专业知识答疑和推荐方面具有多重作用，其语言理解和文本生成能力使其成为研究者的信息搜集助手，甚至可被视为咨询顾问③。为了提供更精准的专业知识答疑和推荐服务，需要在汇总、清洗和解析多学科领域数据的基础上，通过二次训练和监督精调构建多学科领域大模型，并结合检索增强生成方法以及外部知识库提高大模型能力。如表4-19所示。

（1）专业知识答疑。研究者在研究过程中遇到不明白的专业问题时，可以随时向大模型提问。基于对特定领域知识库的深度学习，大模型能够精准理解该领域的专业术语、概念框架以及理论体系，从而提供更为专业的解答，使研究者只需灵活运用对话指令，就能从生成的内容中获取新知④。要实现专业知识答疑，需要在多学科领域大模型的基础上进行多领域知识整合，然后通过知识图谱构建工具辅助学科知识库的构建，最后利用大模型强大的语义检索、分析、推理和理解能力，通过内容生成、智能问答等方式为研究者提供专业知识答疑服务。

（2）专业知识推荐。当研究者遇到信息过载或难以找到特定专业领域资料时，大模型可以快速筛选并提供关联性最强的资料，帮助研究者高效获取特定专业领域的信息，专注于创新和发现。基于包含论文、报告、专利、书籍等多种类型数据的专业知识库，大模型能够根据主题或关键词精准推荐研究者所需的专业知识信息。同时，它还能处理视频、文本、图像、网站链接等非结构化学科知识，确保信息来源的丰富性和专业性。此外，它还可以智

---

① 孙娜，乔锦忠．跨学科研究对学者科研产出的影响——以化学领域“杰青”学者为例[J]．重庆高教研究，2023，11(03)：79-92．

②④ 刘宝存，苟鸣瀚．ChatGPT等新一代人工智能工具对教育科研的影响及对策[J]．苏州大学学报(教育科学版)，2023，11(03)：54-62．

③ 肖峰．生成式人工智能介入知识生产的功用探析——借助ChatGPT和“文心一言”探究数字劳动的体验[J]．重庆邮电大学学报(社会科学版)，2023，35(04)：1-10．

能推荐研究者可能感兴趣的高相关问题或关键词，加速信息检索进程。

表4-19　专业知识问答典型场景

场景	研究者	大模型工具
专业知识答疑	研究者首先通过整合相关文献、书籍等数据构建专业知识库，用于大模型的训练和校准，然后通过自然语言交互获取解答。对于已整合专业知识库和知识图谱，经过二次训练和监督精调的学科领域大模型，研究者可以直接输入相关专有名词或问题以获取解答。 例如，研究者输入问题：“生成式人工智能和大语言模型是什么？二者是什么关系？”或者直接输入“生成式人工智能”。	大模型根据相应的专业知识图谱，在检索专业知识库的基础上给出专业的解答。 例如，大模型在专业知识库中检索出与“生成式人工智能”和“大语言模型”相关的信息并进行理解，最后以自然语言的形式给出具体的解答。
专业知识推荐	研究者可以在大模型中输入相关关键词或问题，请求推荐文本、图片或视频等相关资源。 例如，研究者输入“菊石化石”或者“请提供菊石化石相关的图片资源”。	大模型在专业知识库中检索出与研究者提问高度相关的信息，并提供相关链接、引用来源或者直接在对话界面呈现相关材料。此外，大模型还可以自动推荐研究者可能感兴趣的问题。 例如，大模型针对研究者输入的“菊石化石”关键词，在呈现菊石化石相关图片、网页链接等材料的基础上，还可以推荐“如何鉴别不同种类的菊石化石”等。

在利用大模型进行专业知识问答时，研究者需要注意以下事项。①大模型的表现很大程度上取决于问题的质量。因此研究者需要精心设计问题，反复斟酌并优化关键词的使用，以获得高质量的回答[①]。②研究者应注重某一领域的知识发展脉络的梳理，形成系统化的知识体系[②]，以弥补大模型在知识体系梳理方面的不足。③大模型可能提供失真信息，研究者需严格核实和验证生成的内容，确保学术研究的严谨性和可靠性，防止学术不端行为，维护学术诚信[③]。

① 游俊哲. ChatGPT类生成式人工智能在科研场景中的应用风险与控制措施[J]. 情报理论与实践，2023，46(06)：24-32.

② 纪小乐，魏建. 生成式AI与学术期刊出版：冲击及应对[J]. 沈阳师范大学学报(社会科学版)，2024，48(04)：82-90.

③ 程梦瑶，彭雪. ChatGPT赋能学术生产：功能、伦理风险及应对策略[J]. 新闻前哨，2023，(20)：31-33.

案例4-18 “地学大模型”的建设探索与实践*

当前，地球科学（以下简称“地学”）领域的高等教育面临一系列挑战，如知识点检索效率低、理论与实际应用脱节、教育内容与行业需求不匹配等。此外，以大模型为核心的人工智能技术的迅猛发展，对地球科学领域的人才培养也提出了新的要求。为了应对这些挑战，推动人工智能与地球科学领域人才培养的深度融合，中国地质大学（武汉）与科大讯飞合作，依托国家杰出青年基金获得者宋海军教授团队在古生物化石领域的研究成果，师生协同对近50万张古生物化石图片进行数据清洗与标注，形成古生物化石图片数据集和微调数据集，构建了古生物学领域的大模型垂直应用“地学大模型”，建成了具有社会影响力的地学教学、研究和服务平台。

（1）建设目标

项目的建设目标包括四个方面。一是提高数据处理效率。利用地学大模型快速处理和分析地球科学领域的庞大数据集，如卫星遥感和地质勘探数据等，以缩短研究周期。二是开源共享与协同研究。通过提供开源共享平台，促进科研人员使用和改进模型，在推动地球科学领域的研究合作与交流的同时，提高模型的效果和可信度。三是智能化研究支持。通过智能助手提供地物分类与识别、变化检测与趋势分析等服务，提升研究质量。四是跨学科协同合作。推动地球科学与计算机科学、数据科学等领域的合作，促进算法开发和技术支持等方面的创新。

（2）建设方法

在构建“地学大模型”的过程中，采取了系统化和标准化的方法以确保项目的有序进行和高效管理。首先，深入分析地学需求，明确模型构建核心问题和预期目标，并全面评估数据资源、技术能力、人力资源、财务预算等可用资源，以确保项目的可行性和资源的最优配置。其次，建立标准化的数据收集流程，利用机器学习算法构建初步的大模型框架。最后，根据地质学领域的具体需求调整和优化模型，通过多次迭代和测试提升模型的准确性和可靠性，直至

* 本案例资料由中国地质大学（武汉）提供。

达到预期的性能标准。具体如图4-13所示。

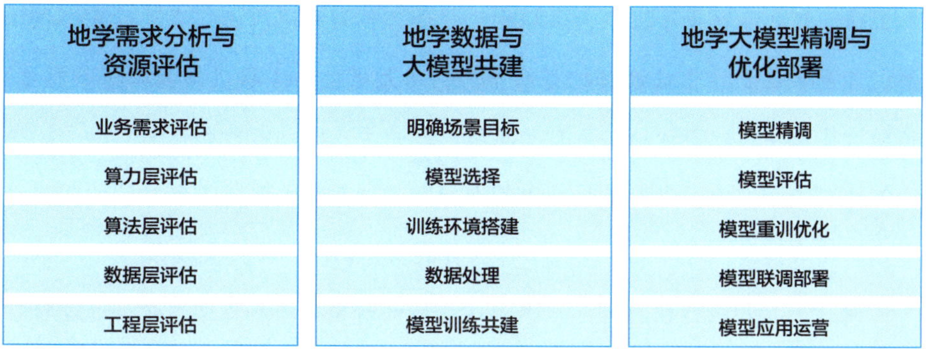

图4-13　地学大模型构建路线图

（3）体系架构

地学大模型的体系架构建立在强大的算力底座之上，包括CPU、高速网络、存储和数据库等关键组件，为整个系统提供必要的算力和数据存储能力。架构中的基础大模型层涵盖了星火大模型、代码大模型、文献大模型和教育大模型等多种大模型，构成了“地学大模型”的知识基础和分析能力。在算力底座和基础大模型基础上构建的地学大模型在平台的基础上进一步划分为任务、能力、场景和职能四个核心层，具体如图4-14所示。

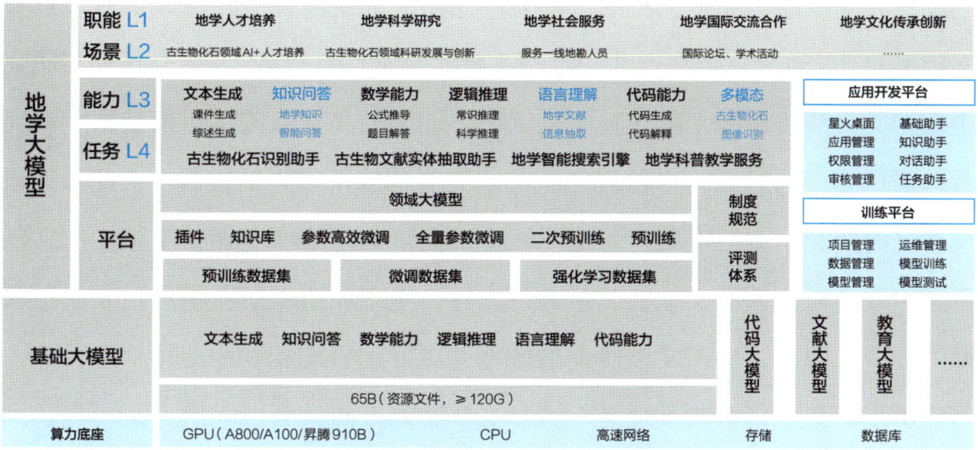

图4-14　地学大模型体系架构

（4）当前进展

地学大模型通过对近50万张古生物化石图片数据进行训练，已上线了三个助手，为地球科学专业的教学、实践及科研等活动提供服务支撑。一是古生物化石标本识别助手。依托大模型的化石标本图片识别任务能力，提供化石标本上传、识别和科普等服务，供师生、科研工作者和地质工作者进行多终端访问。二是古生物学文献数据挖掘助手。利用大模型的文献实体抽取任务能力，辅助古生物学文献研读和实体自动抽取。三是古生物学智能知识问答助手。通过智能对话和搜索，实现学科知识的即问即答以及结构化数据和非结构化学科知识的精准搜索，为师生和一线工作人员提供知识问答与搜索服务。

地学大模型的建设提升了地球科学领域的研究效率和教学质量，通过跨学科合作和智能化支持，推动了地学研究的创新发展，具有重要的学科价值和教育价值。

4.6.2 学术文献高效研读

文献研读是学术研究中的重要环节，涉及检索、筛选、阅读、组织相关学术资料和文献等复杂过程。在此过程中，研究者需要根据研究目的，从海量的期刊文献和学术资源中提取有价值的信息，并对不同观点进行比较和分析，以找到新的研究方向或例证支撑其研究。传统的文献研读过程面临诸多问题。在文献检索和筛选方面，随着学术研究的快速发展，每天都有大量新文献发布，导致研究者在查找和筛选文献时常常信息过载①，难以找到与研究主题相关且高质量的文献。在文献阅读方面，外文文献阅读不仅给新手研究者造成困难，同时也对本领域熟练的研究者构成了较大的挑战②；此外，研究者受时间和精力的限制，可能无法全面阅读和理解所有相关文献。在文献资料组织方面，评估文献的质量和可靠性，整理和组织所获信息也是一项耗时的任务。因此，提高文献研读的效率并更好地管理和利用所得信息，成为当前学术研究亟待解决的问题。而GenAI在此方面具有巨大潜力，可以提高研究者在文献研读方面的效率和质量。

① 骆飞，马雨璇．人工智能生成内容对学术生态的影响与应对——基于ChatGPT的讨论与分析[J]. 现代教育技术，2023，33(06): 15-25.

② 王树义，张庆薇．ChatGPT给科研工作者带来的机遇与挑战[J]. 图书馆论坛，2023，43(03): 109-118.

大模型或科研助手（如中国知网的AI学术研究助手、星火科研助手等）可以帮助研究人员高效检索文献，总结主要结论，进行文献回顾和综述，全面提高文献解读和问答场景的效率和质量。一方面，大模型或科研助手能够对检索到的文献进行深入分析，生成结构化的综述报告，帮助研究人员快速掌握研究领域的前沿动态和关键发现。另一方面，大模型或科研助手还可以基于特定的文献内容及知识库回答研究者的问题，提供更准确、详细的解答。如表4-20所示。

（1）文献解读。大模型或搭载了大模型的科研助手应用能够批量处理文献，自动生成文献综述、文献主旨、论点分类以及对比分析等信息①，辅助进行文献归纳、整理和分析，帮助研究者深入探索专业领域②。具体来说，大模型或科研助手首先将非结构化的文献转换成结构化文本，解析出摘要、方法、图表、结论和参考文献等模块；然后利用预训练的多语言模型将文本转换为向量表示，捕捉文本的语义和上下文信息；最后从单篇或多篇文献中提取研究主题、结论和论点，基于预创建的模板生成具有固定结构的文献解读报告或综述，分析相似点和不同点，生成多文献对比分析报告。

（2）文献问答。通过回答针对特定文献内容提出的问题，大模型或科研助手能够帮助研究者快速理解文献，提升理解深度和准确性③。大模型或科研助手可以将研究者输入的问题和选择的引文内容结合起来生成回答。为了提高检索增强生成的效果，避免内容“幻觉”的产生，大模型还会引入思维链的方法。具体来说，如果大模型识别到选定的文献或引文内容中有输入问题的答案，则直接给出检索到的信息；若没有输入问题的答案，则结合上下文学习和外部知识库，给出推断的回答；若既没有输入问题的答案且自身也缺乏必要知识，则回复尚未学习相关内容，无法回答该问题。此外，通过深度

① 荆洲，杨启光．生成式人工智能赋能教育研究范式变革：机理、风险与对策[J]．中国电化教育，2024，(03)：68-75.

② 王美璇，王冠，王超．媒体融合背景下AIGC为学术期刊带来的机遇、风险及应对措施——以ChatGPT为例[J]．传播与版权，2023，(18)：64-66.

③ 政光景，吕鹏．生成式人工智能与哲学社会科学新范式的涌现[J]．江海学刊，2023，(04)：132-142+256.

学习和自然语言处理技术，大模型可以更好地翻译专业文献中的复杂概念，其上下文理解能力使得它能够捕捉文章中的专有名词、术语定义以及相关背景信息，从而确保专业术语翻译的准确性。

表4-20 学术文献研读典型场景

场景	研究者	大模型工具
文献解读	研究者可以采用以下三种方式来开展文献解读：一是批量上传文献或者选择已有文献，通过对话要求生成文献综述或对比分析；二是使用科研助手的一键生成功能，直接生成文献综述、标准化对比分析文档或单篇文档解读；三是在拥有专业文献库的科研助手的交互界面直接要求生成特定领域或主题的文献综述。 例如，研究者想要了解几篇核心文献在研究方法、研究角度和重点方面的异同，可以将论文上传科研助手，选择“文档对比”功能，输出对比分析文档。	大模型或科研助手对文献库中特定主题的相关文献、研究者上传或选择的多篇文献进行批量处理，输出结构清晰、参考文献真实可循证的文献综述报告或者提供论文之间的对比分析报告。 例如，科研助手可以对研究者上传的几篇论文进行分析，输出标准化的对比分析报告，包括对比分析表和异同点描述。
文献问答	研究者按照指定格式上传文献或在科研助手界面选择相关文献，然后通过交互式问答提取相关信息或数据。对于单篇论文，研究者可以对全篇内容或选中的文字进行针对性提问或要求翻译。 例如，研究者输入“这篇论文的创新点是什么”“请翻译选中的文字内容”等。	大模型或科研助手基于选定的文献或文本内容针对性地回答研究者的问题，同时在回答的对应位置标记文献或引文来源，确保来源可被检索。此外，它还可以对选定的整篇文档或部分文本内容进行翻译。

在使用大模型或科研助手进行文献研读时，研究者需要注意以下事项。①大模型或科研助手生成的内容可能不准确，存在捏造参考文献的情况，或者引用的文献质量缺乏保障，研究者需要注意对生成内容的核实和审查。②大模型或科研助手提供了文献检索与总结方面的宏观把握，帮助研究者快速提取信息，但是过度依赖大模型或科研助手不利于科学思维的培养。因此，研究者应当注重关键文献的研读，以免错过能够激发灵感的文献细节和精华部分[①]，有效锻炼科学思维。③大模型或科研助手可能会因为任务相似而生成相似的结果，因此需要研究者主动参与文献筛选和阅读，以确保研究

① 程梦瑶，彭雪．ChatGPT赋能学术生产：功能、伦理风险及应对策略[J]．新闻前哨，2023，(20)：31-33.

成果的贡献价值和真实性[①]。

案例 4–19　科研助手助力高效科技文献研读*

星火科研助手（以下简称“科研助手”）是基于科技文献大模型打造的应用产品，具备成果调研、论文研读、学术写作等多种功能。其中成果调研可对论文自动分析总结，生成研究综述；论文研读可实现智能论文解读，快速回答相关问题；学术写作能够对论文进行润色修改，提供专业学术翻译。

（1）多文档对比辅助研读

A同学是某高校教育技术学专业的研一学生，参与了一个基于大模型技术开发智能学习工具的科研项目。在开发过程中，团队发现大模型有的回答缺乏深度，因此考虑采用“思维链”技术来改进。A同学查阅相关文献后找到两篇相关论文。为了高效地理解和比较这两篇论文的内容，他将文献上传至科研助手，并点击“多文档对比”功能。系统自动生成了一份对比分析表，包括每篇论文的标题、方法和优点，并对两篇论文的异同进行梳理，如图4–15所示。通过对比分析表，A同学了解到第一篇论文通过融合视觉和语言特征，提出了一种在多模态中执行思维链推理的方法；第二篇论文主要通过链式思维示例作为提示来改进大语言模型的推理能力，实验结果集中在算术、常识和符号推理任务上。基于对比分析结果和项目特点，A同学快速确定了进一步研读和探索的方向，以提升智能学习工具的推理能力和响应效果。

（2）问答助手针对性解答

结合文献对比分析结果和项目实际需要，A同学决定对其中一篇英文论文进行精细研读，从而找到提升智能学习工具推理能力和响应效果的技术解决方案。由于本身的英文水平有限，A同学将文章直接上传至科研助手以快速了解该文章的主要内容、研究方法以及主要结论。

① 蒋雪颖，刘欣．生成式人工智能技术下的学术生产与出版：变革、失范与路径[J]．数字图书馆论坛，2023，19(05)：64–71.

* 本案例根据星火科研助手的相关资料整理。

多文档对比

论文标题	提出的方法	优点
Multimodal Chain-of-Thought Reasoning in Language Models	提出了Multimodal-CoT方法，将语言（文本）和视觉（图像）模态结合到一个两阶段框架中，将理由生成和答案推断分开。	- 可以更好地利用基于多模态信息生成的理由进行答案推断。 - 在ScienceQA和A-OKVQA基准数据集上，实验结果表明了该方法的有效性。 - 在10亿参数以下的情况下，该模型在ScienceQA基准上达到了最先进的性能。 - 分析表明，Multimodal-CoT具有减轻幻觉和提高收敛速度的优点。
Chain-of-Thought Prompting Elicits Reasoning in Large Language Models	通过简单的链式思维提示方法，生成一系列中间推理步骤，显著提高了大型语言模型进行复杂推理的能力。	- 在算术、常识和符号推理任务上改善了性能。 - 在一些任务上取得了显著的经验性收益。 - 仅使用8个链式思维示例对PaLM 540B进行提示，在GSM8K数学单词问题基准上实现了最先进的准确性，甚至超过了经过微调的GPT-3与验证器。

相同点和不同点:

相同点:

1. 两篇论文都关注于提高大型语言模型的复杂推理能力。
2. 两篇论文都使用了链式思维提示方法来生成中间推理步骤。
3. 两篇论文都在实验中展示了所提出方法的有效性，并取得了显著的性能提升。

不同点:

1. 第一篇论文提出了Multimodal-CoT方法，将语言和视觉模态结合起来，将理由生成和答案推断分开，以更好地利用多模态信息进行答案推断。而第二篇论文没有涉及多模态信息。
2. 第一篇论文在ScienceQA和A-OKVQA基准数据集上进行了实验，并在10亿参数以下的情况下达到了最先进的性能。而第二篇论文没有明确提及具体的实验结果和基准数据集。

图4-15　多文档对比梳理文献异同

通过系统自动生成的主要信息摘要，A同学了解到该文章通过思维链提示的方法来改善大语言模型的性能。为了进一步了解思维链提示的具体实现方法和效果，A同学在交互界面的对话框中输入了“思维链提示具体是怎么实现的”以及“思维链提示方法的效果如何”等问题。科研助手根据文章内容生成针对性的回答，并标注引文位置。A同学可以通过系统的定位功能，进一步了解文章原文或验证回答。这种智能问答方式使得A同学能够在短时间内掌握文章的核心内容，之前需要半天才能精读完的文章，现在只需一个小时即可完成阅读并有效内化吸收。

除了依托科技文献大模型，科研助手还通过对接三亚崖州湾科技城的农业数据源，成功打造了大模型在农业科研领域的应用示范。这一解决方案支持了崖州湾科技城在深海科研、种业繁育等领域的研究工作，为科研人员提供了高效的检索和分析科研文献的工具，大幅节省了科研人员在资料搜集和数据整理上的时间和精力，助力研究人员探索新的创新路径。

4.6.3 智能写作全面辅助

学术文章写作不仅是学者展示学术研究成果、提出科学见解、彰显学术水平的过程，更是包含选题立意、写作论证、投稿修改和编辑发表等诸多环节在内的系统性工程[①]。当前的学术文章写作过程中存在诸多挑战：在学术文章撰写的前期阶段，研究者在产生新的选题和研究思路时，常常面临跨学科整合困难、文献检索耗时费力等问题。此外，在明确学术文章的结构和逻辑框架时，一些研究者可能由于缺乏经验，导致文章结构安排不合理、行文逻辑混乱等问题，难以引导读者顺畅地理解研究内容，降低了文章的可读性和学术价值。在学术文章撰写过程中，许多研究者面临着语言障碍的挑战。鉴于许多高影响因子的学术期刊以英语为发表语言[②]，作为非英语母语的研究者可能会遇到语法、词汇和语用等方面的困难，这些问题可能影响文章的学术接受度和认可度。在学术文章撰写的后期阶段，研究者需要投入大量的时间和精力进行格式调整、文稿校对、保持全文写作风格一致性等修改。在多人合作写作的情况下，这些任务变得更为复杂[③]，不仅耗费了大量时间，也可能导致研究者无法专注于研究内容的深化和创新。在这样的背景下，GenAI的引入为学术文章写作提供了新的解决方案，从多个层面辅助研究者提升写作效率和文章质量。

通过调用API等手段，大模型可以在较短时间内完成大量文本分析任务[④]，这种自动化的文本分析能力能够显著提高研究者的写作效率和文章质量。在研究思路生成方面，大模型或基于大模型的科研助手能够迅速从丰富的学术资源中提取关键信息，为研究者提供研究思路和大纲参考；在文章编辑和校对方面，它能辅助优化语言表达和篇章结构，确保文章符合学术规范

---

① 吴志军．从编辑视角初议学术论文的写作问题[J]．抗日战争研究，2020，(02)：31-35.

② 苏君阳，陈亚涵，刘腾宇．大语言模型在学术研究中的价值、风险及其规避[J]．社会科学战线，2024，(01)：149-155.

③ 王树义，张庆薇．ChatGPT给科研工作者带来的机遇与挑战[J]．图书馆论坛，2023，43(03)：109-118.

④ 贾积有，王光迪．应用大语言模型快速有效分析教育访谈文本[J]．中国教育信息化，2023，29(12)：34-41.

和发表要求。如表4-21所示。

（1）研究思路生成。当研究者灵感枯竭或思路不清晰时，大模型或科研助手可以提供思路启发、假设生成、方法建议和框架拟定等方面的辅助和参考，帮助研究者克服瓶颈、厘清思路。首先，它可以分析专业知识库中大量的文献和数据，帮助研究者快速了解前沿研究，识别研究热点和空白。其次，它能够根据输入的关键词或问题，生成初步的研究假设和问题框架，启发研究者的思考，进而提出原创性想法。此外，通过分析研究主题和已有文献，它还能够生成逻辑性强、结构合理的框架，协助拟定写作大纲，提供写作要点和思路①，帮助研究者明确文章主线和支持论点②。

（2）文章编辑与校对。大模型或科研助手可以辅助修改和润色学术文章，提升文章的质量和专业性。具体来说，它可以根据研究者的提示词进行定制化的内容生成，满足特定学科领域、篇幅和语言风格的需求③。它还可以优化篇章布局和语法句式，识别文本逻辑漏洞④，提高文章的严谨性和专业性。此外，它还能够对文本进行多语种翻译，帮助研究者纠正语法、拼写和标点错误，提供专业词汇和表达建议，以满足各领域期刊的征稿要求⑤⑥。

表4-21　写作辅助典型场景

场景	研究者	大模型工具
研究思路生成	研究者可以输入专业领域相关问题或关键词，要求大模型或科研助手生成潜在选题或思路建议。确定选题后，研究者可输入文章标题，要求基于标	大模型或科研助手根据研究者的提问或提供的关键词，给出具体领域的选题或研究思路示例；或者根据研究者提供的论文标题，提供文章结构和框

① 郝东杰．生成式人工智能时代学术论文写作规范之重申[J]．出版参考，2023，(11)：45-50.
② 蒋雪颖，刘欣．生成式人工智能技术下的学术生产与出版：变革、失范与路径[J]．数字图书馆论坛，2023，19(05)：64-71.
③ 王树义，张庆薇．ChatGPT给科研工作者带来的机遇与挑战[J]．图书馆论坛，2023，43(03)：109-118.
④ 程梦瑶，彭雪．ChatGPT赋能学术生产：功能、伦理风险及应对策略[J]．新闻前哨，2023，(20)：31-33.
⑤ 纪小乐，魏建．生成式AI与学术期刊出版：冲击及应对[J]．沈阳师范大学学报（社会科学版），2024，48(04)：82-90.
⑥ 骆飞，马雨璇．人工智能生成内容对学术生态的影响与应对——基于ChatGPT的讨论与分析[J]．现代教育技术，2023，33(06)：15-25.

续表

场景	研究者	大模型工具
研究思路生成	题构建文章结构和框架并提供章节内容建议。 例如，研究者输入：“对于标题为‘生成式人工智能在教育评价中的应用’的论文，你有什么样的论文结构建议？”	架样例，同时提供每个章节的内容提示和建议。
文章编辑与校对	研究者可上传文档或者粘贴文本，通过与大模型对话或科研助手提供的相应功能，要求提取并存储目标文章写作风格，对新的文章进行写作风格转化与改写，或者进行翻译、语法润色、篇章优化、控制篇幅等操作；也可以要求大模型或科研助手核对标点符号、错别字、语法错误或按照学术期刊要求调整参考文献格式等。 例如，研究者可以按照指定格式上传文档，然后输入“请帮我检查文本中是否存在语法或字词错误”。	大模型或科研助手根据要求提取并存储目标文章风格，同时调用这些风格改写新的文本。此外，它还可以根据要求进行文本翻译、修辞润色、篇章优化、字数控制、校对错别字和语法错误、生成符合要求的参考文献格式等，最后输出处理后的文本。

在使用大模型或科研助手辅助学术文章写作时，研究者需要注意以下事项。①大模型或科研助手的应用价值主要在初级科研阶段，目前在深度研究、创新研究方面无法取代人类，因此研究者需要通过深度分析和批判性思考提出原创性想法，避免过度依赖大模型或科研助手形成思维惰性，扰乱学术生态[①]。②大模型或科研助手所生成的文字、图片及视频等可能存在版权归属问题[②]，研究者应结合本领域期刊征稿要求，审慎评估、严格考证，避免盲目采纳导致学术不端行为。③在使用大模型或科研助手的过程中，研究者应严格保护个人隐私、机构敏感信息以及关键研究数据，避免透露详细的研究计划或未公开的研究成果；对于重要的研究想法和意图，应分散在多个独立的对话中进行探讨，以降低关键信息泄露的风险[③]。

① 李君灵，孙丰缘．基于ChatGPT看人工智能生成内容（AIGC）在学术研究中的应用探索——以黄河流域生态体育旅游为例[J]．忻州师范学院学报，2023，39(05)：59-65+85．

② 王美璇，王冠，王超．媒体融合背景下AIGC为学术期刊带来的机遇、风险及应对措施——以ChatGPT为例[J]．传播与版权，2023，(18)：64-66．

③ 王树义，张庆薇．ChatGPT给科研工作者带来的机遇与挑战[J]．图书馆论坛，2023，43(03)：109-118．

4.7 实践综合案例

本章4.2至4.6节通过丰富的实践案例，展示了GenAI在教育教学各个典型场景中的具体应用。在教育应用实践中还有一些实践案例，覆盖了多个应用场景，体现了GenAI技术在教育教学活动中的综合应用。本节将通过展示基础教育、高等教育、职业教育多个教育类型以及多个学科的7个实践综合案例，呈现GenAI技术在复杂多样的教育教学实践中的综合应用价值，展现师生灵活应用GenAI的智慧，以期为未来教育教学实践提供参考。

案例4–20 应用大模型开展《陋室铭》《爱莲说》对比阅读课*

一、案例简介

初一年级许若男老师利用大模型进行“觅·君子——《陋室铭》《爱莲说》联读”教学。本节课中，许若男老师指导学生与大模型共创“托物言志”短文，在人机交互进行文本优化的过程中练习写作，进而体悟君子之德，正确理解人机协作的关系。本课的教学目标包括：语言运用方面，通过对文本的字、词、句进行品读，把握短文主旨；思维能力方面，比较两篇短文语言、思想的异同，品析其表达效果；审美创造方面，用科技创作“托物言志”的短文，并有所感悟；文化自信方面，加深对古代君子之德的理解并从中获得美的享受。

二、GenAI应用要点

1. 课程导入

在课程教学开始的时候，老师在大模型对话框中输入“陋室”和“荷花”两个关键词，向学生展示两幅图片，一幅是陋室，一幅是荷花，引导学生联想两篇文章的内容，激发学生的阅读兴趣。

2. 对比阅读

老师将《陋室铭》《爱莲说》的全文呈现在屏幕上，要求学生分组对比两

* 本案例资料由澳门特别行政区濠江中学提供。

篇文章的语言特点和思想内涵，总结出“所托之物”和“所言之志”。老师说：“请你们分成四个小组，每个小组分别阅读两篇文章，然后用一张纸条写下你们的观察和总结。例如：《陋室铭》托物为陋室，言志为不以贫贱为耻，不以富贵为荣，安贫乐道，自得其乐。你们可以用自己的话来表达。你们有十分钟的时间，开始吧。”学生开始分组阅读和讨论，老师利用大模型的语言理解能力，通过输入检测学生的回答，给出评价和提示，帮助学生深入理解文本。例如，当一个小组写下“《爱莲说》托物为荷花，言志为不与俗同，不以世俗为准，清高自洁，不染纤尘”时，大模型说：“你们的回答很好，你们抓住了文章的主旨，但是你们可以再注意一下文章的语言特点。比如‘出淤泥而不染，濯清涟而不妖’，这里用了什么修辞手法？它有什么作用？”学生听了大模型的提示，回答说：“这里用了对偶和排比，它可以增强语言的韵律和表达效果。”大模型说：“很好，你们的回答很正确，你们可以继续阅读和讨论。”

3. 创作练习

老师要求学生利用大模型的文本生成能力，选择一个自己喜欢的物品，以“托物言志”为主题，创作一篇短文。学生开始选择物品，向大模型提出一些要求，获取大模型提供的素材和建议，进行创作练习。

4. 展示交流

老师邀请学生将自己的作品通过语音输入传递给大模型。大模型利用其语言理解和逻辑推理能力，对学生的作品进行评价和建议，同时将作品和评价以语音和文本的形式展示在屏幕上，供全班同学观看和讨论。学生开始举手，将自己的作品展示给大模型和全班同学。例如，针对其中一位学生的作品，大模型说：“你的作品很好，语言生动、富有个性，你的作品得分为95分。你可以再注意一下文章的结构和衔接，比如你可以在开头和结尾加上一句话，来引出和总结你的主题和观点。这样会使你的文章更加完整和有力。”学生听了大模型的评价，表示感谢和认同，同时也向其他同学介绍了自己创作的过程。老师和同学们对该学生的作品和分享给予了赞扬和鼓励，也提出了一些问题和建议，进行了积极的讨论和交流。

5. 总结反思

老师总结本节课的教学内容和教学目标，强调两篇文章的主旨和表达效果以及“托物言志”的写作方法和技巧。老师还让学生反思自己在本节课中的收获和不足，以及对大模型的使用感受和意见，引导学生正确理解人机协作的关系，即机器是人的工具和助手，而不是人的替代和对手。老师说：“我们在使用大模型的时候，要明白它的优势和局限。它可以帮助我们提高学习效率和质量，但是不能替代我们的思考和创造。我们要用自己的智慧和批判性思维，来判断和选择它给出的信息和建议；我们要用自己的个性和创造性，来修改和优化它生成的文本；我们要用自己的情感和价值观，来评价和欣赏它展示的作品。我们要把它当作我们的工具和助手，而不是我们的替代和对手，我们要和它共同学习、进步，实现人机协作的最佳效果。”

学生也总结了自己在本节课中的收获和不足，以及对大模型的使用感受和意见。例如，一个学生说：“我觉得这节课很有趣，我学到了很多关于‘托物言志’的知识和技巧，我也感受到了古代君子的高尚品德，我觉得这对我很有启发和帮助。我觉得我的不足是，我在创作的时候，有时候会受到大模型的影响，没有完全发挥自己的想象力和创造力，我觉得我还可以多尝试一些不同的物品和主题，来表达自己的志向和品格。我觉得大模型是一个很好的工具和助手，它可以给我提供很多灵感和建议，也可以给我很多反馈和评价，让我可以改进我的作品。但是我也知道它不是我的替代和对手，它不能完全理解我的想法和感受，它也不能代替我的思考和创造。”老师对学生的反思给予了肯定和鼓励，也提出了一些问题和建议，进行了深入的指导和反馈。

三、案例小结

本案例展示了一个语文学科与信息科技碰撞的课堂，立足于情境任务驱动，让学生通过对比阅读，总结《陋室铭》《爱莲说》的“所托之物”与“所言之志”，探寻两篇文章的异同，从文字中寻觅君子之德。学生在老师的引导下，在课堂中与大模型积极互动，既加深了对阅读材料的认识，也促进了对人机协作关系的正确理解。

案例4–21　基于GenAI的高中英语作文讲评课*

一、案例简介

本案例选取了安徽省蚌埠二中高三某班上学期第七周的读后续写练习作文讲评课。本节课旨在通过GenAI技术赋能高中英语写作课堂教学，帮助高三学生提高英语写作能力和读后续写类题目的作答水平。马爱军老师发现，本班学生在英语读后续写作文题中存在一些语法错误，而且由于学生平时缺少足够积累，写出来的作文表达方式过于单一，词汇句法过于简单，文章缺乏可读性和吸引力。根据学情，马老师将本课的教学目标设定为：让学生认识到自身习作中的错误并能准确修改，提升词汇、语法的正确运用能力；通过教师的要点点拨和对精选范文的学习，帮助学生理解续写体裁的特点和要求，掌握续写技巧，提升续写和整体写作水平；通过教师的讲评和同伴、机器的反馈，学会批判性地分析自己的作文和他人的作品，认识到自己习作的优点和潜在的改进空间，应用学到的写作策略来提升写作质量。

二、GenAI应用要点

1. 要点点拨

梳理语篇的基本脉络和题目要求，马老师讲解本篇作文的主要写作要点。马老师首先概括原文的核心内容，并明确题型要求是续写。然后，师生根据原文内容和所给段落开头共同分析和梳理出续写文章的脉络和线索。根据脉络分析写作思路，师生又提出了与写作主题相关联的一些关键词句，为后续写作和讲解作铺垫。

2. 诊断错误和修改

正确的表达和书写是英语作文写作的基石。在这个环节中，马老师基于作文批改报告识别出学生作文的问题，借助大模型的语言能力，给出明确的修改建议，帮助学生有针对性地进行改进。

* 本案例资料由安徽省蚌埠市第二中学提供。

（1）诊断分析

基于班级作文报告，马老师整体介绍本次学生作答情况。班级最高分为23分，平均分为16.8分，优秀率16.2%，及格率76.2%，低分率2.4%。

基于班级作文报告，分析学生在写作中存在的问题。如图4-16所示，根据作文错误频次统计结果，学生在动词的正确表达方面较为薄弱，动词时态错误和动词形式错误两种类型的错误最多，有24人产生了34条动词时态错误，有18人产生了25次动词形式错误。

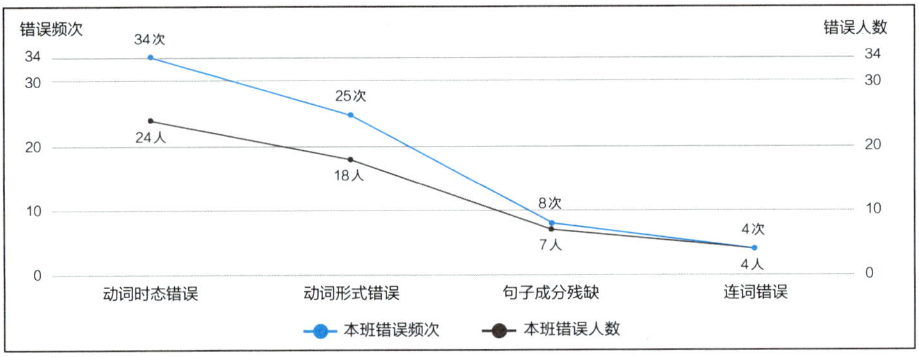

图4-16　班级作文错误频次统计

（2）共性问题修改

针对错误率高的共性错误，马老师选取部分代表性错误表述，让学生进行分组讨论。在学生交流互动、合作探究和讨论回答之后，马老师展示大模型的修改结果，并与学生共同点评和修改。

（3）个性问题自主修改

针对学生的各项错误，学生首先对自己的作文进行自我评估，找出其中的错误和不足之处。然后，马老师将打印好的个人作文诊断报告发给每个学生。如图4-17所示，系统基于大模型技术，识别学生作文中的表达错误并逐句提供针对性修改建议。学生对照大模型修改结果进一步修改：在收到个人作文诊断报告后，学生需要仔细阅读报告中的内容，对照大模型生成的“逐句批改”部分，查看是否有遗漏和错误，对自己的作文做进一步修改。在这个过程中，学生能够更加明晰自己的错误情况，还可以借鉴大模型的建议更好地表达个人想法，提高自己的写作水平。同时，学生也可以结合完整的诊断报告，全面了解自己的写作情况，进行全面的反思和总结，明确在写作过程中的优点和不足。

逐句批改

1.【原文】I was suprised that they only need water. And I noticed they they wore dirty clothes and looked very tired.

动词时态错误　因为主句的时态是过去式(was)，一句话的时态应该保持一致，所以从句应该使用相应的过去时态(needed)，保持时态一致。

代词错误　notice后接宾语从句，从句不缺成分，意义完整，因此用that引导。因此把they修改为that。

书写不规范　正确的拼写是“surprised”，意思是“惊讶的”。

智能纠错　I was surprised that they only needed water, and I noticed that they were wearing dirty clothes and looked very tired.

图4-17　系统对学生作文中的各项错误逐句批改

3. 写作提升

阅读优秀文章和借鉴优秀表达对于英语作文写作具有重要意义，能够帮助学生拓展词汇量、提升语言表达能力。学生平时应该多读优秀作文和句子，学会从中吸取精华，为自己的写作增光添彩。

（1）优秀句子欣赏

马老师首先展示了学生的亮点表达句，学生互相学习优秀词汇和句型。然后，马老师引导大家思考自己的作文如何修改，很多句子都有更好的表达方式。马老师在大模型中输入一个句子，大模型会对这句话进行润色。

（2）范文赏析学习

完成句子赏析后，马老师展示大模型生成的范文，对文章作简要介绍后点击播放按钮，将范文文本转化为语音。学生一边听一边赏析范文，然后师生围绕范文的结构、句型、短语、词汇等，学习其优秀之处，促进自己在写作中更加自如地运用这些表达方式，提高文章的可读性和吸引力。

（3）词句积累

马老师将范文截图线上推送给学生，学生通过积累优秀词句，扩大词汇量并提高写作水平。

4. 实践总结

在范文学习之后，学生对自己的作文进行修改和优化，并将改进后的版本上传到系统中，以便进行批改。根据这次批改结果，学生作文优秀率达到38.1%，比课前提升了21.9%，各类型错误率也有所下降。马老师根据二次批改数据给予反馈，总结本课主要内容，明确学生接下来需要努力的方向。

三、案例小结

在本案例中，学生在读后续写作文题中存在语法错误和表达方式单一等问题，而大模型可以为学生的共性问题提供修改方案，也能为每一位学生提供个性化的句子纠错、修改和润色，高效纠正学生的写作错误，提高学生的写作质量。马老师还利用大模型为学生提供高质量参考范文，帮助学生积累优美的表达方式，丰富学生的词汇和句法结构，为学生提供多样化的写作思路，提高学生在写作中的逻辑思维能力和创造力，提升英语写作的信心和自我表达能力。GenAI技术在其中帮助教师更快速、准确地评价学生的作文，并提供针对性的反馈和改进建议，范文自动生成功能也帮助教师快速生成高质量教学材料，提高了教师的教学效率和指导效果。

案例4–22　GenAI助力初中物理课堂教学设计与实践*

一、案例简介

为落实国家教育数字化战略行动，中国科学技术大学附属中学高新中学将智能技术作为教学革新的核心动力，不断探索并应用于教学实践之中。本案例聚焦物理“功”的新授课教学，杨全老师展示了教师如何在教学设计、课堂互动、课后巩固等环节充分运用GenAI技术赋能教学实践。在教学准备阶段，杨老师巧用大模型，高效完成了教学设计；课堂上，他借助搭载大语言模型的智慧黑板，引导学生与虚拟人物展开互动；课后，杨老师利用自动生成的课堂纪要进行归纳总结，帮助学生巩固所学内容，提升学习效果。

二、GenAI应用要点

1. 大模型提供教学方案参考和策略建议，助力开展教学设计

杨老师围绕本课教学内容，在大模型对话框中输入提示语：“作为初中物

* 本案例由安徽省合肥市中国科学技术大学附属中学高新中学提供。

理教师，请为初中物理‘功’的第一课时内容设计一份教学方案，涵盖关键概念、实例分析和互动环节设计，以帮助学生理解功是什么、如何计算。”大模型快速输出了对应的教学设计方案，为杨老师开展教学提供了参考。

为了使教学方案更加符合学生的实际情况，杨老师进一步向大模型咨询，以优化教学策略。面对物理概念的抽象性，杨老师希望能够简化复杂概念，使学生更易于理解。于是，杨老师向大模型提出了一个关键问题：“如何用简单易懂的方式向初中生解释‘功’呢？”大模型快速响应需求，给出了多种教学方法和建议，包括生动的实例、直观的图示以及互动性强的实验活动等。为了将教学建议转化为具体的课堂活动，杨老师继续追问：“有哪些相关实验或互动环节可以加入课程中，以提高学生的参与度和兴趣？”大模型提供了丰富的实验方案和互动活动选择，包括日常生活小实验、角色扮演游戏以及竞赛等。杨老师根据课堂的时间安排、可用资源和教学工具等情况，精心挑选了最适合的教学策略，对教学方案进行了调整和优化。通过与大模型的紧密合作，杨老师高效完成了教学设计，为课堂教学的顺利开展奠定了基础。

2. 学生与虚拟数字人实时交互，创新课堂互动体验

（1）选择数字人角色，促进课堂情境构建

智慧黑板中汇聚了众多风格的数字人形象，为教师开展不同主题的课堂互动提供了多种选择，并支持教师和学生采用语音或文本的方式与这些虚拟人物进行实时对话。杨老师针对本课的教学内容，选择了“爱因斯坦”这一形象作为课堂互动的主角。

（2）开展多元化课堂互动，促进学生与数字人的深入对话

为了检验学生是否理解和掌握了“功”的概念，在课堂练习中，杨老师展示了不同情境的图片，让学生判断其中是否涉及做功的问题。面对一张描绘人提包走路的图片，部分学生对是否存在做功产生了疑问，反映了他们对“功”的概念中运动方向的理解尚不透彻。为了帮助学生更深入地理解“功”，杨老师引导他们将自己对“功”的疑惑与虚拟人物“爱因斯坦”进行交流。当学生提出“是否运动了就一定做功”“怎样判断有无做功”等问题时，“爱因斯坦”

以生动、易懂的方式即时给予解答。杨老师还鼓励学生提出更多关于“功”的疑问，或对“爱因斯坦”的回答提出自己的看法，通过多轮互动对话，加深对知识点的理解。

在探讨“功的计算”时，杨老师将虚拟人物作为课堂助教，邀请“爱因斯坦”来讲解部分内容，使得课堂更加生动有趣，激发了学生的学习兴趣。杨老师向“爱因斯坦”询问“功如何计算”，而“爱因斯坦”不仅给出了准确的答案，还通过具体的例子进行了形象地说明。杨老师在此基础上进一步补充解释，促进学生全面理解“功”的计算方法。通过这种创新的课堂互动方式，杨老师利用技术手段将抽象的物理知识变得生动有趣，提高了学生的学习积极性和参与度。同时，杨老师还在智慧课堂信息化平台的支持下对学生学习过程全程关注，并为学生提供精准指导。

3. 归纳知识要点，助力课堂总结和课后巩固

（1）运用智能技术，精准归纳知识要点

在课堂的尾声，杨老师运用系统自动生成的课程脉络和课堂纪要，对本节课的知识点进行了精准的总结归纳。系统将本课的主要教学过程和知识结构以直观的形式呈现出来，同时支持教师进行编辑。学生能够清晰地看到课堂的知识结构和脉络，重点难点一目了然，实现快速、精准的知识要点归纳和回顾。

（2）引导学生自主回顾，巩固学习成果

杨老师还积极引导学生依据课程脉络思维导图，自主回顾课程的重点内容。在这一过程中，学生不仅加深了对知识点的记忆，而且在回顾中形成了更完整的知识体系。同时，杨老师还将课堂纪要导出分享给学生，使他们能够随时随地查看带有字幕的实录内容，方便学生对课堂内容进行复习，加深对本课知识的理解和应用。

三、案例小结

本案例展示了GenAI技术在教学实践中的巨大潜力，它不仅为教师提供了高效的教学工具，还为学生创造了更加生动、有趣的学习体验。课前，杨老师充分利用大模型的生成能力优势，通过整合其提供的教学灵感与实用建议，使“功”

的教学讲解生动有趣，有效促进学生的理解和掌握。课堂上，虚拟数字人“爱因斯坦”的引入激发了学生的学习热情，提升了学生的学习兴趣和参与度。根据平台数据，学生的参与度较高，课堂练习的正确率也达到92.35%。此外，杨老师有效地利用了系统自动生成的课堂纪要和思维导图，为学生提供了清晰、全面的学习资源，促进学生快速把握课程的重点和难点，方便学生课后复习和回顾。

案例4-23 “码上”：大模型赋能的智能编程教学平台*

一、案例简介

在智能时代背景下，我国高等教育坚持面向现代化、面向世界、面向未来，对创新型人才的培养提出了更高的要求。作为人工智能等战略性新兴产业发展的关键支撑技术，编程教育对于培养具备创新精神和实践能力的高素质专业人才具有重要意义。因此，在高等教育阶段，编程及相关专业的人才培养受到了高度重视，以满足国家经济社会发展对高水平技术人才的需求。在大学编程教学过程中，学生在进行编程作业和练习时亟须一对一辅导，然而传统的教学模式和有限的教师资源无法支撑这样巨大的需求。针对这一需求痛点，北京邮电大学（以下简称“北邮”）计算机学院徐童老师指导的EZCoding大创团队以星火认知大模型为技术基础，结合教育理论与教学经验，采用“逆序生成—顺序展示”大模型并行调度算法等自研核心技术，开发了智能编程教学平台“码上”。

“码上”支持一对一辅导、问答论坛、教学管理等功能，为学生提供实时、个性化、启发式的编程辅导服务。学生在编程学习中有辅导需求时，可以向“码上”平台发起提问，“码上”会实时启动“5+N+!+?”智能辅导流程，为学生提供编程辅导服务。

二、GenAI应用要点

1.“5”：5轮启发式辅导

首先是5轮启发式辅导：①智能审题：解读题目，指出解决思路；②代码

* 本案例由北京邮电大学计算机学院提供。

分析：分析错误代码的意图与思路；③关键点拨：从宏观上指出代码存在的关键问题；④详细指导：指出代码的具体问题，给出详细修改建议；⑤正确代码：给出修改后的正确代码，同时提供代码比对功能，帮助学生迅速定位修改之处。上述每一步学生都有两种选择："我懂了"或"还不明白"，点击前者将结束辅导，点击后者将展示下一步。通过这种方式，不断启发学生循序渐进地思考问题，引导学生自行发现并修正错误，获得独立编程能力。

例如，当学生输入问题"我的代码执行有问题，请帮忙看一下错在哪里"，"码上"平台会立即启动辅导程序，通过智能审题给出该题的解题思路——"使用双指针的方法判断用户输入的字符串是否为回文串"，然后对学生的代码进行逐字逐句分析，快速找出代码的错误。

在代码分析结束后，系统指出代码的语句和语法错误，并针对代码问题给出详细的修改建议。随后，系统还自动生成正确代码，学生可参考正确代码对原始代码进行修改；同时还提供代码对比功能，让学生迅速找出修改之处，提高代码修改效率。

2. "N"：多轮对话式答疑

其次是"N"：多轮对话式答疑。在首次提问后，学生可继续提问，"码上"通过多轮对话实现层层深入的对话式答疑。学生继续提问："请问还有什么方式实现回文数判断呢？""码上"平台针对学生的问题再次给出解答，指出还可以使用反转数字的方法来判断一个数是否为回文数，并给出了具体的步骤和代码示例。

3. "!"：知识点提示与个性化学习建议

然后是"!"：知识点提示与个性化学习建议。学生点击"知识点"按钮后，"码上"将分析该问题所对应的课程知识点，并给出针对性的学习建议。例如，系统给出输入代码对应的两个课程知识点——"指针和地址""赋值和比较操作符"，并以学生的原始代码为例分析知识薄弱点，提出针对性的学习建议。

4. "?"：求助老师

最后还有"?"：求助老师。"码上"能够解决学生的大部分问题。对于少数无法解决的难题，学生可点击“求助老师”按钮，请老师前来指导。

三、案例小结

本案例中，“码上”平台为师生提供灵活、高效、多维度的教与学支持服务，可减轻教师工作负担，提高学生学习效率，助力创新人才培养。北京邮电大学基于“码上”开启了大规模教学实验。教学实验证明，“码上”能够较好地满足学生编程学习的辅导需求（尤其对初学者和好学的学生效果明显），有效提升学生的学习效率。“码上”对于新手编程问题的答疑准确率达到80%—90%，对于其他学生群体（编程高手、研究生）的编程辅导效果也会显著提升。随着实践的深入，“码上”平台将逐渐拓展到多个学科，不断推动高等教育领域的人工智能应用和国际化教育合作。

案例4–24　基于大模型的ICAP项目化教学*

一、案例简介

当前Java课程教学面临着多重挑战：课程涵盖的知识点繁多且抽象，传统教学方法单一，缺乏趣味性和实践性，难以有效激发学生的学习兴趣与自主学习能力；同时，不同学生间学习进度和能力差异大，缺乏个性化的教学指导和评估机制，导致教学效果参差不齐。此外，教师备课与实验设计也面临思维局限，亟须智能化工具的辅助以提升教学质量与效率。面对这些挑战，安徽信息工程学院引入基于大模型的ICAP项目化教学模式，旨在通过大模型的协助驱动项目化教学，将理论知识与实际应用紧密结合，增强学习的实践性和趣味性，从而提高教师的教学质量与学生的学习效果。

二、GenAI应用要点

基于大模型的ICAP项目化教学模式将理论与实践相结合，在理论与上机课程中均引入大模型（如图4–18）。大模型除了能够作为学生的“个人助手”提供个性化指导，在课前、课中、课后都能帮助教师优化教学内容和方法，辅

* 本案例由安徽信息工程学院计算机与软件工程学院提供。

助教师备课、做PPT、做教案、实验项目等。

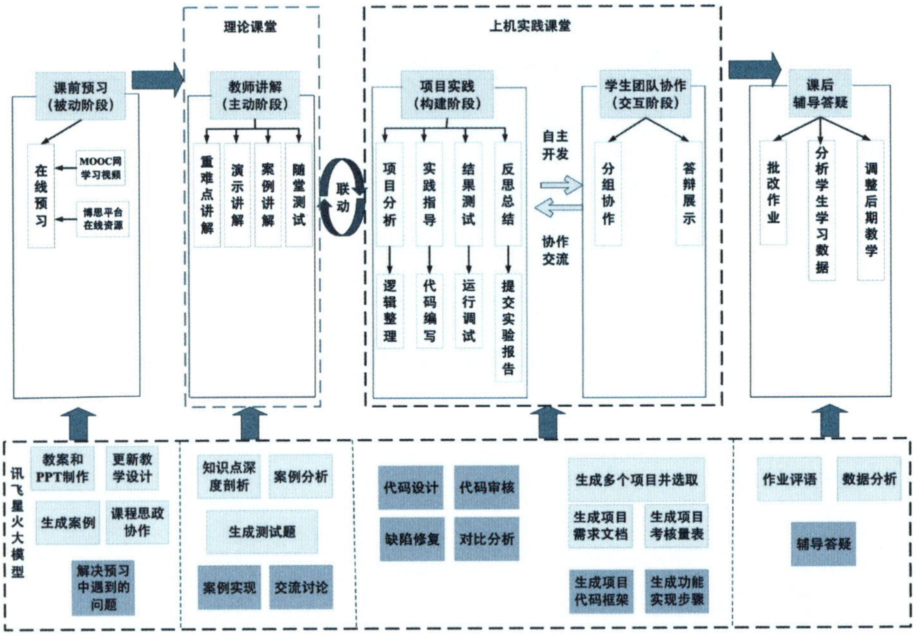

图4-18 基于大模型的ICAP项目化教学设计图

1. 课前：大模型助力教师备课，解答学生预习问题

课前，教师根据授课计划表中的教学内容与大模型对话后生成教学设计思路，根据课程与教学的现实状况，再有选择地参考、更新已有的教学设计。教师还借助大模型根据课程相关知识点生成项目案例，对已有的项目案例进行优化。同时，教师可以根据课程要求或知识点，借助大模型生成课程思政素材，然后结合教学实际进行有效的思政教育。教师会发布在线学习任务和MOOC网学习视频，让学生提前预习。学生在编程过程中遇到问题，可以直接向大模型提问。大模型作为一个实时的问答系统，提供即时、准确的解答，有助于学生及时解决学习中的难题，加深学生对Java知识的理解。

2. 理论课堂：借助大模型分析案例和生成测试题

理论课堂上，教师借助认知大模型的知识问答功能，对课程中的重难点进行更深刻的解读与剖析。教师可以借助认知大模型对场景案例进行分析和代码实现。学生在课堂中也可以借助大模型完成场景案例，并对案例进行讨论和交流分享。相关知识点讲完后，教师可以借助大模型生成随堂测试题，也可以用其生成问题的答案，引导学生讨论答案中合理、正确、符合逻辑的部分，分析存在的问题和错误，帮助他们学会去伪存真、批判性反思。

3. 上机实践：借助大模型代码能力开展项目实践

上机实践课时，教师对项目需求进行分析后，指导学生根据实验手册进行上机操作并运行调试完成项目。在大模型的支持下，教师在课程中设置了8个综合项目，知识点涉及所有教学章节，并向学生提供项目需求文档和项目考核量表。学生自主选题，以团队合作的方式完成项目功能代码与答辩展示。学生完成综合项目的过程中可以借助大模型搭建项目的框架，生成主要功能实现步骤和基础功能代码。

（1）项目框架：大模型可以根据需求文档或者输入的需求，快速生成项目框架。学生可以使用大模型来生成项目框架参考。

（2）功能实现步骤：在开发过程中，学生可以通过大模型来获取相关功能的实现步骤，在大模型的指导下实现功能的开发。

（3）基础功能代码生成：学生可以利用大模型快速生成基础功能的代码，学生根据项目需要进行代码调整。

（4）代码注释生成：引导学生利用大模型来根据代码块自动生成注释，避免手动书写注释的烦琐过程，提高开发效率的同时保证代码的可读性。

4. 课后：借助大模型进行作业评价和反馈

课后，教师批改作业时可以借助大模型给出针对性的学生作业评语。获取了学生的学习数据后，教师可以利用大模型对数据进行分析，及时调整后续的教学。学生在完成课后作业的过程中可以借助大模型做代码调试和代码审核，找出潜在的错误，并将大模型生成的作业代码与自己写的代码做分析对比。同时，学生还可以借助大模型解决测试中的错题以及学习中遇到的问题。

三、经验总结

基于大模型的ICAP项目化教学支持教师在课前、课中、课后各阶段使用大模型工具调整和完善教学策略，提高课程内容的针对性和实用性，同时帮助学生在遇到难题时快速找到解决方案或灵感，推动创新能力培养。通过借助大模型进行代码审核和优化，学生可以对自己的项目进行深入分析和批判性反思，从而不断优化代码质量和逻辑结构，这一过程有助于培养学生的自我监控和终身学习能力。该课程在学校督导和学生评课等活动中都获得了较好的评价和反馈。

通过问卷调查和个别访谈的方式，学校收集了学生对基于大模型的ICAP项目化教学的反馈意见。大多数学生表示，这种教学方式激发了他们的学习兴趣，提高了他们的自主学习能力和团队合作能力。根据博思平台问卷调查统计结果，Java课程采用基于大模型的ICAP项目化教学，对于学生的学习体验、学习效率、独立思考能力以及问题解决策略都有积极的影响。大多数学生对项目化学习持正面态度，并认为这种学习方式有助于他们个人能力和知识水平的提升，也促进了学生的团队合作和沟通能力。

案例4–25　基于AIGC的信息科技课程教学实践*

一、案例简介

作为提升学生数字素养和创新能力的有效手段，人工智能教育已被纳入中小学信息科技课程体系，为培育新时代创新人才和促进学生全面发展奠定基础。随着GenAI技术的发展，如何用好人工智能生成内容（AIGC）促进教学方式变革，成为教育领域的研究热点。本案例中教师利用大模型设计了“AI让我更会学习”一课，优化了信息科技课堂中人工智能大单元项目教学。本课围绕“人机协作学习”主题，分为进行课程导入、体验AIGC平台、学习提示词技能和看待AIGC四个环节，旨在帮助学生在巩固人工智能基础知识的同时，掌握用好AIGC的技能和方法，提升学习效果和兴趣，培养批判性思维和创造力。

二、GenAI应用要点

1. 课程导入，确定主题

王老师以一个问题引入课程，问学生：“你们知道人工智能可以生成什么

* 本案例资料由江苏省苏州市苏州工业园区东沙湖实验中学提供。

样的内容吗？你们想看看人工智能生成的内容有多厉害吗？”学生纷纷表示好奇，有的说人工智能可以生成图片、音乐、视频等，有的说人工智能可以生成文章、诗歌、代码等，有的说人工智能可以生成各种各样的内容，只要给它一些提示或数据。王老师肯定了学生的回答，介绍本课的主要内容，告诉学生本课将采用项目学习的方式，让学生以小组为单位，自主选择探究的主题和问题，利用AIGC平台进行实践操作和交流展示。

王老师引导学生将AIGC看作工具、助手、同伴、导师等角色，从不同的视角和需求出发，设计具体的问题。例如，作为工具，AIGC可以帮助学生完成一些复杂或烦琐的任务，如生成图表、制作视频、编写代码等；作为助手，AIGC可以帮助学生提高学习的效率和质量，如生成摘要、检查错误、提供建议等；作为同伴，AIGC可以帮助学生增加乐趣和创意，如生成笑话、歌词、故事等；作为导师，AIGC可以帮助学生拓展知识和视野，如生成课程、讲解、测试等。学生分成四个小组，每个小组抽取一个角色，根据自己的兴趣和需求，设计一个具体的问题。

工具组：如何利用AIGC生成一张能够反映全球气候变化的图表？

助手组：如何利用AIGC生成一篇关于人工智能的科普文章的摘要？

同伴组：如何利用AIGC生成一首关于人工智能的歌词？

导师组：如何利用AIGC生成一套关于人工智能的在线课程框架？

2. 体验星火大模型平台

星火大模型可以根据用户输入的提示词，生成各种类型的内容，如图片、音乐、视频、文章、诗歌、代码等。王老师让学生利用微课自主学习大模型平台使用方法，包括如何注册、登录、选择模型、输入提示词、查看结果等。学生按照提示，登录星火大模型，选择适合自己问题的模型，将设计好的问题输入对话框中，发送给大模型并查看结果。

3. 学习“提示词技能”

王老师展示各小组与大模型的对话结果，采访学生满意度和使用感受，发现大部分学生对AIGC的技术和效果表示惊讶和赞赏，但也有一些不满意或不理想的地方，如生成的内容不够准确、完整、有趣等。王老师指出，AIGC的质量和效果很大程度上取决于用户输入的提示词，提示词是人工智能与用户沟通的桥梁，是激发人工智能创造力的火花。因此，学习如何设计有效的提示词，是提高人机协作水平的重要技能。

王老师建议学生从扮演角色、执行任务、明确要求和补充说明四个方面设计提示词，具体如下：①扮演角色：根据自己选择的角色，设定与人工智能的关系，如工具、助手、同伴、导师等，用相应的语气和风格与之交流，如命令、请求、邀请、咨询等。②执行任务：根据自己设计的问题，明确人工智能需要完成的任务，如生成、摘要、检查、提供等，用动词或动词短语表达出来，如“生成一张图表”“概括这篇文章”等。③明确要求：根据自己的需求，指定对人工智能生成内容的要求，如类型、格式、长度、风格等，用形容词或名词表达出来，如“折线图”“摘要”“一首歌”“在线课程”等。④补充说明：根据自己的期望，提供一些额外的信息或数据，帮助人工智能生成更符合自己需要的内容，如主题、背景、目的、数据源等，用句子或段落表达出来，如“主题是全球气候变化”“背景是人工智能的发展和应用”“目的是科普和启发”“数据源是联合国的报告”等。

王老师鼓励学生根据这四个方面，进一步修改自己的提示词，关注修改前后的区别，比较AIGC的质量和效果。各组提示词修改情况如下。

工具组：修改前的提示词是“全球气候变化”（如图4-19所示），修改后的提示词是“生成一张折线图，主题是全球气候变化，数据源是联合国的报告，显示从2000年到2020年的全球平均气温变化”（如图4-20所示）。

图4-19　提示词优化前生成的全球气候变化图

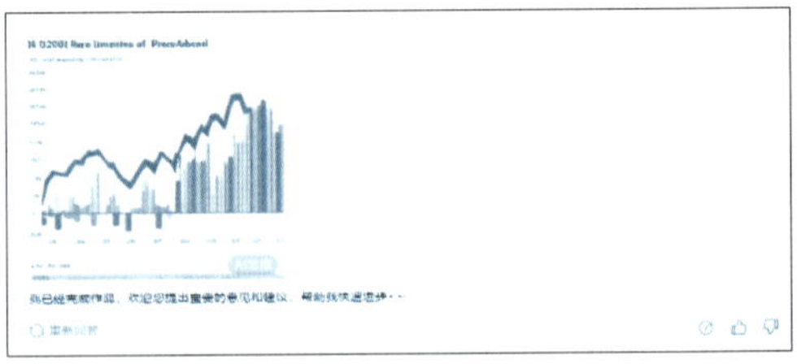

图4-20　提示词优化后生成的全球气候变化图

助手组：修改前的提示词是一篇关于人工智能的科普文章原文，修改后的提示词是："撰写这篇关于人工智能的科普文章的摘要，长度为200字，风格为简洁明了，目的是让读者了解人工智能的基本概念、发展历程和应用领域。"

同伴组：修改前的提示词是"人工智能的歌词"，修改后的提示词是："生成一首歌词，风格为流行乐，主题是人工智能，目的是表达对人工智能的好奇和敬畏。"

导师组：修改前的提示词是"人工智能概论"，修改后的提示词是："生成一套在线课程大纲，内容为人工智能概论，包括课程介绍、目标、大纲、讲义、练习、评估等。"

4. 看待AIGC，总结升华

王老师让学生再次使用大模型，输入修改后的提示词，查看AIGC的质量和效果，与修改前的结果进行对比，评价自己提示词技能的提升。王老师总结人机协作的要点，强调提示词技能的重要性，鼓励学生在今后的学习和生活中多尝试使用AIGC平台和工具，提高自己的信息素养和创新能力。王老师引导学生了解技术的飞速发展，启发他们辩证地看待技术，思考人工智能带来的便利和风险，如信息的真实性、可信度、价值观等。

三、案例小结

本案例融合了项目式学习与人机协同学习的理念，学生在运用AIGC平台完成项目的过程中加深了对人工智能基础知识的理解，亲身体验了AIGC的实际应用，掌握了使用提示词的技巧，并深化了对科技的积极态度及正确认知。针对本次课程，王老师于2023年先后面向初一、初二学生授课，也邀请了其他老师多次研讨，并收集了他们的反馈。在本课程中，学生第一次与AIGC接触，学习兴趣浓厚。学生学会了大模型的多种使用路径，它就像一个无所不知的虚拟伙伴，也像是个性化的辅导老师。学生意识到人类需要不断认清自己的定位，增强网络信息安全的意识，还要学会用批判性思维看待新技术，在借鉴参考与创新创作中寻找平衡。王老师认为，AIGC不是一次性的搜索引擎，它可以根据上下文关系进行多轮互动，是具有深度学习能力的人工智能。通过在信息科技教学中使用大模型，学生联系上下文情境和过程进展，学会设计更为有效的提示词，有计划地、循序渐进地寻求AIGC的帮助，从而实现人机协作学习。

案例4–26　人机协同 建构共生

——“AIGC·C”课堂引领中职学生深度学习之旅*

一、案例简介

随着人工智能技术的不断发展，特别是AIGC模型的广泛应用，中职课堂教学正经历着深刻的变革。本案例展示了“AIGC·C”课堂在中职C语言程序设计课程中的实施与应用，探索了人机协同、建构共生的新型教学模式如何引领中职学生开启深度学习之旅。

二、“AIGC·C”课堂的内涵及设计

1. “AIGC·C”课堂的教学目标

中等职业教育是现代职业教育体系的重要基础，是培养高层次技术技能人才的重要储备。在AIGC赋能中职课堂教学改革中，不仅要考虑技术的问题，更需要反思“智能时代怎样培养人，培养什么样的人”这个问题，关注学习者对知识的理解、新旧知识的联结与整合、批判性思维、问题解决及迁移与应用能力的培养，要逐步重视技术支持下深度学习的促成与发生。在AIGC赋能下，在课堂中实施在线协作知识建构，不仅要促进知识的协作生成、转变与创造，还要重点关注人机协同下高水平知识建构对话活动的发生，开展面向学习者的深度学习过程评估与分析，并重点观察和促进学习者认知结构与思维水平两个方面的转变与迁移。

* 本案例由南京市职教（成人）教研室、南京邮电大学、南京中华中等专业学校、南京市莫愁中等专业学校提供。

2. 定制人机协同工具“Code助手”智能体

经过详尽的需求分析，研发团队明确了智能体需要解决的教学痛点及其在教学中的角色定位。他们基于星火大模型研发了智能体“Code助手”，并将其设计为一位擅长C语言，能帮助学生学习编程的AI助手，可支持学生一对一的课前预习、课中讨论和课后复习及反思，为学生提供个性化的编程学习支持，帮助学生更高效地掌握编程技能，其功能包括代码分析、代码生成和学习指导等。

3. 构建对话驱动的人机协同知识建构模型

以中职C语言程序设计课程为载体，以在线协作知识建构为理论支撑，将星火大模型的API与“AI智小萌”微信公众号对接，并整合数课平台、对话管理平台，构建了“AIGC · C”课堂对话学习系统模型（如图4–21），支持学生在线协作、对话管理、智能体交互、深度学习评价和数据分析等。

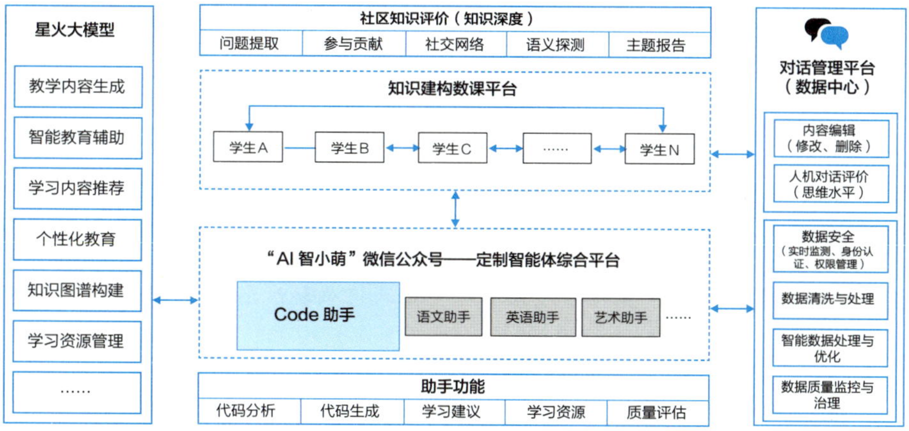

图4–21 “AIGC · C”课堂对话学习系统模型

三、GenAI工具在中职学生深度学习中的应用策略

两校的任课教师主要采用项目式和支架式教学方法，借助“AIGC · C”课堂对话学习系统指导学生进行自我知识体系的建构，具体课堂教学模式如图4–22。

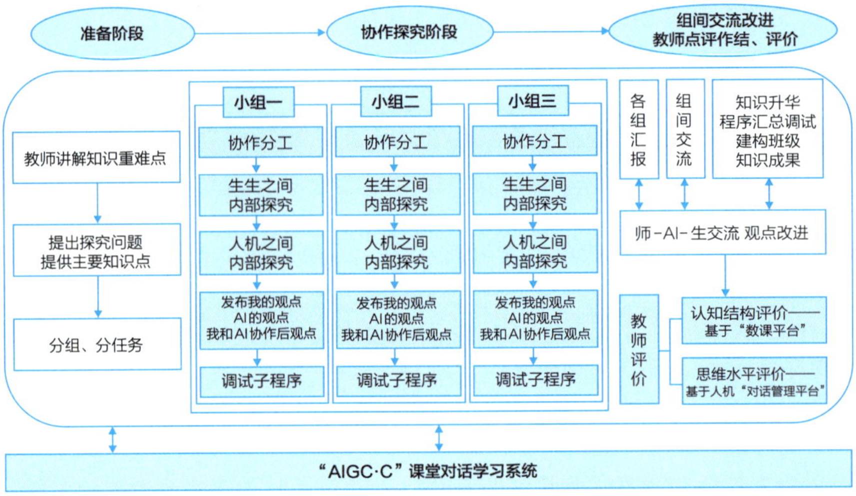

图4-22 "AIGC · C"课堂教学模式框架

1. 准备阶段

教师分析本节课的教学重点和难点，提出本节课需要探究的问题，并提供主要知识点。教师把探究问题拆分成若干个子任务，将全班学生适当分组，确保每个小组均领取到各自的子任务。

2. 协作探究阶段

学生的知识建构过程主要通过数课平台来呈现。该平台在知识建构领域扮演重要角色，它提供了促进深度学习和协作知识建构的环境和工具，学生在课堂上通过文本、图片等多种方式来实现观点的记录和线上、线下交流，从而促进对知识的深入理解和创新。

为了更好地促进学生深度学习目标的达成，教师在数课平台中设置自定义主题支架，包括"我的观点""AI的观点""我与AI协作后的观点"，创建一个多维度的互动环境。通过数课平台和"AI智小萌"平台"Code助手"的交互，教师积极引导学生开展与AI的协作对话并观察班级社区其他成员的观点；学生则可随时调用"Code助手"，与AI开展一对一的对话，从而提出观点、回应观点，继而建立升华观点。

3. 组间交流改进和教师点评总结、评价

小组之间互相汇报与交流，并提出质疑与建议，通过在社区中相互协商讨论，将各子程序汇总并调试，逐渐形成以班级为单位的社区知识成果。在这一过程中，教师、AI智能体均参与其中，给出意见，提出各自观点，形成“师—AI—生”三者互动。

最后，教师从认知结构和思维水平两个方面进行总结评价。结合数课平台中的“个人报告”和“主题报告”，教师查看学生个人以及班级社区的形成性评价（过程中的反馈和改进）和总结性评价（学习结束时的成果评定），从而对学生的认知发展和知识建构全过程加以观察和评价；接下来教师进入“对话管理平台”，该管理平台是所有人机交互数据存取、评价和管理的中心，主要是用于协调和记录人与人、人与智能体之间的交互，确保对话的连贯性和目的性。教师可基于SOLO 分类理论来评估学生的学习思维水平，对学生全过程人机对话内容进行评价和管理。

四、改革成效及亮点

本次教学实验采用准实验研究设计，分别在南京市莫愁中等专业学校（以下简称莫愁中专）和南京中华中等专业学校（以下简称中华中专）进行。其中莫愁中专22高计1班为实验班，34位学生为研究对象，对照班为平行班级22高计2班，34人，两个班学情相似，教学内容、学习任务以及授课教师均相同，每班每周3节新授课；中华中专则以2320软件技术班28位学生为研究对象，无对照班，每周4节新授课。课堂教学实施时间为2024年5月22日至6月28日。

从学习结果来看，莫愁中专实验班和对照班每个学生的期中和期末成绩共计有效样本136份，分别对两个班的期中考试和期末考试成绩数据使用SPSS26.0进行独立样本t检验，结果表明：在期中考试时，实验班和对照班的平均成绩没有显著差异，对照班虽然平均分略高，但这种差异在统计上不具有显著性；在期末考试时，实验班的平均得分显著高于对照班，显著性水平为0.049，两组间的差异是显著的，这表明实验班所采取的人机协同知识建构教学方法是有效的。此外，通过对学生在实验阶段的对话分析，发现学生在沟通意识、表达能力和元认知等方面均有了明显改善。

AIGC赋能学生学习主要是对话式学习方式。和传统的课堂相比，

“AIGC·C”课堂带来的更多是人机协作与课堂互动方式的变化，具体体现在学生与AI协同学习、教师与AI协同教学、AI协同评价三个方面。整个教学活动中，“师—AI—生”三者互动，相互启迪，动态生成教学的流程和内容，学生通过自身的独立思考和批判性思维获得对世界的认知，完成自身知识建构①。“AIGC·C”课堂通过人机对话促进学生主动意义建构，建立了基于对话的互动教学模式，在多方对话互动过程中促进学生意义建构，并实现了对话中深度学习发生程度的多维度创新评价。

五、案例小结

本案例探索了学生在人机互动中的认知主动性与深度。在课堂中，学生发现“直接使用AI不可取”“需要调整细节”“AI生成的代码有时有误，需要修改”，有些学生利用AI创建自己的知识框架。在认知主动性方面，学生在教师引导下学会用更合适的提示语向AI提问并积极参与；在认知深度方面，教师通过“AIGC·C”课堂系统观察、分析学生对AIGC的思维加工水平，确保技术促进学生的知识、技能和思维发展。

在中职学校应用“AIGC·C”课堂时，还需考虑一些实际问题。比如，学生不能带电子设备进课堂，系统设计了PC端和微信公众号版本，课堂上可在教师监督下使用，课后在家长监督下使用；部分学校资金短缺、技术较弱，自主开发相对困难，因此选择了国产AI大模型和兼容性强的技术平台，逐步拓展至其他课程；考虑到学生年龄为16岁至18岁，系统在对话内容和数据安全方面做了多重设计，确保教师可全程管控学生的人机协作。总之，中职课堂的人机协同知识建构需要综合考虑技术、教师、学生、评估和管理等方面，实现技术与教育的深度融合，突破传统教育路径，并制订应对潜在挑战的对策，最终实现人机共生的深度教学场景②。

① 黎加厚. 生成式人工智能时代的课堂教学创新[J]. 中小学信息技术教育，2024，(Z1): 6-10.
② 祝智庭，戴岭，胡姣. 高意识生成式学习：AIGC技术赋能的学习范式创新[J]. 电化教育研究，2023，44(06): 5-14.

第五章

GenAI 教育应用伦理风险应对

随着GenAI技术在教育教学中的实践应用越来越多，伴随而来的隐私泄露、机器依赖、偏见歧视、学术诚信、学习精神退化等伦理问题也引起了“政、产、学、研、用”各方的关注①。因此，在GenAI教育应用中应加强对于潜在伦理风险及其应对策略的研究。本章基于相关文献资料的系统梳理，对GenAI教育应用典型伦理风险进行了分析，进而提出应对伦理风险的策略，以促进GenAI在教育领域的安全应用与可持续发展。

5.1 GenAI教育应用伦理风险概述

各国政府、高等院校、研究机构、科技企业等不同群体均高度关注GenAI教育应用的伦理风险，从不同视角展开了探析。本节选取了2023年1月1日至2024年7月31日发布的与GenAI教育应用伦理风险相关的政策文件、行业报告和期刊论文，并从中筛选出涉及伦理风险内容的250份文献资料作为研究样本，分析当前GenAI教育应用伦理风险的研究情况。基于三级编码，对研究样本进行文本内容分析发现，当前GenAI教育应用伦理风险研究的关注重点包括主要伦理风险、造成风险的可能原因以及该风险可能对教育产生的潜在影响三个方面，具体如图5-1所示（文献计量和内容分析详见附录）。

从主要伦理风险来看，当前主要关注生成内容、数据和隐私、价值观投射、用户认知和使用、知识产权争议等方面的伦理风险。政策文件主要关注价值观投射问题，因其具有一定的隐匿性，教育主体在日常使用中难以发觉，长期发展下去可能会带来语言文化压制、文化侵染等问题。行业报告对数据和隐私安全、生成内容可靠性、知识产权等问题关注较多，可以看出这些伦理风险是当前推进GenAI技术创新和产业发展亟待解决的问题。期刊论文对各类风险均有关注，生成内容可靠性问题、价值观投射问题、学业和科

① 尚智丛，闫禹宏. ChatGPT教育应用及其带来的变革与伦理挑战[J]. 东北师大学报（哲学社会科学版），2023，(05)：44-54.

研诚信问题、隐私和数据安全问题、知识产权争议问题等是关注重点。

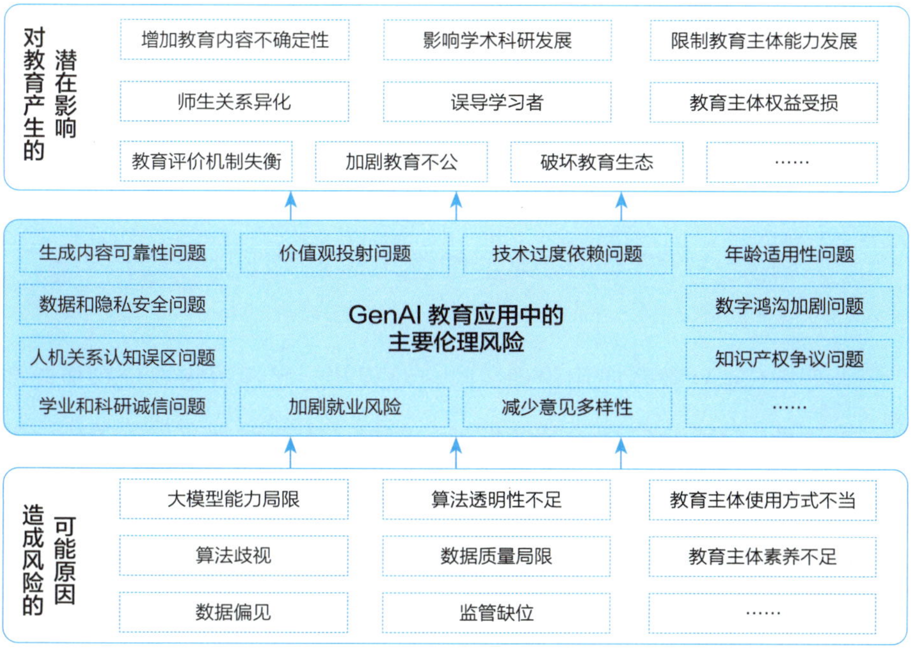

图5-1 GenAI教育应用伦理风险研究的关注重点

从造成风险的可能原因来看，当前主要从大模型能力、算法、数据、教育主体自身、监管等方面进行分析。主要原因大体可以归纳为三类：一是当前技术发展存在的客观原因，涉及大模型能力局限、数据质量局限、算法透明度不足等；二是教育主体自身的主观原因，期刊论文对这方面的分析较多，涉及教育主体素养不足、使用方式不当等；三是监管机制方面的原因，例如监管缺位、缺少专门监管机构等。

从对教育产生的潜在影响来看，当前主要关注GenAI教育应用对教育主体、教育整体发展、学术科研、互联网信息环境等多个方面产生的影响。其中，对于教育主体的潜在影响关注度最高，包括误导学习者、限制教育主体能力发展、师生关系异化等。除此之外，对教育整体发展的影响也受到了广泛关注，包括加剧教育不公、教育评价机制失衡等。

进一步探究三类研究关注重点之间的关系发现，GenAI教育应用的伦理风险是一个复杂的问题，单个伦理风险可能对应了多方面的原因及对教育的潜在影响。例如，生成内容可靠性问题可能与大模型能力局限、数据质量、幻觉表现等多种因素有关，同时生成内容可靠性问题既可能误导学习者，也可能进一步对教育整体发展产生影响。在研究过程中难以将GenAI教育应用的伦理风险依据产生原因、对教育的影响进行直接分类。因此，本研究针对以上GenAI教育应用中的典型伦理风险，从两个方面进行深度分类剖析。

5.2 GenAI教育应用典型伦理风险应对现状分析

深入分析GenAI教育应用伦理风险应对现状，是探寻潜在伦理风险应对策略、推动GenAI教育应用可持续发展的前提。本节对技术发展局限、教育主体认知和使用不当两方面的典型伦理风险表现、原因和潜在影响进行深入分析，并进一步阐述政府、研究机构、行业协会、科技企业等的应对实践。

5.2.1 与技术发展局限有关的伦理风险及应对现状

当前，GenAI技术正快速更新迭代，但技术自身尚存在一定的发展局限，包括大模型能力局限、数据质量不一、时效性不足等。与技术发展局限有关的GenAI教育应用典型伦理风险包括生成内容可靠性问题、价值观投射问题、数据和隐私安全问题等。

（1）生成内容可靠性问题及应对

当前，由于训练数据质量的局限性、大模型本身存在“幻觉”表现、算法的可解释性不足等原因，GenAI生成内容存在可靠性不足的问题。英国教育部在《生成式人工智能在教育中的应用》中明确指出，GenAI生成的内容可能是不准确的、不当的、断章取义的、过时的[①]。教育对内容的准确性、真实性要求更高，生成内容可靠性问题可能会影响GenAI教育应用的可持续发展。具体来看，生成内容可靠性问题主要表现在以下三个方面。

① GOV. UK. Generative artificial intelligence (AI) in education[R/OL]. (2023-10-26) [2024-03-28]. https://www.gov.uk/government/publications/generative-artificial-intelligence-in-education/generative-artificial-intelligence-ai-in-education.

①生成内容不准确或错误。这一问题的产生可能存在两方面原因。一是训练数据的质量局限会对生成内容的可靠性产生影响。GenAI能够有效地学习并作出正确预测和决策的前提是有大量的高质量标注数据。现有的训练数据大多来源于互联网，训练数据本身可能存在质量不高、时效性不足、不全面等问题，且当前很多大模型使用的训练数据并不是专门针对教育领域构建的，这些因素都可能对生成内容的可靠性产生影响。二是GenAI技术本身存在的“幻觉”表现也可能影响生成内容的可靠性。GenAI基于大量训练数据中的模式和统计规律进行文本生成，并没有理解或深入分析文本的含义、真实性或准确性，可能会生成看似可信但是具有事实性错误或准确性不足的内容，也就是内容“幻象”①。

②生成内容专业性不足。当前，我国仍有大量专业领域的信息数据处于相对封闭的状态，只能在机构内部的数据库和图书馆查看。专业数据的缺失使得GenAI存在一定的领域盲区，生成内容的专业性较难提升。

③判断生成内容的可靠性存在困难。GenAI的总体技术路径虽然具有一定的可解释性，但是具体参数及其在决定内容输出中的权重难以解释②。技术本身的可解释性不足导致GenAI无法为其生成的内容提供明确的来源和依据，给使用者判断其可靠性带来困难。

随着GenAI在教育领域的应用，生成内容可靠性问题对教育产生的潜在影响主要表现在三个方面。一是生成的不可靠内容可能会对学习者产生误导③，尤其是低学段的学生对于不真实、不正确的生成内容缺乏足够的辨识能力，如果家长或老师没有及时引导，可能会造成学生的认知偏差。二是生成内容可靠性不足可能会增加教育内容的不确定性④，或将限制GenAI在高利

① 苗逢春．生成式人工智能技术原理及其教育适用性考证[J]．现代教育技术，2023，33(11)：5-18.

② 苗逢春．生成式人工智能及其教育应用的基本争议和对策[J]．开放教育研究，2024，30(01)：4-15.

③ 杨宗凯，王俊，吴砥，等．ChatGPT/生成式人工智能对教育的影响探析及应对策略[J]．华东师范大学学报(教育科学版)，2023，41(07)：26-35.

④ 吴南中，陈威彰，冯永．从“失序”到“有序”：生成式人工智能教育应用的转向及其生成机制[J]．远程教育杂志，2023，41(06)：42-51.

害考试、教育决策等场景中的应用①。三是GenAI生成的不可靠内容可能会在互联网上进一步传播，从而污染互联网信息环境。另外，这些错误内容可能会再次成为大模型训练的语料，给大模型带来递归风险②。

为应对GenAI教育应用中的生成内容可靠性问题，GenAI服务提供商、高校和中小学教师等已经开展了积极的实践探索。GenAI服务提供商通过结果监督、数据清洗、有监督微调等技术手段，来应对GenAI可能产生的“幻觉”、内容不准确等问题。高校和中小学教师通过对教育提示工程的研究、自建学科数据库等方式，提高生成内容的可靠性。

案例5-1　生成内容可靠性问题的部分应对实践实例

应对实践1：2023年5月，OpenAI在其官网发布的论文*Improving Mathematical Reasoning with Process Supervision*中指出，改变“结果监督”（简单地奖励最终的正确答案）的方式，通过过程监督（奖励每个正确的推理步骤）能够提高AI大模型的数学推理能力，减轻AI“幻觉”问题，实现更好地对齐③。

应对实践2：讯飞星火认知大模型在研发过程中，针对污语料问题，采用多语言混合协同过滤方法，通过语种辨别器、质量辨别器、隐私辨别器、安全辨别器进行数据清洗，以获得高质量数据；同时，采用有监督微调的方法，通过设计高质量的有监督提示词来微调预训练模型，使大模型能够学习和适应特定领域的细微差别和特点，提高大模型提供准确信息的能力。对于“幻觉”问题，针对各类型任务构建专业知识库，以类搜索插件技术实现知识获取，以提升大模型生成内容的准确性和专业性。另外，针对长文本知识问答的“幻觉”问题，讯飞星火V4.0提供文本溯源功能。通过深度学习算法，追溯信息的原始

① 姜华，王春秀，杨暑东．生成式AI在教育领域的应用潜能、风险挑战及应对策略[J]．现代教育管理，2023，(07)：66-74.

② Miao F，Holmes W. Guidance for generative AI in education and research[M]. UNESCO Publishing，2023：16.

③ Open AI. Improving mathematical reasoning with process supervision[EB/OL]. (2023-05-31)[2024-04-02]. https://openai.com/research/improving-mathematical-reasoning-with-process-supervision.

来源和上下文关系①，帮助用户更好地理解问题并作出决策，降低大模型的“幻觉”表现②。

应对实践3：方海光教授团队针对如何把控大模型的内容质量、规避大模型使用的伦理风险等问题，根据课堂学习环境中的三个主体之间的交互，设计了基于教育提示工程的T|BO-LRQET-P&R模型，通过三轮人机交互降低生成内容不可靠的风险③。在第一轮对话中，主题或背景（T|B）帮助大模型理解课堂授课的重点内容或背景信息，明确具体的大背景前提有助于降低产生无关甚至错误回复内容的风险。在第二轮对话中，思维链（T）把一个大问题分解成多个小问题，以增强大模型回答问题的准确性。在第三轮对话中，要求大模型对第二轮问答进行批判性思考并给出优化建议。

应对实践4：重庆市聚奎中学的教师利用多个GenAI工具的检索增强生成与定制开发功能，自建学科教学数据库和辅助教学的人工智能机器人助手，以提高生成内容的准确性④。

（2）价值观投射问题及应对

由于GenAI会投射出数据和算法中所蕴含的价值观，可能会引发价值偏见和歧视。联合国教科文组织在《生成式人工智能与教育的未来》中指出，大模型将投射出特定的世界观和认知方式，并对其他世界观和认知方式进行背景化⑤。具体来看，GenAI主要延续和投射出了训练数据和算法设计中的价值偏见与歧视。

①GenAI继承并延续了其训练数据中存在的偏见。一方面，GenAI训

① 科技新赛道．国产大模型领军者：讯飞星火V4.0如何成为AI助手不二选择？[EB/OL].(2024-07-23)[2024-07-23]. https://mp.weixin.qq.com/s/9d3KFfSnDjCrkMj2tuP3uQ.

② 科大讯飞．讯飞星火V4.0发布会刘庆峰演讲实录[EB/OL]. (2024-06-28)[2025-01-01]. https://mp.weixin.qq.com/s/dyEOJUgy2H56BsBr7eN71A.

③ 方海光，王显闯，洪心，等．面向AIGC的教育提示工程学习提示单设计及应用[J]. 现代远距离教育，2024，(02): 62-70.

④ 黎加厚，牟艳娜．迈向生成式人工智能时代的教学行动[J]. 中小学数字化教学，2024，(04): 27-32.

⑤ Giannini S. Generative AI and the future of education[M]. UNESCO, 2023: 3.

练所采用的数据库可能存在价值偏见、歧视性语言等①，可能会被投射到生成内容之中，导致生成内容出现种族、性别、宗教或文化群体等方面的偏见，存在有害的意识形态、错误的政治导向等问题。另一方面，现有的垄断性大模型的训练数据集中多为英语语料，其中包含大量的西方社会的价值观和语言文化习惯。以ChatGPT为例，在其训练数据中，中文语料比重不足千分之一，而英文语料占比超过92.6%②。训练语料以英文为主，可能会造成ChatGPT更多地反映西方价值观，与我国的主流价值观不匹配。这些价值偏见可能会隐含在GenAI生成的文本、图像、视频之中，对使用者的价值观产生不良影响③。例如，在部分图形生成式人工智能的测试中发现，当要求生成“CEO”“律师”等高薪白领职业时，其输出图片大多为白人形象④，具有明显的种族偏见。

②GenAI也会投射出算法设计中的价值偏见与歧视。GenAI在算法设计的过程中，可能存在将算法设计者自身的价值观带入算法设计的问题⑤，这种人为价值涉入的算法设计也可能存在价值偏见，从而在教育应用中对教育主体产生影响。另外，由于ChatGPT等大模型在训练过程中采用人类反馈的强化学习技术，这也导致大模型的行为和偏好在一定程度上反映的是标注人员的偏好，在标注人员分布不均的情况下，可能会引发新的偏见问题⑥。

GenAI价值观投射问题对教育产生的潜在影响主要表现在以下两个方面。一是影响教育主体的价值观判断。在GenAI的教育应用过程中，包含价值偏

① 周洪宇，常顺利．生成式人工智能嵌入高等教育的未来图景、潜在风险及其治理[J]．现代教育管理，2023，(11)：1-12.

② 清华大学人工智能国际治理研究院．瞭望丨人工智能的“数据瓶颈”[EB/OL]．(2024-04-11)[2024-06-18]．https://mp.weixin.qq.com/s/tOUmqmImWkOsgLtlq-S3XQ.

③ 苗逢春．生成式人工智能技术原理及其教育适用性考证[J]．现代教育技术，2023，33(11)：5-18.

④ ROSNER H. The ethics of a deepfake anthony bourdain voice[N]. New Yorker，2021-07-17.

⑤ 杨俊锋，沈中奇，陈睿宁．生成式人工智能的教育应用及伦理风险探析[J]．湖州师范学院学报，2023，45(12)：1-12.

⑥ 之江实验室．生成式大模型安全与隐私白皮书[R/OL]．(2023-06-06)[2024-04-12]．https://www.xdyanbao.com/doc/2e30zxs1q9?bd_vid=12109835600759899040.

见和歧视的内容会对教育主体产生不良的价值观引导[①]。尤其是那些不易察觉的隐含在生成文字、图片中的价值偏见，会在长期使用过程中影响教育主体的价值判断。特别是对于未成年人来说，由于其辨别能力不足，且处于价值观成长期，更容易受到不良影响。二是影响价值观教育。GenAI生成的存在偏见和歧视的内容如果经过互联网长期、广泛传播，会对思想政治教育造成影响[②]，甚至可能会对技术落后的国家和地区造成潜在的文化侵染。

当前，GenAI教育应用中可能存在的价值观投射问题已经受到很多高等院校和研究机构的关注。高等院校通过推进大模型安全性评测框架的研究，加强对大模型价值偏见和歧视的检测。专业研究机构通过算法和模型的创新推动GenAI与人类价值观对齐，以期改善价值观投射问题。

案例5-2　价值观投射问题的部分应对实践实例

应对实践1：2023年3月，清华大学推出了面向中文大模型的安全性评测平台，依托一套系统的安全评测框架，从辱骂仇恨、偏见歧视、违法犯罪等八个典型安全场景和六种指令攻击综合评估大模型的安全性能，其中就包含偏见歧视的检测[③]。

应对实践2：2023年11月，复旦大学白泽智能团队提出大模型靶向式安全评测平台JADE。JADE通过“语言学变异模块＋安全合规评测模块”组成的“反馈—迭代”机制，实现了全自动的大模型安全评测与高风险问题收集，问题类型覆盖四大类（核心价值观、违法犯罪、侵犯权益和歧视偏见）。JADE增强了安全测试的动态性，以攻促防，能够持续提升大模型安全合规能力[④]。

应对实践3：微软亚洲研究院的价值观罗盘（Value Compass）项目的最新

① 李森，郑岚．生成式人工智能对课堂教学的挑战与应对[J]．课程·教材·教法，2024，44(01)：39-46.

② 常宴会．ChatGPT对思想政治教育的潜在挑战及其应对[J]．青年学报，2023，(03)：20-26.

③ 腾讯研究院．腾讯发布大模型安全与伦理报告：以负责任AI引领大模型创新[R/OL]．(2024-01-29)[2024-04-11]．https://mp.weixin.qq.com/s/KCWw9gBwUnzywyNW_K8-4A.

④ 复旦大学．复旦白泽智能团队提出大模型靶向式安全评测平台——JADE[EB/OL]．(2023-11-03)[2024-04-25]．https://secsys.fudan.edu.cn/b6/b9/c26973a636601/page.htm.

研究成果是基于施瓦茨人类基本价值理论的BaseAlign对齐算法。研究团队通过实验发现，BaseAlign算法的性能明显优于RLHF（Reinforcement Learning from Human Feedback，RLHF）算法，且仅需RLHF算法五分之一的数据量，并已经验证了其在对齐多元价值观场景下的可行性①。

应对实践4：北京大学人工智能研究院杨耀东团队提出了一种全新的大语言模型对齐范式——对齐器（Aligner），即一种通过学习未对齐和对齐答案间的残差来显著优化对齐效果的高效范式。对齐器的工作原理在于：在前置模型外挂一个模型，然后让外挂模型直接学习“未对齐回答和对齐回答”之间的修正残差。该团队测试了对齐器用于价值对齐的可能性，通过实验发现Aligner-7B和Aligner-13B能将GPT-4输出的共情能力提升50%以上②。

（3）数据和隐私安全问题及应对

GenAI教育应用需要处理和存储大量数据，可能存在数据泄露、数据篡改、隐私侵犯等数据和隐私安全隐患。中国信息通信研究院、中国科学院计算技术研究所发布的《大模型治理蓝皮报告——从规则走向实践（2023年）》提出，大模型颠覆了现有的数据收集模式，引发数据安全风险③。具体来看，GenAI在数据收集、处理、存储、管理和用户使用的过程中可能都存在着数据和隐私安全问题。

①数据收集阶段。一方面，GenAI可能存在未经许可使用个体或机构数据的情况，这就意味着用户在互联网中意外泄露的个人隐私可能会被GenAI采集并作为语料库的一部分，引发隐私侵犯的隐患。另一方面，在教学、评价等教育应用场景中，师生之间的对话可能会涉及个人隐私信息、行为模式、学业成绩、答题记录等敏感信息④。这些敏感信息也有可能被收集并用于数据训练，带来隐私泄露风险。例如，2023年6月28日，北加州的Clarkson律

① 微软亚洲研究院．价值观罗盘：如何让大模型与人类价值观对齐？[EB/OL].(2024-04-11)[2024-04-12]. https://mp.weixin.qq.com/s/c7koDifUhspd01KaGo17fg.

② DeepTech深科技．将GPT-4安全性提升26%以上，北大团队提出AI对齐新范式，能充当大模型的“补丁”[EB/OL].(2024-03-08)[2024-04-25]. https://mp.weixin.qq.com/s/30b1ow9bv0Zb0wPoesCzPQ.

③④ 中国信息通信研究院、中国科学院．大模型治理蓝皮报告——从规则走向实践（2023年）[R/OL].(2023-11-24)[2024-04-11]. https://mp.weixin.qq.com/s/dVs_Q0CVXU6mHHNhFbiLag.

所代表16名作者指控OpenAI从网上抓取的大模型训练数据侵犯了他们的著作权和隐私。意大利个人数据保护局（DPA）曾因为OpenAI涉嫌非法爬取大量意大利用户信息数据，宣布从2023年3月31日起禁止使用ChatGPT，同时对其隐私安全问题立案调查①。

②数据处理、存储和管理阶段。一是由于技术的透明度不足，GenAI服务提供商可能并没有对后台如何处理、分析用户数据等问题进行详细说明，造成数据安全无法得到保障；加之当前各个国家和地区对GenAI处理数据的相关法律法规还在完善中，监管部门无法及时有效地监管，可能会加剧数据和隐私安全问题。例如，2023年3月，ChatGPT出现了严重技术漏洞，用户在社交媒体上表示看到了其他人的聊天儿记录标题。二是GenAI可能受到外部非法技术的攻击，造成病毒入侵、数据泄露、信息篡改等非主观性数据安全问题②。例如，2023年就有报道指出，有网络黑客通过修改Web测试套件中SilverBullet的配置进行撞库攻击，窃取了大量ChatGPT账户信息③。

③用户交互阶段。由于数据保护意识不足，用户可能会为了获取答案而上传个人隐私数据，带来数据安全风险。据外媒报道，三星电子引入ChatGPT不到20天，便被爆出员工将公司半导体设备测量资料等上传至ChatGPT，导致公司机密资料泄露④。数据安全公司Cyberhaven调研显示，不同行业客户的160万名员工平均每周向ChatGPT泄露敏感数据数百次。除数据输入外，用户如果在使用过程中输入原创性想法，也可能会被大模型用作相似问题搜索的数据基础，或将产生隐私泄露风险⑤。另外，GenAI可能会基于大数据了解用户的性格、喜好、习惯等特性，并形成基本画像，实现对用

① 钭晓东．论生成式人工智能的数据安全风险及回应型治理[J]. 东方法学，2023，(05): 106-116.
② 腾讯研究院．腾讯发布大模型安全与伦理报告：以负责任AI引领大模型创新[R/OL]. (2024-01-29)[2024-04-11]. https://mp.weixin.qq.com/s/KCWw9gBwUnzywyNW_K8-4A.
③ CSO. Stolen ChatGPT premium accounts up for sale on the dark web[EB/OL]. (2023-04-14)[2024-04-23]. https://www.csoonline.com/article/575057/stolen-chatgpt-premium-accounts-up-for-sale-on-the-dark-web.html.
④ 云头条．因使用ChatGPT：三星半导体机密被泄露[EB/OL]. (2023-04-02)[2024-04-26]. https://mp.weixin.qq.com/s/eYmCBeOWS8dwyBhbXvkn9Q.
⑤ 王树义，张庆薇．ChatGPT给科研工作者带来的机遇与挑战[J]. 图书馆论坛，2023，43(3): 109-118.

户行为的预测。这些预测信息如果发生泄露，也会造成隐私侵犯①。

数据和隐私安全问题对教育产生的潜在影响主要表现在以下两个方面。一是教育数据滥用。GenAI使用过程中会收集大量教育数据，存在被篡改、窃取、盗用、泄露等风险，引发教育数据安全隐患②。二是教育主体权益受损。教育主体个人隐私被泄露后，可能会被用于各种不法活动，例如骚扰、诈骗等情况，从而导致教育主体的财产权、隐私权等权益受损③。

数据和隐私安全问题一直以来都是科技企业重点关注的GenAI教育应用伦理风险之一。当前，科技企业已经在推进能够应用于大模型的数据和隐私保护技术研发，如隐私保护的安全脱敏与还原技术，以应对GenAI的数据安全、隐私泄露等问题。

案例5-3　数据和隐私安全问题的部分应对实践实例

应对实践1：科大讯飞依托自身在教育领域的长期积累，从技术角度探索解决数据安全问题。一是通过联邦学习技术（Federated Learning），实现在不共享原始数据的情况下，共同完成大模型的训练；二是通过差分隐私技术（Differential Privacy），在数据共享前加入噪声，隐藏个体的隐私数据；三是通过去标识化，对个人身份的关键信息和数据内容做切割④。

应对实践2：腾讯安全玄武实验室于2023年12月披露了一项关于大模型隐私保护的安全脱敏与还原（Hide and Seek，HaS）技术。HaS是一种支持信息还原的自由文本脱敏技术，通过对用户上传给大模型的提示词进行隐私信息脱敏，并在大模型返回计算结果后进行恢复。这个模型主要适用于典型的自然语

① 陈潇，苏雪源，王波，等．ChatGPT类生成式人工智能教育应用伦理审度与调适[J]．中国教育信息化，2023，29(12)：42-48．

② 孙立会，周亮．面向中小学的生成式人工智能教育政策制定路向——基于日本《中小学生成式人工智能教育应用指南》的分析[J]．中国电化教育，2023，(11)：53-61．

③ 杨俊锋，沈中奇，陈睿宁．生成式人工智能的教育应用及伦理风险探析[J]．湖州师范学院学报，2023，45(12)：1-12．

④ 科大讯飞智慧教育．共话数字教育，科大讯飞周佳峰应邀参加数字中国建设峰会[EB/OL]．(2024-05-27)[2024-05-29]．https://mp.weixin.qq.com/s/1P_9KFMFD38eiCkO1DXvNQ．

言处理（NLP）任务场景，例如机器翻译、文本摘要、文本润色、阅读理解、文本分类等①。

应对实践3：阿里云针对大模型的数据隔离与隐私保护问题，将英特尔的SGX（Software Guard Extensions，SGX）技术用于大模型推理服务，确保用户获得安全可信的使用环境②。基于SGX，开发者可以将敏感信息的处理划分到安全区域，在此区域内运行的程序会受到CPU硬件保护。用户还可以使用远程证实确认平台的安全性，并确保交互对象是预期的程序③。

应对实践4：360智脑通过私有化设置功能保护用户数据的隐私和安全。用户可将重要的文件数据保存于私有空间，通过密码、指纹识别等方式进行访问控制，并保障私有应用的安全运行，避免私有应用与其他应用产生任何交互进而导致隐私泄露④。

5.2.2 与教育主体认知和应用不当有关的伦理风险及应对现状

GenAI在教育领域的应用还处于初级阶段，教育主体自身也存在对GenAI技术认识不全面、人工智能素养不足、缺少及时有效的应用指导等情况。与教育主体认知和应用不当有关的伦理风险包括人机关系认知误区问题、技术过度依赖问题、学业和科研诚信问题等。

（1）人机关系认知误区问题及应对

由于GenAI技术的快速发展，教育主体对于GenAI技术的原理的认知并不充分，容易受到各类网络信息的影响，可能会对人机关系产生错误认知，主要包括过度夸大GenAI教育应用价值和应用风险等。

①过度夸大GenAI教育应用价值，产生“技术拜物主义”的认知误区。

① InfoQ. 腾讯安全推出大模型隐私保护脱敏技术[EB/OL]. (2023-12-07)[2024-04-11]. https://mp.weixin.qq.com/s/zzwI4XLUw84Pd1tJiWpg0w.

② InfoQ. AI 大模型热潮来袭，看机密计算如何应对敏感数据安全挑战[EB/OL]. (2023-09-11)[2024-04-25]. https://mp.weixin.qq.com/s/2zA-P93rzycNSt90a52L1Q.

③ 王鹃，樊成阳，程越强，等. SGX技术的分析和研究[J]. 软件学报，2018，29(09): 2778-2798.

④ 360. 360智脑：私有化设置带来更好的使用体验[EB/OL]. (2023-09-04)[2024-04-24]. https://qycloud.360. cn/cpdt/4992. html.

从教育技术应用历程来看，新技术应用的预期可能会在短期内被夸大。由于GenAI在教育中的应用引发了众多研究者和从业者的关注，网络上很多观点过度夸大GenAI教育应用的价值，大量的GenAI相关智能教育产品快速出现也会对其功能进行过度宣传。部分教育主体可能会受到各类信息的影响，对GenAI的教育应用过度追捧，将教育教学的问题解决或效率提升诉诸技术①，产生“技术拜物主义”的认知误区，误认为GenAI的内容生成能力等价于人类智慧②，甚至可以替代教育中人的作用。

②过度夸大GenAI教育应用风险，出现人机信任危机。当前GenAI算法的复杂性和可解释性不足，教育主体难以了解GenAI的技术原理和工作过程。加之当前GenAI教育应用中可能出现生成内容不可靠、数据隐私安全等问题，部分教育主体对GenAI缺乏信任。另外，网络上对于GenAI应用风险的言论很多，部分言论过度夸大应用风险、言过其实。例如，在ChatGPT出现后，网络上就出现过一些过度夸大应用风险、容易引发教育主体恐慌的言论。例如“GPT-4发布后，我离失业还有多远③”“GPT再次升级，中小企业和打工人将被消灭？④”“GPT-4o辅导小孩儿小学到初中的数理化完全没有问题，可以替代大部分人类老师。很多人都觉得，继翻译之后，AI淘汰的下一个职业可能是老师。⑤”当前教育主体对GenAI技术尚未形成稳定的认识，容易受到负面信息的影响，甚至出现人机信任危机⑥。

人机关系认知误区问题对教育产生的潜在影响主要表现在以下两个方

① 赵梓含，曹辉．人工智能时代教育“伦理边界”的迷思与反思[J]．教育学术月刊，2023，(12)：38-44．

② 孙立会，周亮．面向中小学的生成式人工智能教育政策制定路向——基于日本《中小学生成式人工智能教育应用指南》的分析[J]．中国电化教育，2023，(11)：53-61．

③ 硅兔赛跑．GPT-4发布后，我离失业还有多远[EB/OL]．(2023-03-15)[2024-05-31]．https://mp.weixin.qq.com/s/rktPScmxqEDnfyGFYtS3vg．

④ 凤凰网．GPT再次升级，中小企业和打工人将被消灭？[EB/OL]．(2023-11-17)[2024-05-17]．https://mp.weixin.qq.com/s/kWIaL_-TvD-srQmOCbC-AA．

⑤ Letsight．GPT-4o颠覆传统教育，鸡娃的路已经被AI堵“死”了[EB/OL]．(2024-05-20)[2024-05-31]．https://mp.weixin.qq.com/s/jPKlU98N1kKoT9D1eTv6Lg．

⑥ 张黎，周霖，赵磊磊．生成式人工智能教育应用风险及其规避——基于教育主体性视角[J]．开放教育研究，2023，29(05)：47-53．

面。一是教育主体盲目信任GenAI生成结果。对于GenAI应用价值过度乐观的人可能会在应用中丧失理性判断，对GenAI生成内容缺乏批判性的思考，盲目信任生成结果，在教育中直接使用，进而引发其他的伦理风险。据外媒报道，得克萨斯A&M大学教授使用ChatGPT工具来评估学生提交的作业是否由AI生成，结果很多学生提交的作业被标记为AI生成的。学生试图向教授解释论文并非由AI生成，但是教授拒绝接受学生的解释，坚持判定为成绩不合格。二是降低教育主体的使用意愿。对于GenAI缺乏信任的教育主体会对GenAI的使用采取更加谨慎保守的态度，这可能会造成教育主体使用意愿降低，进而阻碍教育创新，限制GenAI教育应用的可持续发展。

为应对GenAI教育应用中可能存在的人机关系认知误区问题，高等院校、行业协会、科技企业已经在积极开展GenAI技术应用的相关培训和研讨活动，帮助教育主体深化对GenAI技术原理的理解，提升教育主体的人工智能素养，形成正确的技术观。同时，研究者也对这一问题进行了探讨，包括智能机器与人类的关系、人机协同教学实践中的伦理问题、人机协同教学中教师角色的转变等。

案例5-4　人机关系认知误区问题的部分应对实践实例

应对实践1：2023年11月9日，北京大学PKUnet与剑桥大学Camtree联合举办了以“生成式人工智能在高校的应用”为主题的教学沙龙。此次教学沙龙探讨了GenAI对传统教学模式的影响、教育技术适应性、人机协同等话题，帮助一线教师积极面对GenAI带来的挑战和机遇。

应对实践2：2024年3月18日，由中国教育装备行业协会主办、科大讯飞股份有限公司协办的“生成式人工智能赋能教师数字素养提升”专题培训揭开帷幕。此次专题培训邀请了高校教授、中小学一线教师、科技企业人员共同参与，围绕GenAI赋能教师数字素养提升的教学实践、应用案例等内容进行深入介绍，培训对象包括全国超过9.2万名装备管理人员、学校管理人员、一线教师[①]。

（2）技术过度依赖问题及应对

在GenAI教育应用中，目前教育主体对于GenAI的认知不够全面，如果缺少相应的使用指南或者规范的引导，可能会存在技术过度依赖的风险，影响教育主体自身的发展。当下已有一些用户反馈自己在学习、工作、生活中处处依赖大模型，产生了思维惰性。例如，有用户在自媒体账号上表示“我是不是对GPT依赖太多了？碰见编程题第一反应就是推给GPT写，自己写代码的时候也总是让GPT写，脑子能不动就不动”“太依赖科技的后果就是没有GPT我都快不会写邮件了”。日本发布的《初等中等教育阶段生成式AI利用暂行指南》表示，制定《指南》的初衷是由于GenAI还处于发展阶段，存在着影响学生批判性思维、创造性、学习欲望的隐患。技术过度依赖问题主要表现在学生和教师这两大教育主体上。

①学生方面。一是遇到问题时运用GenAI直接生成答案，省略了自我深度思考的过程，长期处于“知其然而不知其所以然”的状态。二是对答案的准确性、专业性不加甄别，直接应用于自己学习之中，可能被错误的或不准确的生成内容误导。三是由于GenAI会根据用户的喜好生成符合用户兴趣的答案，其生成内容的全面性不足，无法呈现多元化的观点，学生会长期处于“信息茧房”之中[②]。四是部分学生可能产生长期沉溺于使用GenAI的情况，将自身情感寄托于GenAI技术，并因此忽视了与教师、同伴的互动和交流。

②教师方面。一是由于思维惰性直接运用GenAI生成教学设计，忽略了教学的育人属性，教师自己对于教学内容缺少创新性和艺术性设计[③]。随着当前教育领域智能体的发展，教师能够更加快速地利用GenAI生成教学设计，如果缺乏规范和引导，更容易出现技术过度依赖的问题。二是缺少对于

① 教育装备网．“生成式人工智能赋能教师数字素养提升”专题培训成功举办[EB/OL]．(2024-03-29)[2024-04-16]．https://mp.weixin.qq.com/s/k5FBTmXUxpopFs2FZgFUWQ.

② 杨俊锋，沈中奇，陈睿宁．生成式人工智能的教育应用及伦理风险探析[J]．湖州师范学院学报，2023，45(12)：1-12.

③ 赵梓含，曹辉．人工智能时代教育“伦理边界”的迷思与反思[J]．教育学术月刊，2023，(12)：38-44.

GenAI生成内容的批判性审视，盲目、机械地使用GenAI生成教学设计并进行授课和互动，可能出现授课内容错误、授课方法不适用等问题。如果很多教师都直接应用GenAI生成内容授课，还可能出现教师群体的教学模式和教学方法同质化的现象[①]。

技术过度依赖问题对教育产生的潜在影响主要体现在以下两个方面。一是限制学生思维和人际交往能力发展。学生由于直接使用GenAI生成答案，缺少对于问题的深度思考，减少了学生通过与现实世界交互获取知识和经验的机会，这一情况可能会影响学生的独立思维、创新思维、批判性思维和解决复杂问题的能力发展[②]。同时，GenAI可以提供问答对话，但是无法提供人与人沟通中的人文关怀和情感交流。人是社会性动物，需要人际交流与互动。如果学生长期沉溺于使用GenAI而减少了人际互动，则可能会影响学生人际交往能力、团队协作能力以及师生关系的和谐发展。二是影响教师专业能力提升。教师长期直接利用GenAI生成的教学方案进行授课，将限制其课程开发能力、教学方式创新能力的发展，降低教师专业发展的内驱力[③]。教师群体过度依赖GenAI则会影响整个教师团队的专业发展，甚至影响教育教学质量[④]。

为防范GenAI教育应用中出现技术过度依赖问题，国内外高校和科技企业进行了多样化的探索实践。高等院校通过制定GenAI应用指南，帮助教师和学生合理地使用GenAI技术。科技企业尝试通过多模态交互和引导，避免大模型直接生成答案，以降低技术过度依赖的风险。

---

①④ 杨俊锋，沈中奇，陈睿宁．生成式人工智能的教育应用及伦理风险探析[J]．湖州师范学院学报，2023，45(12)：1-12.

② 苗逢春．生成式人工智能技术原理及其教育适用性考证[J]．现代教育技术，2023，33(11)：5-18.

③ 陈潇，苏雪源，王波，等．ChatGPT类生成式人工智能教育应用伦理审度与调适[J]．中国教育信息化，2023，29(12)：42-48.

案例5-5 技术过度依赖问题的部分应对实践实例

应对实践1：香港理工大学在《生成式人工智能学生使用指南》中明确提出，学生要批判性地、合乎伦理地、明智地使用GenAI工具，并提出了建议学生使用GenAI工具的具体场景和应避免的问题①。

应对实践2：英国伦敦帝国理工学院在学校网站的“人工智能与教育指导中心”专栏中定期更新GenAI技术应用的相关资源，包括教学工具包、应用案例、学校最新的使用规范要求以及相关培训交流活动等②，为教师和学生提供多样化的使用指导。

应对实践3：2024年5月14日，OpenAI发布GPT-4o。在辅助学生学习方面，GPT-4o不再是直接给出答案或者完整的解题步骤，而是通过多模态交互引导学生解题，这一功能的迭代在一定程度上能够预防教育主体技术过度依赖的风险。GPT-4o能够非常耐心地通过实时语音一步一步引导孩子解答数学题目。在孩子回答错误时，GPT-4o会先肯定孩子的思考，然后再进行引导，帮助孩子得出最终答案③。

应对实践4：2024年6月27日，科大讯飞在星火认知大模型V4.0的发布会上，介绍了AI学习机的一对一答疑辅导功能。学习机不再是简单地扫描、搜索给出答案，也不是简单推荐一个解题视频，而是基于大模型语言理解、多轮交互、图文识别能力的提升，进一步实现超拟人的答疑辅导，像一位老师或家长一样，循循善诱地进行辅导④。这一答疑辅导功能可以有效地防范学生依赖GenAI直接获取答案、不加思考等技术过度依赖风险。

① HKPU. Guidelines for students on the use of generative artificial intelligence[R/OL]. (2023-12-06)[2024-04-16]. https://www.polyu.edu.hk/ar/docdrive/polyu-students/Student-guide-on-the-use-GenAI.pdf.

② Imperial College London. Generative AI & Education Guidance Hub[R/OL]. (2024-03-21)[2024-04-16]. https://www.imperial.ac.uk/about/education/resources/ai-education-hub/.

③ 教学研联盟. 减负增效！GPT-4o发布，模拟人助力个性化教育的新时代！[EB/OL]. (2024-05-14)[2024-06-03]. https://mp.weixin.qq.com/s/btf8q_bDZtplCbsKuEY6Ug.

④ 科大讯飞. 讯飞星火V4.0发布会刘庆峰演讲实录[EB/OL]. (2024-06-28)[2024-07-01]. https://mp.weixin.qq.com/s/dyEOJUgy2H56BsBr7eN71A.

（3）学业和科研诚信问题及应对

教育主体在学业作业、考试、学术研究等场景下不诚信地使用GenAI，或将引发学术和科研诚信问题。联合国教科文组织在《高等教育中的ChatGPT和人工智能：快速入门指南》中提到，“如果学生使用ChatGPT撰写论文或考试，则属于剽窃和作弊”①。大模型所具备的逻辑推理能力和对话的方式，能够在少量输入的情况下生成答案，而且在很多情况下很难区分人类撰写内容和机器生成内容。如果教育主体不诚信地在学业和科研领域使用GenAI，或将影响教育评价的公平和科研质量，具体表现在学业和科研两个方面。

①学业诚信问题。学业诚信问题主要表现为使用GenAI代写作业、抄袭、考试作弊等。例如，据《中国青年报》的报道，2022年年底，正在上大二的李某在《新媒体与广告》课程的网上开卷考试中，利用ChatGPT完成了考试，并取得了90多分的成绩，这在李某所在高校相当于绩点满分②。

②科研诚信问题。科研诚信问题主要表现为不加论证地直接使用GenAI生成的研究结论、使用GenAI进行学术造假、伪造研究数据等。国际机器学习会议曾宣布禁止利用GenAI工具生成文本论文③。*Nature*发文称，一篇发表在*JAMA Ophthalmology*上的论文的研究人员使用GPT-4的高级数据分析功能生成了一个假数据集，准确支撑了错误的论文观点，形成了误导结果④。

学业和科研诚信问题对教育产生潜在影响包括以下两个方面。一是影响教育评价公平。如果学生使用GenAI抄袭、代写作业，加上教师难以判断作业是学生写的还是GenAI生成的，会影响教师对于学生学业评价的公平性，可能会导致教学评价偏颇。同时，如果学生利用GenAI考试作弊，也可能会

① Sabzalieva E, Valentini A. ChatGPT and artificial intelligence in higher education: quick start guide[M]. UNESCO, 2023: 11.

② 刘胤衡．ChatGPT“横扫”校园缘何遭封杀[N]．中国青年报，2023-02-17(006).

③ 智东西．时间线复盘ChatGPT爆火之路：改变互联网圈的两个月[EB/OL]．(2023-02-13)[2023-07-01]. https://zhidx.com/p/362781.html.

④ 郑松毅．太离谱！ GPT-4数据造假，让研究论文登上学术期刊！ [EB/OL]．(2023-11-23)[2024-04-16]. https://mp.weixin.qq.com/s/FNxNOkSBdVRLiysRyzhyVg.

影响到在线考试、开放性考试的公平性。二是影响学术科研的可持续发展。研究者利用GenAI撰写论文，直接使用GenAI生成的数据、研究结论等内容，存在侵犯他人知识产权的隐患，也有可能造成研究误差甚至错误。另外，研究者如果利用GenAI进行学术造假，将降低科学研究的可信度。

面对GenAI教育应用中可能出现的学业和科研诚信问题，国家和社会层面已经在开展相关应对实践探索。比如，国家发布相关管理规范，对深度合成内容与标识作出具体要求；GenAI服务提供商通过研发生成内容标识技术、发布行业倡议等方式，应对学业和科研诚信问题。

案例 5-6　学业与科研诚信问题的若干应对实践实例

应对实践1：2022年11月25日国家互联网信息办公室等三部门发布的《互联网信息服务深度合成管理规定》明确提出，“应当在生成或者编辑的信息内容的合理位置、区域进行显著标识”①。对于互联网生成内容进行标识是应对学业和科研诚信问题的有效措施之一。

应对实践2：2023年5月9日，抖音发布《关于人工智能生成内容的平台规范暨行业倡议》，倡议各GenAI技术的提供者均应对生成内容进行显著标识，以便公众判断。同时使用统一的人工智能生成内容标识水印与元数据标准，便于其他内容平台识别。

应对实践3：谷歌DeepMind推出了一款新的水印工具SynthID，用于标记图像是否由人工智能生成②。如果使用传统的水印技术，当图像被裁剪、调整大小或编辑时水印可能会丢失。SynthID使用了两个神经网络创建：第一个神经网络使用原始图像生成一张看起来几乎相同的图像，创建了一个人眼看不见的嵌入图案。第二个神经网络负责捕捉这些图案，并告诉用户它是否检测到水

① 国家互联网信息办公室、工业和信息化部、公安部．互联网信息服务深度合成管理规定[EB/OL].(2022-11-25)[2024-04-17]. https://www.gov.cn/zhengce/zhengceku/2022-12/12/content_5731431.htm.

② DeepTech深科技．DeepMind推出AI水印工具，防篡改能力更强[EB/OL].(2023-08-30)[2024-04-16]. https://mp.weixin.qq.com/s/xVUn0rtbd5BWrzxHXj026w.

印。通过这一技术手段，即使图像被修改过，水印仍然可以被检测到。

5.3 GenAI教育应用伦理风险应对策略

应对GenAI教育应用伦理风险，需要监管者、研发者、使用者和研究者等多元主体协同参与，从规则视角、技术视角、人的视角和应用视角等不同角度出发，制订GenAI教育应用伦理风险的治理对策，推进GenAI在教育领域合乎道德、安全可控、创新创造地应用与可持续发展（如图5-2）。

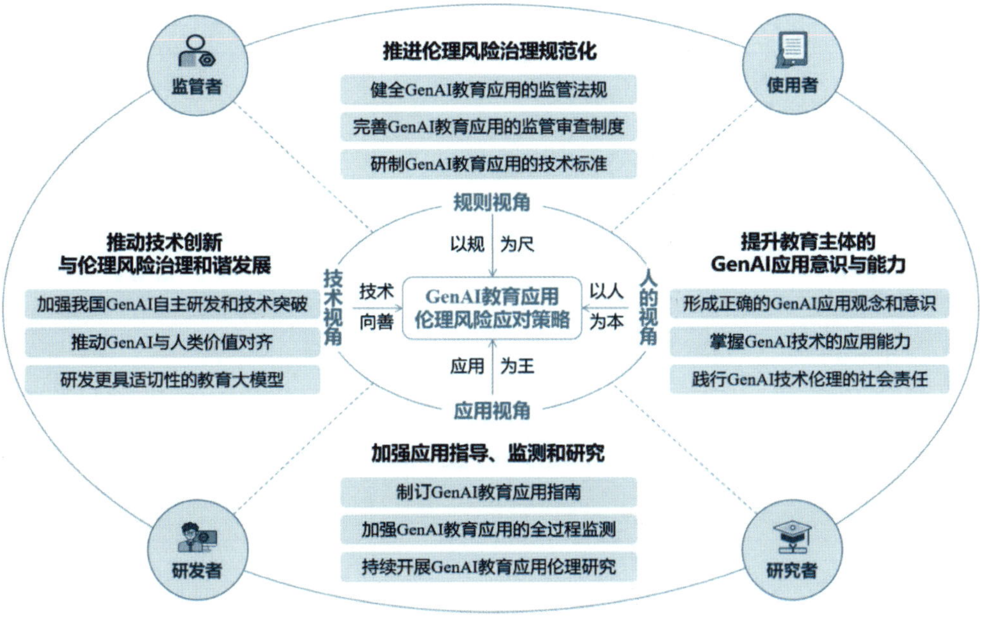

图5-2　GenAI教育应用伦理风险应对策略总体框架

5.3.1 规则视角：推进GenAI教育应用伦理风险治理规范化

从规则视角来看，需要以法规为准则，通过健全GenAI教育应用的监管法规、完善GenAI教育应用的监管审查制度、研制GenAI教育应用的技术标准等方式，推进GenAI教育应用伦理风险治理规范化，保护教育主体权益，确保GenAI技术在教育领域的健康发展，最大限度地发挥其潜在价值。

（1）健全GenAI教育应用的监管法规

健全GenAI教育应用的监管法规是应对GenAI教育应用的伦理风险，保障GenAI教育应用合法合规、健康发展的重要举措。GenAI快速发展带来了一系列新的潜在伦理风险，有些甚至超出了当前的法律监管范畴。从2022年以来国内外正式发布或实施的人工智能监管法案（表5-1）可以看出，当前国内外针对GenAI的专门性立法并不多。美国在人工智能治理方面主要关注平衡个人隐私与产业发展，例如美国的《人工智能权利法案蓝图》特别强调对于算法透明度的要求等。欧洲主要关注人工智能立法和国际标准认证[①],例如欧盟的《人工智能法案》采用了基于风险分类的监管路径，对高风险人工智能系统进行重点规制[②]。

表5-1　2022年以来国内外正式发布或实施的人工智能监管法案（部分）

发布时间	发布国家/地区	文件名称
2022年1月	中国	《互联网信息服务算法推荐管理规定》
2022年5月	欧盟	《数据治理法案》
2022年6月	美国	《美国数据隐私和保护法案（草案）》
2022年6月	加拿大	《人工智能和数据法案》
2022年10月	美国	《人工智能权利法案蓝图》
2022年11月	中国	《互联网信息服务深度合成管理规定》
2023年7月	中国	《生成式人工智能服务管理暂行办法》
2024年3月	欧盟	《人工智能法案》

我国秉承“以人为本、智能向善”的理念，积极推动人工智能法律监管工作，以应对GenAI快速发展带来的挑战。国务院在2023、2024年度的立法工作计划中均明确提出“预备提请全国人大常委会审议人工智能法草案”[③]。我国的《生成式人工智能服务管理暂行办法》是全球首部对GenAI进行服务

① 清华大学人工智能国际治理研究院. I-AIIG在澳门成功举办“全球人工智能伦理与法规”研讨会[EB/OL]. (2024-04-28)[2024-05-29]. https://mp.weixin.qq.com/s/-vwFyBS-5UuDmueZOKLQGA.

② 沃尔夫冈·多伊普勒.《欧盟人工智能法案》的背景、主要内容与评价——兼论该法案对劳动法的影响[J]. 环球法律评论，2024，46(03): 5-27.

③ 国务院办公厅. 国务院办公厅关于印发《国务院2024年度立法工作计划》的通知[EB/OL]. (2024-05-09)[2024-06-03]. https://www.gov.cn/zhengce/content/202405/content_6950093.htm.

辖区管制的正式法规。《人工智能法示范法1.0（专家建议稿）》《中华人民共和国人工智能法（学者建议稿）》的提出也展现了当前我国专家学者对于推进人工智能立法的高度关注①。

我国可以借鉴其他国家和地区的相关立法措施，进一步健全GenAI教育应用的监管法规。具体做法可包括：①加快推进《人工智能法》出台。在《人工智能法》中完善GenAI在教育场景的具体应用规范，比如责任归属、大型语言模型署名问题等②。《中华人民共和国人工智能法（学者建议稿）》重点关注了对于一般人工智能和重点人工智能的区分，提出应在不同行业领域对关键人工智能作出特别规范③。②修订完善现有的法律法规。进一步修订完善相关法律法规，可以重点关注数据安全保护、算法透明性与可解释性、知识产权与版权保护等方面，以应对GenAI引发的法律风险④。

（2）完善GenAI教育应用的监管审查制度

完善GenAI教育应用的监管审查制度是GenAI教育应用伦理治理的必要举措。《全球人工智能治理倡议》明确提出，"建立科技伦理审查和监管制度，明确人工智能相关主体的责任和权利边界"⑤。完善GenAI教育应用的监管审查制度，能够为GenAI服务提供商、教育产品制造商和教育服务机构提供明确指导，确保他们在开发和应用新技术时更好地平衡创新与责任，提升教育系统的自我治理能力⑥，对于维护教育公平、保障学生权益、促进教育健

① 清华大学人工智能国际治理研究院. 国内人工智能立法进展、影响及展望[EB/OL]. (2024-05-24)[2024-06-03]. https://mp.weixin.qq.com/s/-c4cbWMR3iCOSd9rJhf_pg.

② 陈潇，苏雪源，王波，等. ChatGPT类生成式人工智能教育应用伦理审度与调适[J]. 中国教育信息化，2023，29(12)：42-48.

③ 任文岱. 人工智能立法如何回应行业发展与监管需求？人工智能法（学者建议稿）探索人工智能治理中国方案[EB/OL]. (2024-04-02)[2024-04-26]. https://mp.weixin.qq.com/s/SIFsrqNHnGFWGXSIOW_STg.

④ 朱永新，杨帆. ChatGPT/生成式人工智能与教育创新：机遇、挑战以及未来[J]. 华东师范大学学报(教育科学版)，2023，41(07)：1-14.

⑤ 中华人民共和国外交部. 全球人工智能治理倡议[EB/OL]. (2023-10-20)[2024-04-27]. https://www.fmprc.gov.cn/web/ziliao_674904/1179_674909/202310/t20231020_11164831.shtml.

⑥ 张黎，周霖，赵磊磊. 生成式人工智能教育应用风险及其规避——基于教育主体性视角[J]. 开放教育研究，2023，29(05)：47-53.

康发展具有重要意义。

科技部会同教育部、工业和信息化部等部门印发的《科技伦理审查办法（试行）》要求明确监管审查对象、监管审查主体、审查程序与监管要求等[①]，是完善GenAI教育应用伦理监管审查制度的重要依据。具体做法包括：①推进GenAI算法和服务备案。根据《互联网信息服务算法推荐管理规定》《互联网信息服务深度合成管理规定》《生成式人工智能服务管理暂行办法》的要求，推进GenAI算法和服务备案，加强对于GenAI算法和服务的安全性、可靠性、稳定性和生成内容质量等方面的全面评估，能够为GenAI监管提供依据。②强化对教育应用中数据采集的监管。根据GenAI技术的特点和需求将数据划分为不同类别和安全级别，建立配套的数据保护与共享机制[②]，通过数据确权、数字信任技术进行数据监管[③]，能够有效保证数据和隐私安全。③设立专门的监管审查机构。由GenAI教育应用伦理的专门监管审查机构负责制定伦理规范和标准，并对GenAI教育应用进行审查、评估和监督应用，其人员可由技术研发人员、研究者、教育从业者、家长等多元主体构成[④]。④完善伦理审查的追责制度。明确GenAI服务提供商、教育服务机构、使用主体等各方的伦理责任，强调对GenAI应用的可追溯性和可审计性，完善伦理审查的追责制度，对违反法律法规的行为及时纠正和惩处[⑤]。比如建立伦理影响评估机制、审计机制和保护举报人制度等[⑥]。

① 中华人民共和国科学技术部．关于印发《科技伦理审查办法（试行）》的通知[EB/OL].(2023-09-07)[2024-04-17].https://www.most.gov.cn/xxgk/xinxifenlei//fdzdgknr/fgzc/gfxwj/gfxwj2023/202310/t20231008_188309. html.

② 侯志业．生成式人工智能的监管难题及对策研究——兼论《生成式人工智能服务管理暂行办法》[EB/OL]. (2023-12-25)[2024-06-03]. https://mp.weixin.qq.com/s/kkM-LoG2RS5HPI4mXzFiSA.

③ 田阳．风险社会视域下生成式人工智能教育应用悖论：生成逻辑、存在限度与风险治理[J/OL]. 阅江学刊，2024，1-8 [2024-06-03].https://doi.org/10.13878/j.cnki.yjxk.20240408.001.

④ 兰国帅，杜水莲，宋帆，等．生成式人工智能教育的工作机理及监管框架构建研究[J/OL]. 西北工业大学学报（社会科学版），2023，1-8[2024-04-19]. http://kns.cnki.net/kcms/detail/61.1352.C.20231222.1504.006.html.

⑤ 方海光，舒丽丽，王显闯．人工智能教育应用伦理的核心议题与应对之策[J]. 中小学数字化教学，2023，(07): 30-33.

⑥ 冯子轩．生成式人工智能应用的伦理立场与治理之道：以ChatGPT为例[J]. 华东政法大学学报，2024，27(01): 61-71.

（3）研制GenAI教育应用的技术标准

GenAI教育应用中的机遇与风险并存，需要深入思考如何在教育中平衡人工智能技术的利弊，针对性地制定技术工具规范标准①。《信息化标准建设行动计划（2024—2027年）》明确提出要“加快推进大模型、生成式人工智能标准研制”②。明确GenAI技术标准，有利于GenAI技术安全性监管与审查，推动GenAI技术研发与应用规范化。近年来，我国已经发布了多项相关技术标准，详见表5-2。同时，我国也积极参与到国际标准的制定之中。例如，科大讯飞与OpenAI、谷歌、微软等数十家单位共同参与编制了《生成式人工智能应用安全测试标准》和《大语言模型安全测试方法》两项国际标准，并于2024年4月16日正式发布。当前我国的GenAI技术标准尚不完善，针对GenAI教育应用有关的专项技术标准较少，应结合GenAI教育应用中存在的伦理风险进一步完善。

表5-2　我国发布的GenAI相关技术标准（部分）

发文时间	发布机构/单位	标准文件
2024年5月	全国网络安全标准化技术委员会	《网络安全技术 生成式人工智能服务安全基本要求》（征求意见稿）
2024年4月	全国信息安全标准化技术委员会	《信息安全技术 基于个人请求的个人信息转移要求》（征求意见稿）
2024年4月	全国信息安全标准化技术委员会	《信息安全技术 数字水印技术实现指南》（征求意见稿）
2024年4月	全国信息安全标准化技术委员会	《信息安全技术 生成式人工智能预训练和优化训练数据安全规范》（征求意见稿）
2024年4月	全国信息安全标准化技术委员会	《网络安全技术 生成式人工智能数据标注安全规范》（征求意见稿）
2024年2月	全国网络安全标准化技术委员会	《生成式人工智能服务安全基本要求》
2023年8月	全国信息安全标准化技术委员会	《网络安全标准实践指南——生成式人工智能服务内容标识方法》

① 李玉顺，沈希，安欣，等．面向未成年人的人工智能技术发展蓝图——面向未成年人的人工智能技术规范研究（四）[J]．电化教育研究，2024，45(04)：39-45.

② 国家互联网信息办公室．信息化标准建设行动计划（2024—2027年）[EB/OL]．(2024-05-29)[2024-06-03]．https://www.cac.gov.cn/2024-05/29/c_1718573626118437.htm.

续表

发文时间	发布机构/单位	标准文件
2023年7月	上海市人工智能行业协会	《教育通用人工智能大模型》系列标准
2023年5月	全国信息安全标准化技术委员会	《信息安全技术 人工智能计算平台安全框架》(征求意见稿)
2023年3月	中国信息通信研究院	《生成式人工智能技术及产品评估方法》

研制和完善GenAI教育应用技术标准可以从以下两个方面着手：①加强多部门协同。吸纳高等院校、教育研究机构等教育领域专家、科技企业技术专家共同参与GenAI教育应用技术标准的制定，针对教育领域的应用场景进行深入研究，确保GenAI技术标准符合教育规律和发展需要。例如，由教育部科学技术与信息化司与上海市教育委员会指导，教育部教育信息化技术标准委员会与上海市人工智能行业协会联合成立的教育通用人工智能大模型标准工作组开展研究的《教育通用人工智能大模型》系列标准，有来自近40家高校、研究机构、头部企业的近百名专家与学者参与研究[①]。②聚焦GenAI教育应用伦理问题，进一步完善专项技术标准。聚焦GenAI教育应用存在的数据和隐私安全风险、知识产权争议、学业和科研诚信问题、价值偏见和歧视等具体问题，加快推动GenAI技术标准的研制，建立预防措施和底线思维[②]。例如，数字水印技术对于标识大模型生成内容，应对学业和科研诚信问题、知识产权争议问题具有重要价值。全国网络安全标准化技术委员会发布的国家标准《信息安全技术 数字水印技术实现指南》(征求意见稿)明确了数字水印技术框架、技术功能、实现流程、典型水印场景使用建议等[③]。

---

① 中国民主同盟上海市委员会. 教育通用人工智能大模型标准研究成果在2023世界人工智能大会发布[EB/OL]. (2023-07-11)[2024-06-03]. https://www.minmengsh.gov.cn/detailpage/jcdt-ae6d88e1-eb12-4085-aad7-ee98a3590a41.html.

② 苗逢春. 生成式人工智能及其教育应用的基本争议和对策[J]. 开放教育研究, 2024, 30(01): 4-15.

③ 全国信息安全标准化技术委员会. 关于国家标准《信息安全技术 数字水印技术实现指南》(征求意见稿)征求意见的通知[EB/OL]. (2024-04-03)[2024-04-16]. https://www.tc260.org.cn/front/bzzqyjDetail.html?id=20240403111311&norm_id=20231220153143&recode_id=54514.

5.3.2 技术视角：推动技术创新与伦理风险治理和谐发展

从技术视角来看，应坚持技术向善，通过推动GenAI自主研发和技术突破，推动GenAI与人类价值对齐，研发更具适切性的教育大模型，正确处理GenAI技术创新与伦理风险治理的关系，提升GenAI技术的安全性、稳定性、隐私性。

（1）加强我国GenAI自主研发和技术突破，发展安全可控的人工智能

人工智能的战略性与基础性地位已经成为全球共识。由于政治、经济、安全等因素以及国外技术的使用限制，我国必须布局全栈自主创新的大模型产品，发展安全可控的人工智能。只有真正基于国产大模型研发教育应用，才能保证算法和数据的安全可控和价值观的正确引导①。

推动我国GenAI自主研发和技术突破，可从以下三个方面着手：①推动基础性原创性技术突破，夯实国产基础模型底座能力。瞄准我国GenAI发展中需要重点补上的短板问题，加强算力建设，推动算法创新，推进大模型训练框架的自主研发②，推动源头核心技术的系统性创新，建立自主可控的通用大模型底座。例如，科大讯飞与华为联合发布的“飞星一号”大模型算力平台，就是我国首个支持万亿参数大模型训练的万卡算力平台③，为国产大模型提供了算力支撑。②加大对GenAI技术自主研发的持续投入。加大在科研领域的经费投入保障，有条件的地方政府可以以专项债的形式支持国产大模型研发，并保障在技术安全伦理方面的研发经费投入。《北京AI安全国际共识》就呼吁人工智能开发者和政府资助者至少将研发预算的三分之一投入安全领域。③构建自主可控的大模型产业生态体系，促进开源生态与协同创新。通过大模型开源社区建设，强化国产大模型向开发者开放，进而推动智能体平台的打造与应用，在硬件厂商、软件厂商、系统开发商、开发者和用户之间形

① 王雯，李永智．国际生成式人工智能教育应用与省思[J]. 开放教育研究，2024，30(03)：37-44.

② 国务院新闻办公室．国新办举行前三季度工业和信息化发展情况新闻发布会图文实录[EB/OL]. (2023-10-20)[2024-06-19]. http://www.scio.gov.cn/live/2023/32811/tw/.

③ 安徽发布．全国产算力平台“飞星一号”的首个成果发布：讯飞星火V3.5来了[EB/OL]. (2024-01-31)[2024-04-17]. https://mp.weixin.qq.com/s/Ri6fIM5Td1UIehOy75YVOA.

成全产业链循环。推动国家科研机构、高水平研究型大学、科技领军企业等多元主体协同创新，合力促进大模型的可解释性、安全性、稳定性全面提升。

（2）推动GenAI与人类价值对齐，发展有道德、有温度的人工智能

教育的根本任务是立德树人。教育不仅是知识的传授，更关乎价值观的塑造和人格的培养。因此，在GenAI教育应用的过程中，必须坚持“以人为本”的治理和应用原则，确保人工智能的发展和应用遵循人类的价值观。推动GenAI与人类价值对齐，更好地适应多元文化环境，提供无偏见的教育内容，发展有道德、有温度的人工智能，是应对GenAI价值观投射问题、维护教育公平、推动智能向善的关键举措，有利于构建和谐的人机共生关系。

推动GenAI与人类价值对齐的具体做法主要包括：①使用包含正向价值观的数据集对GenAI进行训练。数据采集阶段选择可信度高、导向正确的数据源；采集后加强对于训练数据的清洗和安全过滤，提升训练数据质量，避免包含偏见和歧视性的数据；在有监督微调阶段，基于人类偏好的强化学习阶段涉及的标注数据，采用机器和人工相结合的审核方式。②将伦理问题嵌入GenAI算法设计之中。充分考虑GenAI教育应用中可能出现的伦理问题，提前或及时地嵌入GenAI技术运转的机制、程序、代码之中，推动GenAI的高质量应用①。③加强对于GenAI人类价值契合性验证。联合社会学、计算机、人工智能、教育学等多学科专家力量②，在GenAI的开发初期设计一套教育领域应用的伦理原则框架，并采用构建道德数据集、场景模拟、价值评估等方法验证GenAI的道德表现和价值取向③。

① 兰国帅，杜水莲，宋帆，等．生成式人工智能教育的工作机理及监管框架构建研究[J/OL]．西北工业大学学报(社会科学版)，2023，1-8[2024-04-17]．http://kns.cnki.net/kcms/detail/61.1352.C.20231222.1504.006.html．

② 陈潇，苏雪源，王波，等．ChatGPT类生成式人工智能教育应用伦理审度与调适[J]．中国教育信息化，2023，29(12)：42-48．

③ Ji J，Qiu T，Chen B，et al. AI alignment：A comprehensive survey[J]．arXiv preprint arXiv：2310．19852，2023．

（3）研发更具适切性的教育大模型，发展“懂教育”的人工智能

研发教育大模型是GenAI教育应用的大势所趋。当前的教育大模型仍处于研发应用的关键时期，需要进一步提升其教育应用适切性和内容安全性，将先进教育理念、教育深度知识和教育核心场景的真实需求深度嵌入算法模型之中，真正实现教育大模型的实践落地①。深入推进更具适切性的教育大模型的研发，能够有效应对GenAI教育应用伦理风险，更好地满足师生的实际需求，助力教育质量提升。

提升教育大模型应用适切性的措施主要包括：①构建教育领域专用数据集。构建一个高质量的教育数据集，包括课程标准、教科书、教学视频、学习行为数据和专业学科知识等，能够提升教育大模型对于复杂学科知识的理解和应用能力，有效应对GenAI生成内容可能出现的错误、专业性不足等问题。②完善教育大模型标准规范。为教育大模型的研发提供标准指导，包括确立基本功能框架、数据规范、接口规范、教学应用要求、运营维护要求、测评规范、监管规范等多个方面②，此外还需要基于标准规范定期对大模型的性能进行第三方评估，确保其符合教育质量和效果的要求，持续推进教育大模型的健康发展。③开发和应用面向教育特定场景的模型集合和教育领域定制化的智能体。科技企业可以通过开发面向教育特定场景的模型集合，进一步助力解决特定教育环节中的实际问题③，也可以在大模型平台上线针对教育专属场景的智能体功能。例如，讯飞星火App上线了智能体功能，其中英语听说助手、数学解题等就是聚焦教育专属场景的④。教师可根据自身需求积极地自主开发和应用定制化智能体，为学校教学赋能⑤。

① 曹培杰，谢阳斌，武卉紫，等．教育大模型的发展现状、创新架构及应用展望[J]．现代教育技术，2024，34(02)：5-12.

② 吴永和，颜欢，马晓玲．教育通用人工智能大模型标准体系框架研制[J]．现代教育技术，2024，34(04)：28-36.

③ 黎加厚．生成式AI大模型教育应用的四大秘诀[J]．中小学信息技术教育，2024，(05)：8-11.

④ 科大讯飞．讯飞星火V4.0发布会刘庆峰演讲实录[EB/OL]．(2024-06-28)[2024-07-01]. https://mp.weixin.qq.com/s/dyEOJUgy2H56BsBr7eN71A.

⑤ 教育信息化100人．教育部信息科技课标组组长熊璋：AI Agent是一种新质生产力[EB/OL]．(2024-06-07)[2024-06-14]. https://mp.weixin.qq.com/s/L2Kx2x6oONv3DiETZnPzbg.

5.3.3 人的视角：提升教育主体的GenAI应用意识与能力

从人的视角出发，应坚持以人为本，推动GenAI教育应用的两大主体——教师和学生——提升人工智能素养，建立正确的GenAI应用观念和意识，掌握GenAI应用的能力，并践行GenAI技术伦理的社会责任，合理、道德地使用GenAI赋能教与学提质增效。

（1）引导教育主体形成正确的GenAI应用观念和意识

引导教育主体形成正确的技术观，是促进教育主体合理、道德、安全可控地使用GenAI的前提和内驱力。浙江大学人工智能教育教学研究中心发布的《大学生人工智能素养红皮书（2024版）》提出，大学生人工智能素养培养的四大愿景之一就包括坚持以人为本的伦理底线①。首先，要鼓励教育主体以开放的心态了解并接受GenAI技术，不能为了用而用，而是要坚持"效果导向"②，积极探索其在教、学、评、管、研等场景的创新应用，充分发挥技术在教育中的赋能作用。其次，要强化教育主体对于伦理风险的认知，包括数据隐私、算法偏见、技术依赖等问题。教育主体应清楚了解GenAI技术的局限性，学会批判性地分析GenAI生成的内容，保持自身的教育主体性，并掌握应对伦理风险的策略。另外，教育主体应多方面、多维度理解人与数字技术之间的关系③。尤其是对于教师而言，与人工智能共存、共教、共学成为教师角色转变的必然④。教师需要从"教学专家"转变为"学习专家"，做"人技合一的教学创新者""善驭技术的学导者""高阶智能启迪者""人生的引路人"⑤。

引导教育主体形成正确的GenAI应用观念和意识的可行性措施包括：

---

① 浙江大学人工智能教育教学研究中心．大学生人工智能素养红皮书（2024版）[R/OL].(2024-06-14)[2024-06-21]. https://mp.weixin.qq.com/s/XxJtaVIdx5018IW1nP-CkA.

② 杨现民，丁杰．生成式人工智能如何与教学深度融合[N]. 中国教育报，2024-06-17(04).

③ 张黎，周霖，赵磊磊．生成式人工智能教育应用风险及其规避——基于教育主体性视角[J]. 开放教育研究，2023，29(05)：47-53.

④ 王雯，李永智．国际生成式人工智能教育应用与省思[J]. 开放教育研究，2024，30(03)：37-44.

⑤ 吕寒雪．人机协同教学中教师身份认同的情感理路与提升路径：一个情感社会学的解读[J]. 电化教育研究，2023，44(12)：108-115.

①加强GenAI教育应用指南的宣传培训。在完善GenAI教育应用指南的基础上，通过讲座、研修等多种方式加强对于应用指南的宣传培训，帮助教育主体尤其是未成年学生充分认识GenAI技术，了解技术的发展与教育应用中的伦理风险。②协同开展GenAI教育应用案例分析。高等院校、研究机构、科技企业和行业协会协同起来，收集整理国内外GenAI教育应用案例，通过对于成功经验和失败教训的分析，提升教育主体对于伦理风险的重视度，激发教育主体开展应用实践的积极性和能动性。③组织开展各类GenAI教育应用实践活动。组织举办各种实践活动，如GenAI创新应用竞赛、网络安全知识竞赛与公益活动等，让师生在实践中提高伦理意识[①]。④加强人机协同教学模式探索与实践。通过“人—机—人”的教学互动共同完成创造性任务，教师和学生能够在教学实践中正确认识人机关系[②]，调整对于自身教育主体地位的认知，主动转变观念，以适应GenAI教育应用的发展。

（2）培养教育主体掌握GenAI技术应用能力

培养教育主体掌握GenAI技术应用能力，是应对教育主体认知与使用不当相关伦理风险的重要举措。联合国教科文组织发布了《教师人工智能能力框架》《学生人工智能能力框架》。其中，教师人工智能能力框架分为五个能力层面（“以人为本”人工智能观念、人工智能伦理、人工智能基础与应用、人工智能与教学融合、人工智能支持教师专业发展）、三个能力进阶等级（获取、深化、创造）[③]；学生人工智能能力框架分为四个能力层面（“以人为本”人工智能观念、人工智能伦理、人工智能技术和应用、人工智能系统设计）、三个能力进阶等级（理解、应用、创造）[④]。GenAI技术应用能力建立在正确的使用观念和意识的基础上，可以包括学会使用和创造性地使用两个层

① 杨俊锋，沈中奇，陈睿宁. 生成式人工智能的教育应用及伦理风险探析[J]. 湖州师范学院学报，2023，45(12)：1-12.
② 何昌旺，熊和平. ChatGPT类生成式人工智能教育伦理危机及其应对[J]. 中国教育信息化，2024，30(02)：81-90.
③ Miao F，Cukurova M. AI competency framework for teachers[M]. UNESCO Publishing，2024：21-38.
④ Miao F，Shiohira K. AI competency framework for students[M]. UNESCO Publishing，2024：18-25.

面：一是学会使用，即师生要掌握GenAI工具的正确使用方法，并能够在教育实践中应用，这是全部教育主体都需要掌握的基础能力；二是创造性地使用，即在学会使用的基础上，师生能够结合自身的特定需求，利用GenAI工具创新学习方法、教学方法等，如教师能够通过改造、修改开源工具或者组合多种工具，创造性地设计符合特定需要的智能教育解决方案。

提升GenAI技术应用能力的可行性措施包括：①将GenAI技术的应用能力培养融入学校人工智能相关课程。具体包括更新人工智能相关课程标准，增加GenAI技术伦理风险、创新应用等方面的课程要求；制订新的课程推动GenAI的研究和开发；更新现有课程，加入对GenAI技术伦理、应用能力等方面的教学①。例如，新西兰三所高等教育机构合作开发了面向各教育层次的人工智能素养课程框架②。②为教育主体掌握GenAI技术的应用能力提供指导和支持。随着当前GenAI的获取成本不断增加，例如购买相关设备、会员资格等③，需要政府、教育主管部门或各级学校通过统一采购的方式为师生提供GenAI相关设备和工具；将相关GenAI工具与学校已有的教育技术设备相连接，便于师生使用；设置专门人员为师生使用GenAI工具提供技术支持。例如，近一半的欧洲国家和地区通过在学校设置数字协调员的岗位，为学校管理人员和教学人员提供使用数字技术的支持④。上海科技大学建立了专门的GenAI引导网站，为学校教师和学生提供GenAI工具（教学助手、通用工具、编程工具、文献工具等）、AI素养培训、知识库等，帮助学校师生更好地应用GenAI。③将人工智能素养纳入师生评价体系。掌握人工智能知识和技能对提高教学质量和学习效果至关重要⑤，因此需要将人工智能素养

① Sabzalieva E, Valentini A. ChatGPT and artificial intelligence in higher education: quick start guide[J]. 2023: 33.

② Academy EX(2024). AI literacy research project[EB/OL][2024-05-161. https://academyex.ac.nz/ai-literacy-research-project/.

③ 田阳. 风险社会视域下生成式人工智能教育应用悖论：生成逻辑、存在限度与风险治理[J/OL]. 阅江学刊，2024，1-8[2024-06-03]. https://doi.org/10.13878/j.cnki.yjxk.20240408.001.

④ 吴军其，任飞翔. 中小学数字素养教育的欧洲经验与启示[J]. 苏州大学学报（教育科学版），2023，11(01): 67-79.

⑤ 徐丹，段晓雯. 人工智能素养：高等教育的挑战与应对——《2024地平线报告：教与学版》的解读与启示[J]. 开放教育研究，2024，30(03): 24-36.

纳入师生评价体系，健全考评机制，完善师生人工智能素养的评价标准。同时，可以参考教师数字胜任力的自我检测工具，开发人工智能素养评估工具，帮助教育主体评估自身的素养水平，发现自身优势与不足，为他们提供发展建议。例如，在“伊拉斯谟+”项目的支持下，一款名为TET-SAT的工具被开发出来并用于开展教师特定数字素养的自我评估，欧盟共有15个国家使用该工具，部分国家已经将其推广到国内所有中小学[①]。

（3）提升教育主体践行GenAI技术伦理的社会责任

教育部发布的《教师数字素养》教育行业标准将教师数字素养划分为五个维度，其中之一就是数字社会责任维度。教育主体在GenAI教育应用中，应践行GenAI技术伦理的社会责任，既要做好自身的技术应用伦理风险防范，依法规范使用GenAI技术，遵守《中华人民共和国网络安全法》《生成式人工智能服务管理暂行办法》等[②]，自觉保护个人隐私、数据安全等，也要承担GenAI技术伦理的社会责任，自觉监督他人的合理使用，尤其是对未成年使用者自觉承担引导、提醒的责任，共同维护GenAI教育应用的伦理边界，推动GenAI教育应用的可持续发展。

推动教育主体承担GenAI技术伦理的社会责任的可行性措施包括：①定期开展GenAI教育应用伦理规范的学习。当前GenAI仍处于快速发展阶段，相应的法律法规、伦理规范、使用指南仍在不断完善中。可以通过定期开展法律法规学习、伦理规范宣传等方式，帮助教育主体了解自身所需承担的社会责任，提升教育主体的伦理风险防范能力。②完善GenAI应用的监督反馈机制[③]。发现不诚信使用等伦理风险时能够及时监督反馈，能够追溯到不当使用者及其行为。③充分发挥教师的引导作用。在GenAI技术伦理的社会责任中，教师发挥了至关重要的作用。可以将正确引导、教育学生使用GenAI

① 吴军其，任飞翔．中小学数字素养教育的欧洲经验与启示[J]．苏州大学学报(教育科学版)，2023，11(01)：67-79.

② 刘革平，胡翰林，秦渝超，等．Sora变革教育：基于教师角色与学习方式的洞见[J]．国家教育行政学院学报，2024，(04)：48-59.

③ 姚志伟，李卓霖．生成式人工智能内容风险的法律规制[J]．西安交通大学学报(社会科学版)，2023，43(05)：147-160.

技术作为教师培训的重要内容[①]。

5.3.4 应用视角：加强GenAI教育应用的指导、监测与研究

从应用视角来看，为有效防范GenAI教育应用的伦理风险，必须坚持应用为王，制定相应的GenAI教育应用指南，加强全过程监测，并持续开展相关的伦理研究，以强化对GenAI教育的指导、监管和研究工作。

（1）制定GenAI教育应用指南

在ChatGPT出现之初，为了避免学生过度依赖、不诚信使用等问题，国外许多高校曾禁止学生使用ChatGPT。但从目前来看，GenAI的教育应用是整体向善的[②]。各国政府、高校从禁止GenAI逐步转向指导性应用[③]，积极推进GenAI教育应用指南的制定，为教育主体提供明确指导。例如美国密歇根大学《U-M学生生成式人工智能指南》、英国罗素集团《在教育中使用人工智能的新原则》、香港科技大学《生成式人工智能与教育》等。

教育主管部门和各级学校应积极鼓励师生使用GenAI，并为师生提供GenAI教育应用指南，帮助师生合理、道德地使用GenAI技术和工具。制定GenAI应用指南可以从以下三个方面着手：①教育主管部门牵头制定面向教育领域的通用GenAI教育应用指南，明确教育领域应用GenAI工具的界限，详细说明GenAI教育应用的伦理风险，重点关注GenAI工具的儿童使用年龄限制和教师责任[④]。②结合不同教育应用场景制定针对性的GenAI教育应用指南，包括教学、学习、教研等不同场景，并针对具体场景提供GenAI工具的使用方法建议和参考案例，帮助教育主体更加合理、道德地应用GenAI技术。③面向不同年龄阶段、不同身份角色的使用者制定定制化的GenAI教育

① 吴砥，李环，陈旭．人工智能通用大模型教育应用影响探析[J]. 开放教育研究，2023，29(02): 19-25+45.

② 田阳．风险社会视域下生成式人工智能教育应用悖论：生成逻辑、存在限度与风险治理[J/OL]. 阅江学刊，2024，1-8[2024-06-05]. https://doi.org/10.13878/j.cnki.yjxk.20240408.001.

③ 黎加厚，牟艳娜．迈向生成式人工智能时代的教学行动[J]. 中小学数字化教学，2024，(04): 27-32.

④ 杨宗凯，王俊，吴砥，等．ChatGPT/生成式人工智能对教育的影响探析及应对策略[J]. 华东师范大学学报(教育科学版)，2023，41(07): 26-35.

应用指南。特别是面对学龄前儿童、基础教育阶段学生的应用指南，应充分考虑学生自身的人工智能素养与辨别能力，提升指南的可读性与实操性。

（2）加强GenAI教育应用的全过程监测

GenAI教育应用包括多个环节，从GenAI产品或工具被采购，到进入学校、教育主管部门或者学生手中，再到教育主体使用、产品更新与反馈等。在各个环节中，都可能存在数据泄露、生成内容不可靠、价值观投射等问题以及学业和学术诚信等伦理风险。因此，需要加强GenAI教育应用全过程的监测，及时采取有效的应对措施，确保教育主体合理地、道德地GenAI。

GenAI教育应用全过程监测需要关注的重点包括：①GenAI工具和服务进入市场前，政府和教育主管部门应推动设置教育场景准入门槛，研究机构、行业协会、科技企业应推进大模型安全检测平台的研发，依托安全检测平台从偏见歧视、违法犯罪、侵犯权益等方面对GenAI工具和服务的质量与合规性进行检测，在投入市场前识别并解决潜在问题，从而保护教育主体权益。②部署上线阶段，GenAI服务提供者应同步部署GenAI教育应用伦理风险预警系统，形成多层次、多机构、多级别的联合预警监测网络，包含风险预警监测网站、App、小程序等[①]，对大模型进行实时监控，检测和报告异常行为。同时，建立详细的数据使用日志，这不仅有助于追踪数据的去向，还可以在出现数据泄露时迅速定位问题源头。③用户交互阶段，GenAI服务提供者应积极制订内容过滤和审查机制，监测生成内容的准确性和伦理适宜性，确保GenAI在教与学场景中的表现不会造成误导或错误信息的传播；利用人工智能工具实时检测大模型的异常行为，及早检测到输入的篡改和被操纵的输出，及时阻止这些输出，防止出现负面结果。④系统更新阶段，GenAI服务提供者应建立良好的反馈机制，允许教育工作者和学生反馈在使用中的问题，以便快速响应和迭代改进。同时，还要关注系统更新是否及

① 田阳．风险社会视域下生成式人工智能教育应用悖论：生成逻辑、存在限度与风险治理[J/OL]．阅江学刊，2024，1-8[2024-06-03]．https://doi.org/10.13878/j.cnki.yjxk.20240408.001.

时、透明，是否在更新过程中继续保持了产品的伦理标准等。

（3）持续开展GenAI教育应用伦理研究

90%以上的专家认为当下GenAI教育应用还处于初级阶段①，其对教育可能产生的长远影响仍未明确。联合国教科文组织发布的《生成式人工智能教育与研究应用指南》也提出，GenAI对教育和研究的潜在长期影响需要进一步深入观察②。因此，推动GenAI在教育领域的应用需要持续关注伦理研究，保障GenAI负责任地融入教育领域。

GenAI教育应用伦理研究要关注的重点包括：①开展GenAI伦理风险发生机理的研究。研究GenAI教育应用伦理风险的发生机理，探索建立GenAI教育应用风险的预防指标，以助力伦理风险的隔离、防范③。②创新教育应用效果实证研究。当前，在生成式人工智能教育应用研究的范式中，有81.79%的研究是教育思辨类研究，只有16.15%的实证研究③。应加强对GenAI教育应用有效性、安全性、数据和隐私问题的实证研究，明确GenAI教育应用的适用范围和实际成效，指导GenAI在教育中的合规有效应用。③加强GenAI教育应用伦理的跨领域、跨学科的协同研究。GenAI教育应用伦理研究需要教育决策者、科技企业技术专家、人文科学、社会学、教育学、认知神经科学等多学科专家、一线教育实践者协同研究，从更加全面的研究视角，跨领域、跨学科评判GenAI教育应用的伦理风险④，提供前瞻性解决方案。

①③ 田阳．风险社会视域下生成式人工智能教育应用悖论：生成逻辑、存在限度与风险治理[J/OL]．阅江学刊，2024,1-8[2024-06-03]. https://doi.org/10.13878/j.cnki.yjxk.20240408.001.

② Miao F, Holmes W. Guidance for generative AI in education and research[M]. UNESCO Publishing, 2023: 36.

③ 教育信息化100人．北师大陈丽教授：人工智能对于教育，不是赋能，而是颠覆[EB/OL]. (2024-07-03)[2024-07-04]. https://mp.weixin.qq.com/s/kYISfhdRX84KHHObmCKcrA.

④ 王炜，赵帅，黄慕雄．生成式人工智能教育创新应用的人本主义追求——对UNESCO《教育与研究领域生成式人工智能指南》的解读[J]．现代远程教育研究，2024,36(01)：3-11.

第六章

发展趋势与应用展望

GenAI是新质生产力的杰出代表，将推动经济社会发展和人类文明进步，促进教育理论与实践的创新发展和教育教学形态的变革与重塑，赋能教育高质量发展。中国国家教育数字化战略行动将从联结为先、内容为本、合作为要的“3C”走向集成化、智能化、国际化的“3I”①。本章依据“产品—应用—人才”的逻辑，从教育大模型产业发展、GenAI教育应用和新时代AI人才培养三方面展望教育领域GenAI的发展与应用趋势，以期为进一步推动GenAI教育研发与实践提供参考。

6.1 教育大模型产业发展趋势

通过教育大模型行业调研和产品形态分析发现，我国教育大模型产业在企业模式、产品类型、研发主体等方面呈现特色鲜明的发展趋势。整体来看，教育大模型赛道不断细化，产业链初步形成，软硬件一体、多模态兼具、能力全面的大模型广受青睐，“政、产、学、研、用”一体化将成为教育大模型产业创新发展的必然趋势。

6.1.1 教育大模型产业定位与分工日趋明晰

大中型企业大多占据产业链上游，以MaaS（Model as a Service，模型即服务）作为主要商业模式。相较于小微企业，大中型企业具有数据和资金两方面优势，更倾向于开发自研模型，通过打造基础大模型平台等方式为其他企业提供大模型能力服务。比如科大讯飞发布的讯飞星火智能体平台，搭载教育、金融、政务等12个行业领域的知识，为企业用户提供了一系列预先创建的智能体，能够自主理解、规划并调用工具执行企业级任务。

小微企业大多占据产业链中游，以SaaS（Software as a Service，软件即服

① 教育部. 教育部部长怀进鹏在2024世界数字教育大会上的主旨演讲：携手推动数字教育应用、共享与创新[EB/OL]. (2024-02-01)[2024-07-30]. http://www.moe.gov.cn/jyb_xwfb/moe_176/202402/t20240201_1113761.html.

务）作为主要商业模式。很多小微企业受限于资金储备和技术实力，不具备独立开发大模型的实力，多使用上游提供的成熟模型，针对某一具体场景开发针对性的教育应用服务。比如东双合信息旗下的“新奇课堂”是一款学习管理系统，为学生提供作业、打卡、错题集、学情分析等服务，在学校、教师、学生、家长间搭建全方位平台。类似App等多样化应用在保障市场的同时，也降低了小微企业的研发成本和竞争压力。值得关注的是，DeepSeek依托技术成本优势和开源生态构建可以推动技术授权、定制化服务、合作伙伴分成等多样化商业模式创新。

6.1.2 集成化、一体化将成为大模型落地的重要支点

多种功能集成的教育大模型产品能更好地满足教育实践需要。在初期应用探索阶段，出现了很多功能较为单一的教育大模型产品，如语言学习、作文批阅、编程、知识问答等，并且分布在不同网站或App内，实际应用中常需要在不同网站或软件间进行跳转和切换，无形中增加了使用者的应用成本，影响了产品应用体验。随着技术的进步和应用探索的深入，为满足教育场景应用的多样化需求，教育大模型产品开始呈现出多种功能集成化的特征。

搭载教育大模型的软硬件一体化产品将在企业营收中占据重要地位。从模式识别、神经网络到大模型，教育智能硬件一直是AI前沿技术的试验田，同时“AI竞逐”已成为教育硬件市场的趋势[①]，搭载教育大模型的教育硬件产品已在市场上获得广泛认可。数据显示，讯飞智能硬件系列产品在2024年“618”期间实现销售额同比增长82%，学习机、办公本、翻译机、录音笔、助听耳机等品类均在京东和天猫双平台取得销售额冠军。此外，自2023年5月首次升级大模型功能以来，讯飞AI学习机销量增长超过150%[②]。

---

① 21经济网．教育市场创新趋势报告|教育智能硬件：巨头博弈的下一个赛场[EB/OL].(2024-04-24)[2024-06-20]. https://www.21jingji.com/article/20240424/herald/5c1efd0589220bfef940b465646f93b5.html.

② 新浪财经．科大讯飞：618期间智能硬件系列产品销售额同比增长82%，2024年在徐家汇TPY中心设立上海首家旗舰店．[EB/OL]. (2024-06-13)[2024-06-20]. https://finance.sina.com.cn/stock/bxjj/2024-06-13/doc-inayqwpx6507433.shtml.

6.1.3 多模态教育大模型逐渐成为主流形态

教育大模型将能够产出更多的多模态教育资源。根据经验之塔理论，图片、音频、视频等多模态教育资源有利于对宏观和微观事物进行模拟、对抽象事物进行生动直观表达、对复杂过程进行简化呈现等，可以促进学生理解，并激发学生兴趣、活跃课堂气氛，从而提高教学效率。当前，很多学校和教师已经开始尝试使用大模型产出多模态教育资源来辅助教学。比如广州市龙洞小学林老师在小学低年级语文识字课上，通过大模型生成“AI识字精灵”图片和水墨画动画视频，激发了学生对汉字的学习兴趣①。

教育大模型将能够处理多模态的教育数据。在教育场景中，大模型经常需要对学生的作业、试卷、课堂表现等含有多模态数据的过程性学习材料进行分析，从而更好地判断学生的学习状态，并提供自适应服务支持。当前，已有教育大模型在教育场景中处理多模态数据的应用实践。比如科大讯飞旗下的T20pro学习机，可以识别学生作业中的图片和文字信息②。未来，随着人工智能技术与教育教学融合的日益深入，交互式学习、探究式学习等学习理念不断普及，教学方式趋于丰富化和多样化，课堂实录、视频作业等多模态数据在教育数据中的占比将不断上升，能够处理多模态教育数据的大模型将更受用户欢迎。

6.1.4 教育大模型的专业性和通用性日益增强

教育大模型的专业性将越来越强。教育领域涉及知识讲授与传承，对于知识的准确性和专业性要求很高，然而大模型普遍存在的“偏见”“幻觉”等问题影响了回答的正确率。因此，教育大模型需要结合教育场景，使用高质量的专业教育数据进行专门训练和优化，从而提升教育大模型在教育

① 广州市天河区龙洞小学. AI时代的语文启蒙之旅：基于大概念和AI技术支持的小学语文低段识字教学实践探索[EB/OL]. (2023-12-06)[2024-06-20]. https://mp.weixin.qq.com/s/tuOWhu6ymyjZfbdql6YWPQ.

② AI智能助学. T20pro学习机强大的作文批改功能[EB/OL]. (2023-09-10)[2024-06-20]. https://mp.weixin.qq.com/s/euDFvbHmC8Bk-kVhtFJcAA.

领域的专业性水平，比如专攻数学的教育大模型MathGPT 在2024 年的高考数学题中战胜了GPT-4o，体现出面向教育领域专门优化带来的优势。另外，DeepSeek 在降低训练与使用成本、提高生成内容精度方面的成功探索，也很好地证明了技术发展的方向和解决现有问题的可能。可以预见，未来教育大模型或将逐步弥补各类短板，为师生提供更加准确合理的知识问答和内容生成等服务。

教育大模型的通用性将越来越强。教育领域涉及“教、学、评、管、研”等多类场景，经常涉及错综复杂的跨场景问题，需要教育大模型具备一定的通用性，能够快速处理解决这些复杂问题。当前，大部分教育大模型主要聚焦教学场景，应用于管、评、研等教育场景的大模型相对较少。可以预见，随着技术的快速发展和教育应用的不断深入，大模型将逐步融入教育的全要素、全过程、全环节，具备多场景应用能力的大模型能够更好地满足多样化应用需求，并解决复杂的跨场景问题。

6.1.5 教育大模型研发与应用需要学校积极参与

高校将积极参与教育大模型的研究和开发。高校作为教育主体和科研主体，在教育大模型的研发上具有独特优势，主要通过独立研发或校企联合研发的方式参与到教育大模型的开发进程中，研究成果倾向于开源。当前，很多高校已经参与到教育大模型研发中，并取得丰硕成果。比如浙江大学发布了与高等教育出版社、阿里云和华院计算等单位共同研制、专注于人工智能专业领域教育的垂直大模型“智海－三乐”①。可以预见，未来高校将进一步参与大模型研究和开发，并产出更多高质量成果。

中小学校将积极探索基于教育大模型的教学应用创新。当前，作为教育大模型的主要应用主体，国内许多中小学校都开展了大模型教育教学实践探

① 浙江大学上海高等研究院．“智海－三乐”教育大模型正式发布，赋能101计划《人工智能引论》教与学[EB/OL]. (2023-08-22)[2024-06-20]. https://mp.weixin.qq.com/s/NYSRZnRU8TqWC_jnbXHFVA.

索，积累了宝贵经验，并为教育大模型研发和优化提供了相应反馈和数据支持。比如广州市天河区教育局于2023年11月30日举办了基于大概念和AI技术支持的小学语文低段识字教学活动①。可以预见，随着大模型技术的不断发展，大模型技术在一线学校教育教学中的应用实践将越来越多。

6.2 GenAI教育应用趋势

GenAI在技术逻辑、技术成果、技术意义等多个方面取得的重大技术突破和技术变革，为教育数字化转型带来了新机遇和新驱力②。在学校、研究机构、企业等自主探索GenAI教育应用的同时，政府也开始有组织地推进GenAI教育应用示范行动，推动大模型从课堂走向应用③。随着GenAI与教育教学的深度融合，其影响将日益广泛和深入，催生出更多样、更丰富的教育应用新样态。

6.2.1 人才目标转向更加重视高阶思维和创新能力培养

高阶思维能力成为未来创新型人才培养的重要内容。GenAI能够高效汇聚多领域多学科知识并结合不同场景合理提取和使用知识，势必使未来社会的生产生活方式和职业岗位发生巨大变化。依靠获取和存储知识的低阶思维脑力工作终将被智能机器所替代，能够批判性分析、理解和评价知识，并能创造性运用多领域多学科知识解决问题的创新型人才是未来社会发展的需要。因此，培养学生高阶思维能力将成为重要教学内容和人才培养目标。在机器智能化背景下，教学内容的重点不再是知识的记忆，而是转向学生批判

---

① 广州市天河区龙洞小学．AI时代的语文启蒙之旅：基于大概念和AI技术支持的小学语文低段识字教学实践探索[EB/OL]．(2023-12-06)[2024-06-20]．https://mp.weixin.qq.com/s/tuOWhu6ymyjZfbdq16YWPQ.

② 郭小东．生成式人工智能的风险及其包容性法律治理[J]．北京理工大学学报（社会科学版），2023，25(06):93-105+117.

③ 教育部发布4项行动助推人工智能赋能教育[EB/OL]．(2024-03-28)[2024-06-20]．http://www.moe.gov.cn/jyb_xwfb/xw_zt/moe_357/2024/2024_zt05/mtbd/202403/t20240329_1123025.html.

性思维等高阶思维能力的培养。“凡是人工智能擅长的知识和能力，可以少教甚至不教，凡是人工智能不擅长或者无能为力的知识和能力，需要多教或重点教”①。

人机协作能力成为未来人才的必备关键能力。AI技术将通过硬件、软件等多种形式充斥未来的工作、生活和学习，人机互动将成为人们常态化活动方式，机器的角色将从工具变成伙伴，人机协作能力将成为未来人才的关键能力之一。能够灵活运用智能技术、通过人机协同解决问题的创新应用能力将变得至关重要，不能利用GenAI技术有效赋能工作的人将逐渐落伍直至被淘汰。同时，智能机器将从工具转变为重要教学主体，教学活动将由人机协作共同实施，多元化和多样化的人机交互将成为教与学的基本活动方式。教师与机器通过自然语言交互共同承担教学任务，学生在智能学习助手和工具的陪伴支持下实现学习和成长，在此过程中，学生的人机协作能力将不断得到提升。

6.2.2 教育环境转向智能升级和虚实融合

大模型赋能软硬件升级，创设一体化、智能化教学环境。第一，大模型赋能教学软硬件实现智能化升级。基于大模型研发出来的各类应用以独立软件系统或功能模块等方式加载到智能黑板、学习机等硬件以及教学平台、管理系统等软件平台中，形成知识问答、教学设计、教与学评价、资源搜索、语言学习、编程练习等各类GenAI助手，有效提升教学硬件和系统平台的智能化水平和服务能力。第二，大模型助力数据联通促进教学环境一体化。各类AI助手既是响应用户需求的输出端，也是动态采集教育教学数据的输入口。通过以大模型为基础的各类助手工具，可以实现相关软硬件、系统平台之间数据的互联互通，有效解决不同类型、品牌软硬件的数据联通和能力兼容等问题。

---

① 李政涛．ChatGPT/生成式人工智能对基础教育之“基础”的颠覆与重置[J]．华东师范大学学报（教育科学版），2023，41(07):47-55.

GenAI赋能多模态内容生成，打造虚实融合学习空间。第一，大模型生成多模态内容，为虚拟学习空间的构建与应用提供强大支持。GenAI可以通过多模态能力，智能生成高度拟真的虚拟场景、建筑、景观、人物角色、物品以及丰富多样的意义情境、故事情节，智能推荐个性化的内容和活动，更好地满足虚拟空间里师生对内容差异化和定制化的需求，提供更为精准和个性化的服务，为学生创设良好的探索与创造的空间。第二，大模型提升智能化交互体验，促进虚实学习空间更自然地融合。利用GenAI制作更加形象真实的虚拟数字人，模拟和再现真实世界中的各种人物、活动、行为甚至情感表达，使其以人性化的自然交流方式进行回应，满足学习者社会联系的需要①，创造个性化和引人入胜的体验。同时，高拟真虚拟数字人将打破虚拟空间和现实空间的边界，促进虚实空间更自然地融合。

6.2.3 教学方式转向人机协同教学

人机协同推进教学效果提升。第一，在大模型赋能下，“机器教师”能够拓展和增强人类教师能力，助力实施规模化因材施教。比如基于GenAI的教学助手具备完成知识问答、内容与活动规划、策略与路径推荐等任务的能力，能够随时随地陪伴在每一个学生身边，帮助教师完成资源收集整理、活动策划、作业批阅、学习辅导、学习资源和路径推荐等任务。教师能够在教学助手的帮助下及时了解每个学生的学习状态，并针对每个学生设计教学内容和活动，从而实现传统教学中难以实现的个性化教学。第二，“机器教师”能够在教学中不断提高和师生的契合度，助力实现更好的教学效果。基于GenAI的智能教学助手具备强大的自主学习和成长能力，在人机交互过程中，能够根据师生的选择不断调整反馈内容，构建符合师生特征的反馈模式。同时，以DeepSeek为代表的推理模型能够很好地实现机器推理过程可视化，大大增强师生对“机器教师”的信任度，密切人机关系，从而有效提高交互效

① Baumeister RF, Leary MR. The need to belong: Desire for interpersonal attachments as a fundamental human motivation[J]. Psychological Bulletin, 1995, 117(3): 497-529.

率，减少沟通成本，及时为师生提供所需要的教学服务，提高教学质量和效果。

人机协同推进教学创新发展。第一，教学形式将更为多样。“机器教师”可以独立完成绝大部分课堂练习批改、辅导答疑等简单重复性工作，人类教师将有更多时间和精力用于学生核心素养、道德情感等方面的培育及相关课堂活动组织①。同时，在“机器教师”的帮助下，可以生成虚拟仿真实验、元宇宙、VR/AR等新型教学资源，从而有效支撑更为多样的教学形式的实现。第二，教学策略和活动将更为合理。“机器教师”能够独立完成多模态学习数据采集和处理分析、开展学生课堂学习评估与反馈等工作量巨大的复杂工作。人类教师可以基于这些数据准确识辨学生学习水平和存在的问题，及时调整教学策略和教学活动②，不断推动教学方法、策略和模式等方面的改革创新。

6.2.4 学习方式转向生成式个性化学习

大模型根据学生特征智能生成适应性学习内容和数字化学习资源。第一，基于GenAI的智能学习助手针对学生实际情况生成与之匹配的学习内容。智能学习助手能够通过系统平台采集、物联设备感知等方式，获得学生各方面学习行为与表现评价数据，准确识别教学全过程中学生个体的学习状态、表现和水平，为学生匹配最优学习内容；还可以根据学生的即时性学习表现进行智能纠偏并调整学习路径和学习内容，动态适应学生的学习实际，从而有效提高学习效果和学习效率。第二，智能学习助手可以智能生成数字化学习资源。智能学习助手具备多模态能力，可以根据学生的需求，智能生成图片、视频、课件、试题、听力、数字人教师、虚拟仿真实验等数字化学习资源，并且可以通过和学生的互动来进行资源优化，将优化后的资源纳入

① 方海光，孔新梅，刘慧薇，等．基于共生理论的人机协同教育主体合作博弈及其优化策略研究[J]. 电化教育研究，2024，45(01): 21-27.

② 宛平，顾小清．生成式人工智能支持的人机协同评价:实践模式与解释案例[J]. 现代远距离教育，2024，(02): 33-41.

数据库，与其他学生共享[1]。

学生在人机对话活动中实现个性化探究学习。第一，智能学习助手内隐的思维链特征和复杂推理能力，支持学生在人机对话中开展知识探究学习。通过思维链方法，大模型将复杂的大任务拆解为若干可由简单指令引导的小任务，从而提高复杂逻辑推理能力。智能学习助手可以引导学生开展思维链式对话，通过一系列由表及里、由浅入深的连续提问和迭代追问，帮助学生在持续探索中了解知识内容、消除问题疑惑、加深知识理解和掌握。第二，学生在人机对话中开展对弈式训练，有助于培养高阶思维能力。大模型生成的内容并不都是科学的、准确的，需要使用者批判性分析和选择性吸纳。学生与智能学习助手对话的过程也是一个认知博弈的过程。学生在应对生成内容不确定性的过程中，逐步实现独立思考能力、批判性思维和人机协作思维能力、“多算胜少算”的深度学习思维、“下棋如人生”的哲理思维等方面的培养和提升[2]。

6.2.5 教育评价转向数据驱动的发展性评价

教育评价从经验驱动转向数据驱动。第一，大模型可以实现全过程伴随式数据采集，促进数据实证。大模型支持下的智能学习助手贯穿学生学习过程的始终，可以在持续的人机交互对话中收集学生学习过程的表现数据、互动信息、场景数据等细颗粒度信息，通过信息跟踪挖掘、数字回溯分析、科学监测评价等方式，完整记录学生的学习过程和成长轨迹，从而综合分析学生的知识学习情况，推动教学评价从依靠教师或专家经验走向追求数据实证。第二，大模型可以实现多模态数据诊断分析，促进综合素养评价。依托数据挖掘、内容分析、预测性分析、系统建模等功能，大模型能够对采集的人脸、语音、表情、体态、脑电波、眼动轨迹、心理健康状态等多模态数据

① 黎加厚，邢星．数字化教育资源如何适应人工智能时代——再谈如何用好数字化教育资源[J]．人民教育，2024，(06)：42-45.

② 黎加厚．生成式人工智能对课程教材教法的影响[J]．课程·教材·教法，2024，44(02)：14-21.

进行融合分析，挖掘其内在元素的相关性和因果性，并对学生学科能力、情感态度、思维品质等进行综合分析，全方位刻画学生的问题解决能力、批判性思维能力、跨学科能力、创造力等高阶思维能力①。

教育评价从重视学习结果诊断转向重视过程反馈。第一，大模型可以为个人构建学习画像，为准确了解学生学习情况提供支持。基于大模型对过程性学习数据的记录、分析、挖掘和呈现，能够为学习者输出个人学习数字画像，从而全面、形象地展示学习者的学习状态和学习偏好，为学习者的学习路径规划、学习方式选择等提供实时的数据支撑和合理化建议，助力因材施教。第二，大模型可以实现实时反馈和调控，促进学生学习和成长。基于边缘计算能力，大模型能够对学生的学习行为进行实时的监控和评价，并在学习者出现走神儿、理解偏差等问题时及时给予反馈和调控，实现对每一个学习者学习状态的关注和及时指导，保障每一个学习者的学习体验和学习效果。

6.2.6 教育治理转向全球化、智能化治理

技术潜在风险推动教育治理走向全球化合作。当前，以大模型为代表的人工智能技术日新月异，在助力教育治理效能提升的同时，也带来了潜在的风险挑战，如群体性数据隐私泄露、全球数字鸿沟进一步扩大、算法歧视日益加剧等，考验着教育治理的能力。如何让智能技术充分赋能教育，让技术发展的成果惠及全球，成为为所有学习者、教师和管理人员服务的工具，是当今时代的一个重大实践课题，需要全世界共同努力②。2024年7月，2024世界人工智能大会暨人工智能全球治理高级别会议在上海召开，发布《人工智能全球治理上海宣言》，倡导建立全球范围内的人工智能治理机制，强调只有在全球范围内的合作与努力下，才能充分发挥人工智能的潜力，为人类带

① 郑永和，王一岩，杨淑豪．人工智能赋能教育评价：价值、挑战与路径[J]．开放教育研究，2024，30(04)：4-10．

② 中国教育报．数字变革助推教育“数治”升级——教育治理数字化与数字教育治理平行会议观察[EB/OL]．(2024-02-01)[2024-07-01]．http://www.moe.gov.cn/jyb_xwfb/xw_zt/moe_357/2024/2024_zt02/pxhy/pxhy_szzl/pxhy_szzl_mtbd/202402/t20240201_1113754.html.

来更大的福祉。

教育治理方式从信息化管理走向智能化支持与服务。第一，教育大模型助力教育治理决策科学化。大模型依托海量教育数据、语言模型、深度学习等智能化技术与算法，可以帮助决策者在教育治理过程中进行数据收集、信息整理与知识处理，强化数据要素价值挖掘、分析、应用与管理，从而高效地进行结果判断，实时为决策提供关键信息或优化建议，形成融合算法与人类判断的决策输出，帮助教育管理者预测与感知教育治理风险，并为精准解决教育治理难题提供具体方案，促进教育治理效能提升①。第二，教育大模型助力教育服务个性化。在大模型的语言理解、逻辑推理、代码开发等能力的帮助下，一线教师也可以参与到应用开发工作中，高效产出个性化的低代码应用，形成多样化、可共享的教育应用集群，满足各级各类教育工作者的应用需求。同时，大模型可以嵌入教育管理与服务平台中，作为申请受理的窗口和业务处理助手，有助于疏通部门内部业务流程阻碍，打破部门间信息壁垒，提高业务办理效率和质量。

6.3 新时代人工智能人才培养展望

人工智能发展进入新阶段，成为新一轮产业变革的核心驱动力。培养适应新时代要求的AI复合型人才，已成为当下我国人才培养转型的迫切需要。多年来，我国AI人才培养存在供需失衡、培养体系不完善②、学科专业固化③、环境条件落后、师资储备不足、联合育人机制不健全④、学生实践能力

① 周洪宇，李宇阳．生成式人工智能技术ChatGPT与教育治理现代化——兼论数字化时代的教育治理转型[J]. 华东师范大学学报（教育科学版），2023，41(07): 36-46.

② 浙江大学中国科教战略研究院课题组．中国人工智能人才培养报告[R]. 杭州：浙江大学中国科教战略研究院，2022: 27-29.

③ 李新涛，张雪，包志均．面向教育信息化2.0时代职业教育“人工智能+”人才培养探究[J]. 河南广播电视大学学报，2022，35(01): 103-108.

④ 黄蓓蓓，钱小龙．探寻世界一流大学人工智能人才培养的奥秘——斯坦福大学人工智能人才培养模式的整体性分析[J]. 清华大学教育研究，2022，43(03): 33-41.

和创新能力不足[①]等问题。要改变现状，我国不仅需要加强顶层规划，构建并完善新时代AI人才培养体系，还应大力推动AI学科专业体系建设，充分利用GenAI创新教学模式并加强产学研合作，构筑新时代AI人才培养新生态。

6.3.1 加强顶层规划，构建完善AI人才培养体系

统筹规划AI人才培养整体育人方案。第一，科学论证并制订全学段人工智能教育方案和课程方案。以AI人才培养总目标为导向，结合各学段学生身心和认知特征，明确人工智能教育的学段目标和教育方案，建立大中小学一体化人工智能课程体系，科学论证、系统规划各学段各年级的人工智能课程目标和内容，减少不同课程内容重叠或断层[②]。第二，全面规划并制订人工智能普通教育和职业教育融通方案。根据未来产业发展和人才需求制订多类型、多层次AI人才标准，通过课程衔接、资源共享、学分互认等方式，整体设计普通教育和职业教育的AI人才培养计划，打通职业学校和普通学校AI人才培养通道，促进职普融通创新育人模式。第三，创新研究生教育阶段AI人才培养方案。以专业硕士、专业博士人才培养为抓手，探索培养应用创新型、专家型人才[③]的途径与方式，提升职业教育AI人才培养层次和水平。

创新跨学段协同育人的机制和路径。第一，推动各学段间的教育教学资源共享，高学段学校的先进人工智能系统平台、实验室等资源依次向低学段学校开放，使低学段学生能够较早地接触和吸纳更高级的理念和内容。第二，鼓励高学段学校优秀人工智能教师与研究人员通过讲座报告、课程共建、师资流动助教等方式，对低学段学校开展人工智能教育进行赋能。第三，通过专项行动或计划、联合课题或项目等多种方式，加快推进跨学段协同育人共同体建设，充分发挥不同学段、不同学科、不同领域教师或研究人

① 吴祖峰，戴瑞婷，李丹丹，等．面向人工智能前沿领域的创新人才培养[J]．高等工程教育研究，2023，(05)：48-53.

② 周丹．数字经济时代人工智能人才培养的意义、现状及路径[J]．教育参考，2023，(01)：5-11.

③ 崔丹，李国平．人工智能人才培养与教育政策的全球新走向[N]．光明日报，2024-3-21，(14).

员的独特优势。通过双向赋能，促进共同体中每一位教师的人工智能人才培养水平与教育教学能力持续提升。

6.3.2 优化学科专业，提高复合型AI人才培养能力

推进人工智能赋能各学科转型升级。第一，面向智能时代人才需要，持续更新各学科知识体系。将人工智能基本知识融入各学科知识体系①，丰富完善跨学科核心课程体系，加强人工智能通识教育和实践能力培养，使AI素养成为各学科专业学生的必备素养，培养学生成为具备人机共生思维与较强AI渗透技能等特质的新质人才②。第二，结合学校、学科专业实际和区域产业需求，探索“人工智能+”学科专业建设新模式。瞄准国家战略和未来产业发展方向，结合学科自身发展与人工智能的交融逻辑，通过AI赋能推动各学科专业在理论创新、研究范式、课程建设、育人实践等方面不断突破，促进传统学科向新型学科转型升级。

优化“人工智能+X”学科专业课程体系。第一，面向发展前沿和应用实践研发人工智能通识课程体系。将AI素养作为未来人才培养的基础素养，以人工智能一般性原理、思维逻辑、应用实践为核心内容，及时引入最新学术研究、科技发展前沿和未来发展趋势等新知识、新成果，通过系统化通识教育课程帮助学生形成对人工智能的基本认识、培养人工智能基础能力。第二，加强“人工智能+X”学科专业课程体系建设。将人工智能知识融入各学科专业课程内容体系中，将AI技术融入相关专业课程研发与教学实施中，加强数字化课程资源与智能化实训平台建设，促进学科专业课程育人体系的智能化改造升级，培养能够合理有效利用AI技术进行专业创新创造的各类人才。

---

① 眭依凡，幸泰杞．人才培养模式创新：人工智能时代大学的紧迫课题[J]．中国高教研究，2024，(03)：8-16+21.

② 祝智庭，戴岭，赵晓伟，等．新质人才培养：数智时代教育的新使命[J]．电化教育研究，2024，45(01)：52-60.

6.3.3 重塑教师队伍，提升学校AI专业师资水平

加大高端人工智能人才引进与培养力度。第一，制定人工智能高端人才专项政策。在国家人才政策的基础上，地方和学校可以结合区域实际和自身特点出台相应的人才引进政策，瞄准技术发展、学术研究和实践应用等方面的战略科学家、领军人物等“关键少数”①，有目的、有计划地吸引国内外人工智能领域的各类顶尖人才加入教育管理者和一线教师队伍。第二，创新人才引进途径和聘任机制。通过丰富外部专家引进和聘任方式，增设平台和项目专家等多样化职位，建立完善人才引进准入、评估和激励机制等方式，吸引人工智能高端科研专家和企业技术科学家等人才进入学校工作，不断增强人工智能教师队伍整体实力。

大力推进学校人工智能创新团队和教师梯队建设。第一，以科研创新促进创新团队成长。加强对从事人工智能基础性研究、公益性研究的拔尖人才和优秀创新团队的稳定支持②，设立人工智能科研专项任务和创新团队建设专项计划，优化资源配置和供给，形成本土人工智能高端人才不断涌现和持续成长的良好局面，推动科研创新与重大科技成果突破。第二，以学科建设带动人工智能教师梯队发展。实施中青年人工智能优秀人才发展专项支持计划，创新成长通道，为具有发展潜力的中青年教师提供良好的专业发展条件和空间，建设以学科负责人、学科方向负责人、学科方向骨干人才为整体的学科梯队③。

6.3.4 升级教学环境，GenAI赋能教学模式创新

利用GenAI推动人工智能专业教学与实践环境智能升级。第一，利用大模型创设智能化课堂教学环境。通过大模型能力加持，可以研发出智能化程

① 陈旭，邱勇．高校要成为人才高地和创新高地[J/OL]．求是，2021，(24)[2024-07-01]. http://www.qstheory.cn/dukan/qs/2021-12/16/c_1128161280.htm.

② 教育部．教育部关于印发《高等学校人工智能创新行动计划》的通知[EB/OL]．(2018-04-03)[2024-06-20]. http://www.moe.gov.cn/srcsite/A16/s7062/201804/t20180410_332722.html.

③ 王国胤，瞿中，赵显莲．交叉融合的“人工智能+”学科建设探索与实践[J]．计算机科学，2020，47(04)：1-5.

度更高的教学设备和教学系统，还可以提供知识问答等智能化支持服务。通过这些智能设备、智能教学系统和智能支持服务，能够为教师教学和学生学习提供全方位、全过程智能支持，从而优化课堂教学过程，提高教育质量和教学效率。第二，利用大模型创设智能化专业实践环境。通过研发人工智能专业智能化学习平台和实验实训实践平台等方式，创设智能化学习和实践环境，让学生在实践体验过程中更好地学习人工智能知识与技术，还可以通过大模型能力与虚拟现实、元宇宙等技术结合创设更拟真的实践环境，帮助学生提前感受职业场景，培养专业能力。

利用智能教学助手推动人工智能专业教学模式创新。第一，基于大模型的多样化智能教学助手打造生成式教学。教师通过智能教学助手获得学生学习状态和结果，并根据学生在“人际+人机”互动中的表现和反馈及时调整和优化教学过程和行为，指导学生合理使用智能学习助手等技术工具完成学习任务、达成学习目标。第二，基于大模型的AI课程学习助手助力学生开展个性化智适应学习。AI课程学习助手引导学生亲身感受AI技术的内容、特点、样态和应用过程等，并及时获得机器智能反馈与个性化指导。第三，基于大模型的多样化智能实践助手支持“学用一体化”实践教学。根据实际课程和实践内容的不同，基于大模型开发相应的智能实践助手，可有效提升实验实训环境的智能性，为学生提供专业知识学习与实践应用双重支持，帮助学生快速将知识转化为能力。

6.3.5 促进多方合作，构筑产学研协同育人新生态

以共同体和基地建设为产学研协同育人提供坚实支撑。第一，围绕各类项目或任务联合组建共同体，有效发挥产学研各自优势。拟合各方需求开展各类科学研究合作，共建科研共同体，落实科研育人；围绕课程开展多种形式教学合作，共建课程教学共同体，落实课程育人；根据AI人才培养需要联合开展课程实践、专业实习、项目竞赛等多种形式实践活动，共建实习实践共同体，落实实践育人。第二，加强产学研联合人才培养基地建设，形成常

态化协同育人模式。依托企业和科研院所的实践环境和专家优势，设立产学研联合人工智能专业实践基地，由校内教师、企业工程师、科研机构研究员共同构成基地导师队伍。通过双导师或多导师制有效发挥不同专家与资源优势，围绕AI领域基础理论、核心关键共性技术、交叉前沿突破等需求进行联合研发和技术攻关，在提升技术攻关能力的同时，提高AI高端人才的培养效率和质量。

创新机制打造产学研多元协同育人新生态。第一，进一步加强相关政策和制度环境建设，为产学研合作提供方向指导。对学校、企业、研究院所协同育人予以科学引导、适当激励和合理规范，包括校企人员弹性流动与互聘制度、校企联合办学专项支持政策、人工智能科技创新专项基金和人工智能人才培养模式改革实验项目等，促使产业人才需求和学校人才培养直接衔接对齐，拓宽跨行业和跨部门资源共享途径，加速前沿研究在学校和产业中的快速转化和落地应用。第二，强化合作管理，明确各方利益关系，形成稳定合作机制。以制度化方式明确各方在协同育人中的角色作用、利益诉求、协作方式等，并加强联合育人过程的制度化管理和风险控制，为产学研合作提供稳定的制度保障和清晰的路径指引，确保合作机制的良性运转。第三，建立产学研联动“常态交流”机制和双向产教融合模式[①]，打造良好协同育人生态。通过完善高校教师赴企业学习或指导、企业人员到高校学习或兼任导师等方式，不断创新沟通渠道与合作方式，进一步促进校企人才互流互通和双向赋能。

① 金光浩，张泰忠，杨建兴．职业院校大数据及人工智能专业人才培养模式研究[J]．长春师范大学学报，2023，42(10)：140-142+185.

附录

大模型行业现状及应用伦理风险分析报告

为深入分析当前国内大模型行业发展现状及教育大模型应用情况，基于对2024年4月国家互联网信息办公室（简称“网信办”）发布的《国家互联网信息办公室关于发布生成式人工智能服务已备案信息的公告》中的《生成式人工智能服务已备案信息》和教育大模型自建库两份文档，采用数学统计分析、相关性分析、个案研究等方法对文档基本信息进行系统性整理和关联性分析，尝试通过梳理备案信息、功能特点等总结当前国内大模型行业和教育大模型发展及应用现状。

一、国内大模型备案现状分析

为促进生成式人工智能健康发展和规范应用，网信办联合发改委、工信部等部门于2023年7月发布《生成式人工智能服务管理暂行办法》。根据该办法相关要求，网信部门会同相关部门开展生成式人工智能服务的备案工作，并将备案信息予以公告。根据网信办发布的汇总公告，截至2024年3月底，共有 117 项生成式人工智能服务已完成备案。本节以《生成式人工智能服务已备案信息》的公开内容为基础，对117项大模型基础信息进行分析，并在此基础上进行市场趋势判断与行业应用展望。

（一）行业领导者积极参与，新兴主体快速入局争抢未来市场机遇

1. 主体类型及企业规模分析

依据网信办备案数据，117项大模型备案信息所对应的备案主体共计113家。从主体类型来看，以企业为备案主体单位的最多，共计110家，占97%；研究机构占比相对较少，仅有3家，占3%。当前，高校、科研机构、企业等创新主体都在积极研发大模型，但主要以企业为主，学术界与产业界联合研发的案例较少。

此外，依据《关于印发中小企业划型标准规定的通知》等文件，按照所属行业及企业登记的从业人员指标划分，可以将110家企业主体样本划分为大型、中型、小型、微型企业。统计结果显示：大型企业47家，中型企业36家，小型企业21家，微型企业6家，整体呈现“倒金字塔”式分布。大型企业处

于顶部且数量较多，主要原因是因为大模型的发展往往需要大算力、大数据作为支撑，而大型企业通常拥有较强的技术积累和研发能力。不少中小微企业为了避免与大型企业直接竞争，也以解决各类小场景问题为切口，在小规模、垂直化的大模型建设上纷纷发力，高效快速地实现了人工智能对千行百业的数字化赋能。

2. 主体备案属地分析

通过备案属地的登记情况也能发现大模型行业发展较为活跃的区域分布。统计结果显示：①北京、上海两地完成备案的主体最多，分别为51家和24家，共75家。②第二梯队分别是广东省（19家）、浙江省（7家），共26家。③第三梯队包括贵州省、湖南省、江苏省、安徽省、天津市、重庆市等，共16家*。

基于以上数据统计分析，生成式人工智能服务提供主体的区域分布呈现聚集化、阶梯化特点。主要表现在：①北京和上海人工智能领域人才密度高、创新指数高、关键环节全、产业规模大，区域集聚效应明显，创新资源丰富，往往较容易成为大模型产业发展的聚集地。比如在产业基础上，北京市已摘得人工智能核心企业数量、产业集聚能力、专利授权量、工信部“揭榜挂帅”优胜项目数量、国家级重点实验室数量、投融资活跃程度等多项“冠军”。②沿海省市的备案归属地数量相较于内陆省市更多。广东、浙江、江苏、天津、福建等沿海省市对大模型产业发展机遇较为敏锐，紧随国家政策导向发布相关产业支持政策。比如广东在2023年11月迅速跟进，发布《广东省人民政府关于加快建设通用人工智能产业创新引领地的实施意见》，旨在推动省内生成式人工智能服务的快速发展。③内陆省市结合自身特色积极筹划布局，但差异较大。以贵州省为例，贵州依托自身的西部数据算力资源优势，与华为等科技公司合作，共同推进大模型的产业化落地。湖北、江西、山西等省份当前还未有相关主体进行备案登记，但随着对中部地区加快

* 注：包括备案在国有资产监督管理委员会下的“中移动-九天大模型”。

崛起的支持力度不断加大①，区域对大模型产业的认识不断加深，未来中部省份的大模型产业或将迎来快速增长期。

（二）大模型发展通用化与专用化并存，垂直行业是大模型的主战场

1. 大模型所属类型分析

通用大模型具有参数规模大、泛化能力强、多任务学习能力优等特点，得益于大规模预训练和微调范式，可完成多领域任务，并具备多模态（包括文字、图像、语音、视频）理解和生成能力。通用大模型是与行业大模型相对的概念：通用大模型侧重发展通识能力，行业大模型侧重发展专业能力。对117个有效样本按模型类型进行统计，能够发现通用大模型共计51个，占44%；行业大模型共计66个，占56%。通用大模型聚焦基础层，未来将是赋能千行百业的重要基础能力和基础设施②。由于其具备通用问题解决能力，应用面更广，且能够通过进一步的定向数据训练生成多个垂直领域模型，便于企业快速抢占市场，因此更受企业欢迎。行业大模型适用于教育、金融等特定行业和领域，能够更好地处理行业的特定任务。未来大模型的发展必然需要借助产业和场景的优势，将通用大模型与业务流程、产品功能相结合，寻求多场景应用、垂直化和产业化的落地，因此各行业大模型也正加紧部署建设，以适配行业专业化场景的任务要求。

2. 行业应用分布情况

对行业大模型进行进一步分类，可以发现，66个行业大模型中，传媒、软件行业为此轮备案大模型的热门行业，分别为16个、12个，分别占24%、18%，占总量的42%。这是由于传媒行业以内容创作及传播为核心业务，而大模型技术在内容生成及理解方面具有显著优势，能够极大提升内容生产力

① 新华社．习近平主持召开新时代推动中部地区崛起座谈会强调 在更高起点上扎实推动中部地区崛起[EB/OL]．(2024-03-20)[2024-05-29]．https://mp.weixin.qq.com/s/pNlbOL5jOXFaT5dAlgANmQ.

② 民生周刊．科大讯飞：通用大模型赋能千行百业[EB/OL]．(2024-04-09)[2024-05-29]．https://mp.weixin.qq.com/s/j_67vf6PD8iA6QHQY2y-HA.

和分发效率①。而软件行业技术迭代快，大模型能够快速适应新的开发需求和测试场景，提供更加智能化的解决方案，有效提升端侧使用体验，用户感知明显。其他各类行业，包括电商、出行、教育等行业大模型分布较为平均。

（三）研发主体呈现技术共同进步、应用协同创新产业发展态势

1. 多主体研发情况分析

高校与科研院所作为基础理论与关键技术的研发源头，与科技巨头、独角兽企业及初创公司紧密合作，能够共同推进大模型技术的研发、迭代与应用落地。但大模型的发展多依赖于大量的数据和算力支持，特别是在行业起步阶段，往往会依靠多主体共同贡献智慧以推动产品快速迭代。但在产学研多主体合作的过程中，大模型的研发对企业规模、行业背景、研发实力等都有较高的要求，对多数企业来说很难达到标准。因此，多数主体依然选择独立研发以确保产权自主。这一点在统计数据中也有所体现。统计数据显示，117项大模型备案信息中多主体参与大模型研发的共计17个，占总量的15%。

在多主体参与研发的大模型中，研企合作有7家，如百川智能与鹏城实验室合作研发基于国产算力的128K长窗口大模型——“鹏城－百川·脑海33B”，双方在合作过程中能够充分发挥各自优势形成合力，更好地满足我国不断增长的智能化转型需求。校企合作有5家，如清华大学参与的“CharacterGLM大模型”建设、“智谱清言大模型”建设等，能够有效发挥高等院校在专业研究方面的实力，做好科技成果的转化；政企合作有3家，如第四范式“式说大模型”与北京市成为模型层合作伙伴，更好地推进大模型的研发与应用；企企合作有两家，如知乎和面壁智能合作自研“知海图AI大模型”，不仅有助于资源的优化配置，还能促进技术的快速发展和应用的多样化；研校企合作有1家，如上海人工智能实验室（上海AI实验室）与商汤科技联合香港中文大学和复旦大学推出“书生·浦语大模型”就是如此。这些都体现了企业与科研机构、高校之间的协同创新。

---

① 澎湃新闻．下一个十年，AIGC如何赋能媒体深度融合？[EB/OL].(2023-07-23)[2024-05-30]. https://www.thepaper.cn/newsDetail_forward_23959349.

2. 模型开源情况分析

模型开源将推动实现大模型产业发展的供给侧、需求侧双向发力，给大模型基础设施运营、技术迭代创新、开放生态建设带来积极影响，加速推动大模型产业化应用，助力产业升级。模型开源能够推动技术创新和进步、提升知名度与影响力，闭源能保护企业商业利益、控制产品质量。但开源和闭源并不是非此即彼的关系。有些企业可能选择部分开源，即公开一些技术细节或提供API接口，同时保留核心代码不公开。

从大模型开源主体来看，主要可分为两类：一类是企业，如科大讯飞发布的“星火开源-13B”，拥有130亿参数，不仅是首个基于纯国产化算力的开源大模型①,更据此吸引大模型开发者超167.6万,同比增长229%②。这些开源模型不仅能够吸引全球范围内的开发者和研究者参与，加速技术的创新和问题的解决，提高项目的可见度和影响力，更能让用户通过代码理解其工作原理。另一类是科研机构和高校等，主要展示最新的科研成果，如中科院自动化所研发并开源了全球首个图文音（视觉—文本—语音）三模态预训练模型，兼具跨模态理解和生成能力，具有在无监督情况下多任务联合学习并快速迁移到不同领域数据的强大能力③。

相比闭源模型的“黑盒”开发，开源大模型允许各类开发人员在开源模型基础上针对个性化场景进行深度定制开发，定向训练数据，也可以针对某些主题进行过滤，从而有效减少模型体量和数据的训练成本。因此研发主体选择开源，将有效促进技术的共同进步，推动行业发展的创新应用，为大模型产业发展培育“模型越强、应用越多、用户越广、算力越大”的市场飞轮。

① 始智AI wisemodel. 讯飞开源iFlytekSpark-13B，首个基于纯国产化算力的开源模型[EB/OL].（2024-02-27）[2025-02-27]. https://mp.weixin.qq.com/s/n90EjoAWEvRv2_cZ4HCB8w.

② 前瞻科技研究. 科大讯飞（002230）：Q1收入增长良好，持续发力应用落地[EB/OL].(2024-05-10)[2024-06-06]. https://mp.weixin.qq.com/s/-CqVSTaaWcnjLKdiKRHiKA.

③ 中国科学院自动化研究所. 自动化所千亿级三模态大模型“紫东太初”首次实现语音生成视频等功能[EB/OL]. (2021-09-26)[2024-05-30]. https://mp.weixin.qq.com/s/C2aA9wk6MqjwQxFi4rn9Mw.

（四）大模型行业发展逐渐凸显出对自研能力和应用体验提升的双重重视

1. 大模型自研情况分析

面对国际环境的不确定性，加速大模型的自主研发成为产业自主发展的基石。为此，不少大模型研发主体都以“自研模型架构”“全链路自主可控”等为产品功能亮点。通过对117项大模型备案信息进一步统计分析可以发现，在大模型产品介绍上强调“自研”的大模型共有70个*，约占总量的60%。“自研”大模型整体上还是受到研发成本、技术门槛、时间成本等多重因素的影响。

2. 模型产品形态分析

当前多数大模型产品主要采用开放式的对话UI界面，用户通过自然语言交互完成任务。随着用户对输出结果的要求不断提高，国内大模型产品开始在界面形态上叠加细分场景，并演化出软件助手、硬件工具等多类型产品形态，旨在为用户提供更聚焦、更精准的服务，提升用户交互的便捷性和输出结果的准确性。尽管拥有硬件载体的端侧模型具备一定的优势，如本地数据处理效率更高，节省云端服务器带宽和算力成本，可以更好地保护用户数据，开启更多交互新方式、新体验等，但是统计数据显示，有硬件载体的端侧模型共有28个，仅占总数量的24%。

二、教育大模型应用现状分析

对市面上已经公开报道的教育大模型进行梳理，得到32个模型信息。本节内容以自建的教育大模型信息库为基础，对32个大模型基础信息进行分析，并在此基础上进行教育大模型的应用现状分析和发展趋势判断，详见表1。

* “自研”信息均由互联网公开信息搜索得到，未入选“自研”大模型的仅是因为在官方说明中未能找到相关描述，并不代表实际上不是“自研”模型。

表1 “教育大模型”网络相关信息汇总

序号	大模型名称	应用产品	发布时间	主体单位名称
1	高途考研AICan	高途考研小助手（软件）	2023年4月	高途教育科技集团有限公司
2	世纪天鸿教育大模型	小鸿助教（软件）	2023年5月	世纪天鸿教育科技股份有限公司
3	讯飞星火教育大模型	星火语伴、星火教师助手、星火资源助手、星火问学等	2023年6月	科大讯飞股份有限公司
4	桃李大模型	内测阶段（未知）	2023年6月	北京语言大学
5	ArynGPT	AI English 100平台（网站）	2023年6月	苏州清睿智能科技股份有限公司
6	Educhat	网页端大模型平台（网站）	2023年7月	华东师范大学
7	子曰大模型	有道子曰大模型（网站）、网易有道词典（软件）、Hi Echo（软件）、有道翻译官（软件）、学习机（硬件）	2023年7月	北京网易有道计算机系统有限公司
8	智海-三乐大模型	搭载于阿里云灵积平台（网站）	2023年8月	浙江大学
9	九章大模型（MathGPT）	MathGPT智能问答平台（网站）、学习机（硬件）	2023年8月	北京世纪好未来教育科技有限公司
10	银河大模型	作业帮（软件）、学习机（硬件）	2023年9月	广州极目未来文化科技有限公司
11	倚塔大模型	倚塔AI外教（软件）	2023年11月	杭州海动信息科技有限公司
12	松鼠Ai智适应教育大模型	松鼠AI学习机（硬件）	2024年1月	上海松鼠云上人工智能技术有限公司
13	超星汇雅大模型	超星AI网站（网站）、学习通（软件）	2024年4月	北京世纪超星信息技术发展有限责任公司
14	洪恩智能AI	洪恩十万问（软件）	2023年5月	北京洪恩教育科技股份有限公司

续表

序号	大模型名称	应用产品	发布时间	主体单位名称
15	职业教育行业大模型	中公数智人（软件）	2023年6月	北京中公教育科技有限公司
16	地学大模型K2	网页端大模型平台（网站）	2023年9月	上海交通大学
17	北邮码上大模型	网页端大模型平台（网站）	2023年9月	北京邮电大学
18	希沃教学大模型	希沃智能平板（硬件）、智慧黑板（硬件）、AI助手（软件）	2023年10月	广州视睿电子科技有限公司
19	灵汨教育大模型	小灵老师（软件）	2023年10月	成都佳发安泰教育科技股份有限公司
20	优学派教育AI大模型	优学派AI学生平板（硬件）	2023年10月	深圳市优学天下教育发展股份有限公司
21	梦想GPT	读书郎学习机（硬件）	2023年11月	读书郎教育科技有限公司
22	化学大模型ChemGPT 1.0	（未知）	2023年12月	华东师范大学
23	星空教育大模型	（未知）	2023年12月	北京竞业达数码科技股份有限公司
24	“明理”科学教育大模型NNUE Chat1.0	网页端大模型平台（网站）	2024年1月	南京师范大学
25	精准教学大模型	网页端大模型平台（网站）	2024年2月	中国电信集团有限公司
26	美术教育大模型	网页端大模型平台（网站）	2024年3月	广州领界云科技有限公司
27	以正教育大模型	AI Agent（软件）	2024年4月	蚂蚁云科技集团股份有限公司
28	看云大模型	教室大屏（硬件）	2024年5月	北京飞象星球科技有限公司
29	北师大家庭教育大模型	（未知）	2024年5月	北京师范大学
30	豫教大模型	网页端大模型平台（网站）	2024年5月	腾讯股份有限公司

续表

序号	大模型名称	应用产品	发布时间	主体单位名称
31	腾讯云教育行业大模型	网页端大模型平台（网站）	2024年5月	腾讯股份有限公司
32	心流知镜大模型	辅学机（硬件）	2024年5月	浙江精准学网络技术有限公司

（一）多主体研发普遍，“政产学研用”协同创新的产业生态体系逐渐形成

从统计数据来看，教育大模型中由多主体共同开发的有8个、占25%，单主体研发共有24个、占75%。单主体研发能够集中资源提升研发效率、控制研发方向和研发进度，在大模型产业发展初期，快速响应市场需求显得尤为重要。多主体研发在过程中能够通过知识共享、政策支持、品牌协同等优势实现研发技术互补、创新能力促进等，提升所有参与主体的技术水平和研发能力。

在所有参与教育大模型开发的主体中企业仍是主力。许多教育领域的老牌企业发挥自身在教育领域沉浸多年的先发优势，纷纷推出旗下的教育大模型，开始抢占市场，如科大讯飞的“星火教育大模型”、好未来的“九章大模型”等。同时，高校在教育大模型开发过程中也占据了重要的地位，竞相发挥自身的科研优势，在大模型尖端科技领域进行研究，开发出一系列高质量的教育大模型，如北京语言大学牵头开发的“桃李大模型”、南京师范大学牵头开发的“‘明理’科学教育大模型”、华东师范大学牵头开发的“Educhat”等。这些大模型在教育教学应用中都发挥了较大的作用。但这些高校主导的教育大模型研发大都偏向于开源，目的更多是学校自用或学术研究。部分国企或事业单位等官方机构组织也参与到教育大模型开发工作中来，但主要作为辅助者和企业或高校一起联合开发，如浙江大学、高等教育出版社、阿里云和华院计算等单位联合研发的“智海-三乐大模型”，新华网和中公教育联合开发的“职业教育大模型”，北京市家庭教育研究会、中国互联网协会未成年人网络保护与发展工作委员会和腾讯、北师大联合开发

的“北师大家庭教育大模型”等。

（二）教育大模型应用学段区分明显，面向群体多集中在K12阶段

从统计数据来看，在教育大模型中适用于多个学段的跨学段模型仅有9个，适用于单一学段的模型有23个。当前，不同学段之间教育大模型的区隔较为明显，跨学段乃至全学段的模型相对较少。不同学段之间对于大模型功能的需求不同，跨学段大模型或者能够提供多样化的功能，如超星旗下的“汇雅大模型”，能够面向教育场景提供AI助教、知识图谱、论文查重、文献翻译等多方面的功能，涵盖从K12到高等教育、职业教育各学段场景；或者提供的功能本身较为泛化，属于各学段都需要的功能，如基于“星火教育大模型”的“星火语伴”，可以生成数字虚拟人陪同练习英语口语，练习范围可满足学前、小学、初中、高中、大学等各学段的不同需求。此外，企业研发主体下的教育大模型一般是为了公司的主营业务服务，拥有跨学段业务的企业多是大型企业，其数量本身不多，如网易有道的“子曰大模型”、腾讯的“腾讯云教育行业大模型”等。

从教育大模型所涉及学段的数据来看，适用于中小学阶段的最多，有24个，可见中小学阶段是教育大模型布局的主要阵地，市场需求较为旺盛。高等教育阶段有14个大模型涉及，数量排名第二，也是教育大模型的重点布局学段，主要分为三类：第一类是跨学段的泛用大模型，如英语口语学习类大模型等；第二类是面向高校研究和教学的大模型，主要由高校牵头研发，如华东师范大学开发的“化学大模型”，用于人工智能驱动的化学研究，将机器学习技术与化学合成相结合，以提高合成的效率和精度；第三类是面向升学市场的大模型，如高途教育旗下的“高途考研AICan大模型”，主要面向大学生考研场景，包括择校择专业指导、考研课程助手、AI伴学等功能。数量排名第三的是职业教育阶段，如新华网和中公教育联合开发的“职业教育大模型”，主要面向职业教育场景，可以构建虚拟数字教师形象，为学生提供教学答疑和互动支持。早幼教阶段数量排名第四，相对较少。如洪恩教育旗下的“洪恩智能AI”，主要面向儿童启蒙领域，能够生成虚拟卡通数字人

形象，为幼儿提供情感交流、智能问答、科普教育等服务。

（三）教育大模型学科场景覆盖全面，细分应用场景下产品差异化明显

对32个教育大模型的适用场景进一步统计分析发现，教育大模型中针对全学科场景的最多，共有19个；其次是英语语言学习场景，有3个；其余聚焦于单一学科场景的，如数学学科、科学学科等，均只有1个。

①全学科场景数量最多。大部分教育大模型没有限定学科场景，而是全学科通用，是教育大模型领域的“通用大模型”。由于通用大模型的应用面更广，便于企业快速抢占市场，因此更受企业欢迎。比如腾讯旗下的“腾讯云教育大模型”，面向全学科教学场景，可以提供教案生成、英语口语陪练、辅助备课等多种功能，助力教学、科研、管理等全面提效。②英语语言学习较受欢迎。英语语言学习是教育大模型较为热门的一个应用场景，不仅有专注于此场景的专用大模型，在许多全学科通用的大模型中大多也包含此项能力。随着全球化进程的不断加深，社会对于英语学习的需求依然存在。同时，英语语言学习和大模型能力较为契合，听力和口语是传统英语学习中的两大难点，在国内很难形成适合英语口语听力练习的学习环境，但大模型技术的应用能够助力英语学习环境的搭建。③其他各学科场景涉猎较广，但数量较少。一是在学科范围层面，数学教育、美术教育、科学教育、化学教育、英语教育、地理教育等各学科场景，以及家庭教育、就业指导等场景均有所涉及。二是在数量层面，部分场景仅有一两个模型具有，也有部分热点场景（如体育教育、劳动教育、心理健康等）还没有模型涉及。可见，从整体来看，教育大模型仍处于发展初期，未来仍有较大探索空间，更多的教育细分场景将被不断发掘，大模型对教育教学的影响也将更加深入。

此外，在19个全学科场景中，对其面向的应用场景进行分析，专注于“教”场景的有4个；专注于“学”场景的有6个；专注于“考”场景的有1个；跨“教学”场景的有5个；跨“教学评”场景的有3个。

①教和学依然是学科教学中的核心场景。专注于“教”的、专注于“学”的和跨教学场景的加起来有15个，占绝大多数。在教学方面，大模

型不仅可以作为“数字教师”，辅助教师开展教学活动，直接参与到教学过程中来（如“智海-三乐大模型”能够实现智能问答、试题生成、学习导航、教学评估等功能，支持高校核心课程的教学工作），还能够作为“智能助教”，为教师提供各类功能支持，帮助他们提质增效（如“世纪天鸿教育大模型”，可以为教师提供教案生成、作文批改、教学活动策划等服务，满足教师工作过程中的各类需求）。与此同时，在学习方面，大模型还能够作为学生的“智能学习助手”，帮助学生进行个性化学习（如松鼠AI旗下的“智适应教育大模型”，可以为学生提供学习推荐、学习兴趣启发、习惯培养、情感干预、学习路径规划等多项服务，提升学生的学习效率和效果）。②“教学评”一体化理念得到落实。在全学科场景中，暂时未发现仅关注“评”这一场景下的大模型，“评价”往往和“教学”场景融为一体，二者相互交织、相互促进。大模型在“教学评”场景中，可以根据教学过程中产生的过程性数据，对学生的表现给出即时的评价反馈，便于教师精准掌握学习进度，及时调整教学策略。比如，蚂蚁云科技旗下的“以正教育大模型”，针对“教学评”场景生成多个Agent：一是助教Agent，能够依托教育业务模型生成详尽的分析报告，有助于教师全面了解学生的学习情况并因材施教；二是学伴Agent，能够为学生提供具有针对性的讲解和练习，学生在学习过程中将学习成果与Agent再次交互，在与Agent之间的循环交互中，实现教学评场景的业务全闭环[①]。③大模型赋能“考”的场景不能忽略。虽然专注于“考”场景的大模型仅有1个，但大模型对于“考”场景的赋能不应该被忽略。大模型可以在命题、监考、阅卷等环节发挥技术优势，在提高考试效率的同时，减轻教师的工作负担。比如，“灵汨教育大模型”针对考试场景提出三套解决方案，包括理化生实验AI解决方案、英语机考AI解决方案和体育教育AI解决方案，能够基于图像跟踪识别能力和逻辑推理能力，自行处理考试过程中

① 蚂蚁云科技集团．蚂蚁云科技集团正式发布「以正」教育大模型，让因材施教成为可能[EB/OL]．(2024-04-15)[2024-06-21]．https://baijiahao.baidu.com/s?id=1796396000179733483&wfr=spider&for=pc.

的评分和监考问题。④“管”场景下的大模型应用有待加强。目前市场中没有专门针对“管”场景的教育大模型。“管”虽然不是直接的教学场景，却是学校教育事业发展的重要保证。大模型可以在学校教学管理、校园综合管理、校园保障服务等领域进行赋能，实现对学校资源的高效配置和科学管理，以及对教育管理服务流程的升级再造，比如走班排课系统、办公管理系统、师资管理系统、校园安全防护等。

三、GenAI教育应用伦理风险分析

为系统梳理GenAI教育应用伦理风险，本附录筛选了2023年1月1日至2024年7月31日发布的国内外GenAI教育应用伦理风险相关研究文献，进行文献计量分析和文献内容分析。

（一）文献计量分析

本研究通过CiteSpace软件对国内外GenAI教育应用伦理风险的研究论文分别进行计量分析，包括文献数量、研究机构、文献来源、关键词聚类和共现等方面。国内文献来源于中国知网学术期刊数据库，选择北大核心和CSSCI期刊，检索条件为：①篇名包含“生成式人工智能”“大模型”“ChatGPT”和“AIGC”；②篇名、关键词、摘要中包含“教育”；③主题包含“伦理”“风险”“治理”；④文献学科分类属于“社会科学Ⅱ辑”下与教育相关的8个专题，经过人工筛查后剔除相关度低或卷首语、新闻简报等非学术性文献，最终保留118篇核心文献进行分析。国外文献来源于Web of Science核心合集数据库，检索条件为：①篇名包含“Generative AI”“ChatGPT”“GPT”“Large Language Model”“LLM”“AIGC”；②主题包含“risk”“challenge”；③研究领域限定为“Education and Educational Research”，经过人工筛查后保留100篇核心文献进行分析。

1. 国内外文献基本情况

国内文献在文献来源和发文机构上都呈现出一定的集中性。文献来源主要集中在教育信息化相关领域的核心期刊，其中《电化教育研究》《中国电化教

育》《开放教育研究》各发文8篇，《现代远距离教育》发文6篇，《华东师范大学学报（教育科学版）》《现代远程教育研究》各发文5篇。发文机构集中在师范类院校，发文大于、等于5篇的机构包括北京师范大学、华中师范大学、华东师范大学、东北师范大学、南京师范大学、西南大学、温州大学等。

国外文献在文献来源和发文机构上相对较为平均。国外文献来源除*Journal of Chemical Education*、*IEEE Transcations on Learning Technologies*发文数量达到5篇外，其他期刊均在5篇以下。从发文机构来看，仅两所高校发文4篇，其他高校均发文4篇以下，整体而言发文数量较为平均。

2. 国内外文献关键词分析

对比国内外文献关键词共现情况发现，国内外文献对于GenAI教育应用伦理风险的研究热点既有相似之处，也有不同之处。①高等教育是当前国内外研究共同关注的热点。除了生成式人工智能、大模型等关键词，高等教育是国内外文献共同的高频关键词之一，其关键词影响力都较高（中心性>0.1）。结合关键词聚类分析结果发现，当前研究主要关注的是高等教育领域应用GenAI带来的学术伦理、人才培养变革、技术接受度、教育创新等问题。②国内文献数量上比国外文献多，国外文献在关键词数量和共现关系上比国内文献多。这表明在该领域国外学术界之间的交流与合作可能更加密切，产生了更加丰富的研究视角。

（二）文献内容分析

在研究论文的基础上，本附录增加了GenAI教育应用伦理风险相关的国内外政策文件（12份）、应用指南（20份），并对它们进行文本内容分析，提取与GenAI教育应用伦理风险有关的内容进行三级编码。研究发现，当前GenAI教育应用伦理风险研究的关注重点包括主要伦理风险、造成风险的可能原因及对教育产生的潜在影响三个方面，具体如表2所示。

表2　GenAI教育应用中伦理风险研究的关注重点

一级编码	二级编码	三级编码
主要伦理风险	生成内容可靠性问题	生成内容错误

续表

一级编码	二级编码	三级编码
主要伦理风险	生成内容可靠性问题	生成虚假信息
		生成内容不全面
		生成内容可证性不足
		生成内容具有时滞性
	价值观投射问题	性别歧视
		种族歧视
		宗教歧视
		文化和语言偏见
		意识形态偏见
	数据和隐私安全问题	数据和隐私泄露
		隐私侵犯
		篡改、盗用、滥用数据
	技术过度依赖问题	盲目信任生成结果
		技术沉溺
		情感依赖
	学业和科研诚信问题	抄袭
		作弊
		伪造研究结论、研究数据
	人机关系认知误区问题	过度夸大 GenAI 应用风险
		对 GenAI 应用价值过度乐观
	知识产权争议问题	侵犯他人知识产权
		知识产权归属认定困难
	数字鸿沟加剧问题	无法获得数字资源的国家和地区陷入“数字贫困”
		数字能力缺失者遭遇“数字排斥”
	加剧就业风险	带来人才培养需求的变化，加剧毕业生就业问题
	减少意见多样性问题	限制和破坏多元观点和多元思想表达的发展

续表

一级编码	二级编码	三级编码
主要伦理风险	年龄适用性问题	GenAI教育应用中的适宜用户年龄范围存在争议
造成风险的可能原因	大模型能力局限	大模型对人类真实意图理解力不足
		大模型不具备价值判断的能力
		大模型无法与人类产生情感交流和共鸣
		大模型容易受到外部非法攻击
		大模型存在“幻觉”表现
造成风险的可能原因	算法透明性不足	GenAI技术上客观存在一定的不可解释性
		部分必要技术指标未公开
	算法歧视	算法开发者价值观介入
		人类反馈过程中标注人员价值观介入
	数据偏见	数据集代表性或包容性不足
		数据集包含歧视和偏见内容
	数据质量局限	数据集本身质量和真实性无法得到保证
		数据集更新不及时
		特定领域数据缺失
	监管缺位	超出当前法律监管范围
		缺少专门的监管机构
		监管机制不健全
	教育主体素养不足	教育主体对GenAI技术原理认知不足
		教育主体缺乏在教育领域使用GenAI的正确观念
		教育主体伦理风险感知能力不足
		教育主体GenAI技术应用能力不足
	教育主体使用方式不当	教育主体过度、盲目使用
		教育主体不诚信使用
对教育产生的潜在影响	增加教育内容的不确定性	污染学习者的学习内容与知识来源

续表

一级编码	二级编码	三级编码
对教育产生的潜在影响	误导学习者	不可靠的生成内容可能误导没有足够先验知识的用户
		误导学习者的价值判断
	教育主体权益受损	使学生的财产权、隐私权等权益受损
	加剧教育不公	加剧教育资源分配不公
		加剧教育决策不公
对教育产生的潜在影响	限制教育主体能力发展	降低师生在教与学中的主观能动性
		限制师生创新思维、批判性思维等高阶思维的发展
		影响师生团队协作能力的发展
		影响师生社会情感能力的发展
	师生关系异化	导致师生间情感疏离，师生关系异化
	教育评价机制失衡	影响评价结果的准确性、公平性
	影响学术科研发展	学术科研成果质量降低
		学术科研严肃性、可信度降低
		学术科研的自主性、创新性降低
	破坏教育生态	教育过程静态化、程式化
		教育生态环境失衡

当前研究主要关注生成内容、数据和隐私、价值观投射、用户认知和使用、知识产权争议等方面的伦理风险。政策文件更加关注价值观投射问题，行业报告对数据和隐私安全、生成内容可靠性、知识产权等问题关注更多，期刊论文对各类风险均有关注。造成风险的可能原因大体可以归纳为三类：一是当前技术发展存在的客观原因；二是教育主体自身的主观原因；三是监管机制方面的原因。对教育产生的潜在影响主要体现在GenAI教育应用对教育主体、教育整体发展、学术科研、互联网信息环境等多个方面产生的影响。其中，对于教育主体的潜在影响关注度最高，对教育整体发展的影响也受到了广泛讨论。